细讲中国历史

士大夫的理想时代

宋

余 蔚 著

上海人民出版社

序

一

上海的郭志坤先生是我的多年老友。在十几年前世纪之交的时候，我同郭先生曾经有过一次非常愉快的合作，就是依照他的提议，共同编写了一本通俗讲述中国古代历史的图书，题为《中国古史寻证》，列入上海科技教育出版社"名家与名编——世纪初的对话"丛书出版。当时没有料到，这本书印行后博得相当不错的反响，使郭先生和我都觉得所作的一番努力是值得的。

以这件事为契机，郭志坤先生同我有不少次机会谈起历史学的通俗化问题。我们都认为，有必要组织编写一套系统讲说中国历史，将学术界的丰硕成果推广于大众的图书。郭先生精心拟出规划，并很快约请到多位学养深厚的作者，形成老中青结合的团队，投入了撰写的工作，其成果便是现在这套"细讲中国历史丛书"。

"细讲中国历史丛书"从夏商周三代写起，一直到最末的王朝清朝为止，全套共十二册。这套丛书的编写，贯穿了两条原则：就书的性质和对象来说，是"面向大众"；就书的体裁与风格而言，是"通俗化"。我认为郭志坤先生的这两条提得好，也提得及时。

先说"面向大众"。我近些年在不同场合屡次说过，历史虽不能吃，也不能穿，似乎与国计民生渺不相关，实际却是社会大众的一种不可缺少的精神需求。我们每一个人，不管从事什么职业，处于何种身份，都会自然而然地对历史产生一定的兴趣，这或许可以说是人的天性使然吧。一个人活在世界上，不但要认识现在，也必须回顾过去，这就涉及了历史。我从哪里来，又往哪里去，是每个人都会意识到的问题，这也离不开历史。人们不能只想到自己，还总会考虑到我们的国家和民族，这就更应该了解历史。社会大众需要历史，历史学者自当"面向大众"。

抗日战争时期，历史学前辈钱穆先生在西南联大讲授《国史大纲》，所撰讲义一开头便标举："当相信任何一国之国民，尤其是自称知识在水平线以上之国民，对其本国已往历史，应该略有所知"，"否则最多只算一有知识的人，不能算一有知识的国民。"历史学者的工作任务，不应只限于自身观察历史、探索历史，更有责任把所认识、所了解的历史，原原本本地告诉广大的社会大众，使大家对历史有应有的认识和必要的了解。

特别是在今天，当我们的国家、民族正在走向伟大复兴之际，尤其有必要推动历史学"面向大众"。中国有五千多年的文明历史，我们的先人创造了辉煌而且源远流长的文化，对人类的发展进步做出过丰富卓越的贡献。我们有义务把这样的史实告诉社会大众，提升大家建设祖国、走向世界的凝聚力和自信心，从而为今后人类的发展进步做出更多更新的贡献，这应当成为历史学者的襟怀和抱负。

再谈"通俗化"。"面向大众"与"通俗化"是结合在一起的，要想真正做到"面向大众"，历史著作就必须在语言和结构上力求"通俗化"。

说起"通俗化",我联想到我国"二十四史"之首《史记》的作者司马迁。司马迁是学究天人的大学者,是"读万卷书、行万里路"的典范,然而他撰著历史,引经据典,还是在通俗上下了很大功夫。比如他论述唐虞以来古史,自然离不开《尚书》,而他本人曾受学于《尚书》博士孔安国,亲得古文《尚书》之学的传授,然而他在引用《尚书》时,对于古奥费解的字词,都采用意义相同的字来代替,这应该说是在"通俗化"方面的重要创意。另外,司马迁还尽力将史事的叙述情节化,使之活现于读者眼前,无愧于历史家的大手笔。这都是后人需要学习的。

必须说明,"通俗化"并不意味着降低历史学著作的学术水准。相反的,编写"通俗化"的历史作品,实际是对作者设立更高的要求,绝不是轻易就能够做到的。在这里,我还想附带说一句,即使是专供学术界专业阅读的论著,其实也应当(而且也能够)写得简明流畅一些。不少著名的前辈学者,例如胡适、郭沫若、冯友兰等先生,他们的著作不都是这样的么?

"细讲中国历史丛书"是"面向大众"的,并且在"通俗化"方向上作了很大的努力。郭志坤先生还说过:"通俗,通俗,只有通,然后能俗。"这也很有道理。这十二册书是一个整体,作者们在上下五千年的一个"通"字上花费了不少精力,对于内容的构架和文字作风也下了一番苦功夫,相信这套书的读者都会体认到他们的用心。

李学勤

2014年8月17日

序二

我和李学勤先生在讨论历史学的通俗普及问题的时候，很自然回忆起吴晗先生。二十世纪五十年代末，吴晗以史学界权威和北京市副市长的身份，向学界提出："要求各方面的学者、专家也来写一点通俗文章、通俗读物，把知识普及给民众。"吴晗不仅撰文提倡，向史学界游说，还亲自主编影响很大的"中国历史小丛书"。这段回忆让我们萌发了组织编纂"细讲中国历史丛书"的打算。

当我向李先生提交了编纂方案后，他认为，这对以史鉴今、以史资政、以史励人是极有意义的事，很值得编纂。随后，我们又把多年酝酿的编纂构想作了大致的概括：突破"阶级斗争为纲"和"残酷战争"描写的局限，注重于阶层、民族以及世界各国之间的友好交融和交流的记述；突破"唯帝王将相"和"否帝王将相"两个极端的局限，注重于客观反映领袖人物的历史作用以及"厚生""民本"思想的弘扬；突破长期分裂历史的局限，注重阐述统一始终是主流，分裂无论有多严重，最终都会重新走向统一；突破中原文化中心论的局限，注重全面介绍中华文化形成的多元性和影响力；突破历朝官方(修史)文献的局限，注重正、野史兼用，神话传说等口述历史与文物文献并行；突破单一文字表述的局限，注重图文并茂，以考古文物图表佐证历史。

"细讲中国历史丛书"的编纂重在创新、面向大众和通俗化。李先生认为这一美好的愿望和构想，要付诸实施并非容易的事。他特别强调要组织专业队伍来撰写，并提出"让历史走向民众是史家们义不容辞的责任"。令我欣喜的是，精心撰写这部"丛书"的作者本身就是教师。他们中有的是学殖精深、卓有建树的史学名家，有的是常年立足于三尺讲台的传道、授业、解惑者，有的还是以"谆谆以言"享誉学界的优秀教育工作者，其中多为年轻的历史学博士。由这样一个教师团队来担当编写中国历史读物的重任，当得起，也信得过。

我们把编纂的原则性方案统一后，在同作者商议时遇上了某些疑虑：一是认为这类图书没有多大市场，二是认为通俗作品是小儿科，进不了学术专著之殿堂。经过一番调查分析后，我们取得了共识，一致认为，昨天的历史是创造明天的向导，从中可以汲取最好的营养，好的历史通俗读物是很有市场的，因为青年读者中普遍存在一种历史饥饿感。本套"丛书"的作者深感，编写中国历史通俗读物，历史工作者最有得天独厚的条件和义不容辞的责任。旅外学者得悉我们在编纂这套"丛书"，认为这是很有价值的，也很及时。美国纽约州立大学历史学博士张德文参加撰写并专门来信期待我们早日推出这套丛书。信中说："在知识大众化、数字化的年代，历史学者不应游离在这个历史进程之外。个人电脑以及智能手机的普及，大大促进了微知识的渴求。在此背景下，历史学者的通俗表述为微知识的传播提供了必要的积淀和范本。"行文虽然不长，但一语中的，说清了普及历史知识的重要性。复旦大学历史地理研究中心邹逸麟教授、华东师大历史系王家范教授等读了"丛书"的文稿后还专门撰文评说，认为这既是一套通俗的、面向大众的历史读物，又是一套严谨而富于科学精神的史著，对于广大读者学习和发扬中华民族的爱国传统、学习和发扬中华民族的奋斗精神，为推动中华民族复兴的中国梦早日实现很有作用。

这一切，让我们得到莫大的鼓舞。作者在通俗方面作了极大的努力，他们中的不少人在写作中进行了刻苦再学习。从史实的查证，到篇章的构架，再到文字的通俗易懂以及图片的遴选，都花费了他们大量的时间和心血。丛书采用章节结构的叙史形式，目的在于从目录中就一目了然书中的大概内容。中国历史悠久，史料浩如烟海，读史者历来有"一部二十四史，不知从何读起"之叹，讲史时"以时间为纲"，即可以从纷繁中理出头绪来，再辅之以"专题为目"，这样在史料取舍上就更加突出主题、把握中心。细讲中注重故事取胜，以真实的历史故事吸引人、感动人、启迪人。图文并茂也是本丛书通俗化的一途。中国历来重视"右文左图"，以文注图，以图佐文。

通俗而雅，也是这套丛书的一大特色。雅者，正也。通俗不是低俗，亦不是庸俗，它是建立在科学和学术的基础上而展开的。把应该让读者知道的历史现象和历史观念用最浅显明白的方式告诉读者，这就是我们所需要并强调的通俗。本套丛书的学者们在撰写时一是力求在语言上的通俗，二是着力于情节中的通俗，继承和发展了太史公司马迁那种"以训诂代经文"的传统，把诘屈聱牙的古文经典用活了。所以说，深入浅出的通俗化工作更是一种学术活动。

为了增加生动性、可读性，作者尽量选择对某些有意义的人和事加以细讲，如对某些重大的出土文物的介绍评说，对悬而未解的疑问加以释惑，对后人误传误解的问题予以纠正，对某些典故加以分析，对某些神话传说进行诠释。在图表上尽量做到随文佐证。在每册图书之后增加附录，旨在增强学术性和通俗性：附录"大事记"，旨在对本段重大历史事件有个大致了解；附录"帝王世系表"，意在对本朝创业、守业和虚位之王的传承有所知晓；附录"历史地图"，在于对本段历史地理形势方位有个立体印象；附录"主要参考书目"，目的在于提供进一步学习本段历史的索引。

意愿和努力是如此，最终的结果如何？诚望读者鉴定。

郭志坤

2014 年 8 月 19 日

目录

导语

　　宋朝 (960—1279) 上承五代, 下启元朝, 共历十八帝, 以宋高宗赵构南迁为界, 分为北宋与南宋。这个王朝历时达三百二十年, 自秦代始建统一的中央集权国家之后, 宋为存续时间最长的政权。不过, 宋迄未完全统一, 先后有辽、夏、金等政权与它共存, 各占据中国的一部分。这个时代的国际关系便异乎寻常地复杂。在政权内部, 将五代的尚武、动荡引向文治与安定的局面, 是这个时代最引人关注的话题。这一转型是成功的。宋代成为我国传统文化发展的巅峰时期, 尚文及安定, 是其最主要的背景。合国际关系、国内政治与文化发展诸层面而言之, 这个时代呈现于后人的, 是一幅繁复而精致的画卷。

　　鉴于唐末藩镇林立、王室衰微、大权旁落, 从而造成战乱不断、民不聊生的历史教训, 宋王朝的创建者当然需要加强中央集权。但在集权的举措上多所创新, 其过程温和、渐进, 很少使用暴力。宋太祖赵匡胤靠精心策划的"陈桥兵变、黄袍加身"起家, 但在"代周建宋"的过程中, 于百姓则"秋毫无犯", 于周之太后及幼帝, 则能加以善待, 这在此前历代, 较为罕见, 也奠定了宋政权的统治基调。之后就是以"杯酒释兵权"来消解禁军对皇位的威胁，逐步削去藩镇的权力以控制地方军队，从而实现"抑武"的目标。同时，以完善科举、重用文臣，来提高政权的民事管理能力。依靠崇文抑武稳定内政，宋成功地走出了五代的阴影。

但是，文治与武功难以并举，似是历代王朝的宿命。宋的内政固然稳定，对外用兵却一直不顺利，以致对并存的北方政权——先是辽，后是金，最后是蒙元——处于相对弱势。早在公元907年，即五代后梁取代唐的同一年，居今内蒙古东南部的契丹族建立了辽政权，它借鉴中原的中央集权与皇帝专制，极大强化了内部凝聚力。至宋建国，它所面对的，是兼有中原王朝的组织方式和游牧族强大骑兵力量的新式政权，在它面前，宋占不到上风。双方为华北北端的幽云十六州进行四十余年断续的战争之后，终于在1004年签订"澶渊之盟"，自此开始百余年的和平。尽管"不武"，但以此方式得到了"盛世"所需要的"太平"，也不能说不可取。

宋夏之间则是频频产生冲突。夏国由割据政权发展而来，其得以立国，本身就是宋的统一大业失败的证明。夏的自立、扩张与宋的统一欲望相对立，使两者在十一世纪发生多次战争。战事时起时歇，直至北宋之亡。辽夏之间的关系，与宋夏关系也有相近之处，夏割据与自立初期，受辽的保护，但同样以武力摆脱了被保护国的地位，与辽、宋并立而在形式上向后二者称臣。这种"三国鼎立"的形式，因辽希望在辽宋之间存在一个缓冲地区而得以维持。

女真人建立的金政权，灭辽之后又灭北宋，将赵氏驱至淮河以南立国，旧有的平衡遂被打破。由于陕西是夏扩展疆域的主要方向，夏与失去陕西的南宋不再有冲突，改而与金纠纷不断。但宋、金两大国的矛盾，才是当时的主要国际问题。与宋辽关系相比，宋金之间远不和睦，金欲侵吞而宋欲恢复，由此引发的三个和议与三场全面战争，是两国之间不稳定关系的写照。不过这并不妨碍金以中原制度来塑造本身，引入三省六部制，行用科举制度，尊孔子为"至圣先师"，在政治、社会、文化各方面处处呈现"中原化"的迹象。作为北族而据有中原者，金政权亟需借用中原旧有的体制笼络汉人，巩固内政。而时日稍久，统治者自身也不可避免地"中原化"了。

身处复杂的国际环境中，宋政权用尽各种手段，使境外的问题不至过于影响内政的稳定。在这一点上，它做得很成功。北、南宋各有很长一段时期，疆域主要部分较为安定，北宋超过百年而南宋近百年。这足以使经济与文化获得长足发展。譬如农业生产便有显著提升，政府主导新作物的普遍种植，并促进新农具的推广，以弥补人力与畜力的不足，此类政策很见效果，粮食产量与土地承载量得以迅速提高。这一点无法由产粮的数据直接推出，但可由宋初至北宋末的人口数量的剧增看出。在农业发展的基础上，宋代的商业也有长足的发展，由此，商税的征收量与管理水平也同步提升，中国历史上首部商业法规《商税则例》因此诞生。世界上最早的纸币——"交子"——也应运而生，以适应对通货的激增的需求。交子首先在商品经济发达的四川盆地产生，由成都十六户富商发起。后几经变动改进，由宋政府于天圣元年(1023)设立世界上首个纸币发行机构，这成为世界经济史上具有划时代意义的事件。

商品经济的发展，改变了普通人的生活状态，其中尤以城市平民为甚。长期以来，城市中的夜生活是禁绝的，城门按时启闭，城中实行"宵禁"。到了宋代，这一条成规被打破了。在大城市中，夜市直至三更，有的商铺通宵经营，至晓方散，称为"鬼市子"。作为娱乐场所的"瓦子"大量涌现，上演各种技艺节目。中国传统的市井生活，至宋代开拓出新的局面，绘于北宋末的《清明上河图》，便生动展示了宋代都城市井生活的片断。

与经济发展相伴的，是科技的巨大进步。两宋的科技成就，不仅成为我国古代科技史上的一个高峰，而且在当时世界范围内也居于领先地位。对世界文明产生重大影响的中国古代"四大发明"，有三项——活字印刷、火药、指南针——都是在宋代得到完善且应用于实际生活中的。沈括著述的百科全书式的《梦溪笔谈》，记录了当时多项科技成就，他因此被英国的李约瑟博士誉为"中国科学史上的坐标式的人物"。

宋代是文化自由而昌盛的时期，这也表现为当时私学大盛。基层的私学，如"私塾"、"乡学"，从事启蒙教育。达到较高水平、较大规模的，则成为"书院"。书院中不乏经学大家。十一世纪前期的胡瑗、孙复、石介，世称"宋初三先生"，各以经术教授门徒，门人各数百，一传再传，传播学术的书院四处散布，北、南宋各有"四大书院"之谱，有宋一代的文化面貌，为之改观。

宋代大儒朱熹，于创办书院一事，可谓不遗余力，成就卓著。孝宗淳熙六年（1179），朱熹知南康军，亲赴白鹿洞勘查书院遗址，并定议重建书院，作为自己讲学之所。次年春，书院建成，朱熹即日登台讲《中庸》首章。四年之后，朱熹又于武夷山创办"武夷精舍"，门徒云集，盛极一时，成为"朱子学"广布的重要基地。

宋代是中国古代学术最昌盛的时期，此说并不为过。而宋孝宗朝又是宋代学术最为繁荣且兼容并蓄的时代。当时，王安石的"新学"已广受学者抨击，但孝宗却反对"执一而废一"的不相包容的态度。而对于持论与"新学"颇为不同的"蜀学"，孝宗也表示赞赏，亲自为苏轼文集作序，以示褒扬之意。正是在孝宗朝，朱子学、陆九渊的心学、张栻的湖湘学派、陈亮的永康学派、叶适的永嘉学派、吕祖谦的金华学派，各学术流派一时俱起，并立当世。这个时期的学者阵容及文化开放程度，不逊于春秋战国。陆游、范成大、杨万里、尤袤等"南宋四大家"及著名词人辛弃疾，也活跃于孝宗朝的文学舞台上。而这一时期，又只是一个缩影，是三百余年有停顿、有起伏但未尝断裂的文化发展过程中较为突出的一段。

大唐的遗产

01

五代的形势

晚唐留给五代的遗产,是战争与混乱。中晚唐以藩镇为乱源的持续的局部战争,耗竭了唐室的生机,席卷南北的黄巢起义,遂将它和东部旧藩镇一同推向倾颓。"后黄巢时代"的二十余年,它之所以能延一丝余息,那是因为,没有哪个"诸侯"可以独大之时,仍将"天下共主"供在神坛上,还是有必要的。

九世纪末期,经过黄巢的"洗礼"之后,最强盛的"诸侯"已不再是安史之乱以后长期跳踉的河北藩镇,而是少数几位"边缘"的军阀:由黄巢阵营归唐的朱温,在塞北艰苦经营多年的沙陀人李克用。两者的身份都比较边缘,却活动于唐的核心地区关内、河南、河东,他们不属于中晚唐典型的偏霸一方的藩镇,而是更有活力的暴发户。排在他们之后的,才是幽州(今北京市)卢龙镇等有悠久历史的旧藩镇。唐末的政治舞台,就是以朱、李两方的殊死搏斗为主线,卢龙镇等旧藩积极参与的全武行。旧藩的力量被朱、李迅速整合,从而使中原完全参与到两方的血斗中去。

地藏菩萨像（五代，原敦煌藏经洞文物，现藏英国博物馆）

我们可以在唐末和五代前期看到一个令人欣慰的迹象：最大的藩镇将要变成皇朝，而其他旧藩镇将陆续被消灭，其地将成为新皇朝的可控疆域。至少在中原地区，各方混战可望在不远的将来结束。但是，宁定之前是不遗余力的血腥厮杀。李氏的晋政权由塞北南下克河东，而后东向平河北、陕西，再渡河灭后梁，横扫中原，其间魏博、易定、泽潞、卢龙诸雄藩纷纷殄灭，便是经过连年血战、流血漂杵始获的成就。

在李氏灭梁建立后唐之后的三五年间，似乎出现了再次统一的征兆。中原已定，李氏旋即对前蜀用兵且战胜攻取，荡平南方的前景隐现。然而篡弑与兵变相仍，又以石敬瑭引入契丹援兵使华夏一统的可能性一时又化为乌有。五代仍沿着离乱的路径走下去。

若说唐玄宗天宝十四载 (755) 以后两百年之乱局是由安禄山发其端，那么，黄巢可以说是第一次转折的缔造者，他促成了原有的藩镇格局的瓦解。而石敬瑭则导致了第二次转折，藩镇体制即将被终结之时，他阻滞了这个趋势；更重要的是，他开启了重臣篡夺政权的连续过程，并且使草原势力深度介入华夏政局。自后晋始，中原的动荡换了一种方式，藩镇已无掀动全局的力量，而核心层的冲突，却频频导致改朝换代；中原政权惯用的"以夷制夷"，由于自身的内耗以及契丹控制塞外的形势，再无施展的环境，而契丹则得以施展"以夏制夏"的谋略。

石敬瑭像

在最内层，对各个短命皇朝来说，北方诸藩镇已不是主要的威胁，主要的乱源已悄然发生变化。致命的祸患，来自卧榻之旁。同样是篡弑与兵变、是离乱，但后唐末以降，先是亲从，后是禁军首领，这两类直接威胁到皇权的人员，都是身处中央的重臣大将，真正是"心腹之患"。石敬瑭、刘知远皆以亲从而致藩镇，兼有两种身份，而郭威主要是以亲从的身份发家。至赵匡胤，以禁军首领的身份转移了政权。时人对这种转变是否有清醒的认识，直接决定稳定的新皇朝能否成立。外层，藩镇力量大幅削弱，但藩镇叛乱仍是代代有之，由旧藩镇生成的割据政权——所谓十国——也是生生不息。最外层，草原的力量已经壮大——这是历代中原政权大多遭遇过的，并且非常稳定——这是前代政权很难得遇到的。这互相扣联的三环，便是后晋以后华夏的大致形势，是宋立国的背景，也是它要致力解决的问题。

五代顾闳中《韩熙载夜宴图》(局部)

契丹踏入中原

贞观二十二年 (648)，唐太宗授契丹首领窟哥以松漠都督，这是双方相互接近的标志性事件。当时契丹兵力约为三万四千，作为一支有一定实力但远不足以与唐对抗的力量，又几番主动归附，唐愿意扶持他，作为维持北境稳定的一颗重要棋子。而契丹此前苦于突厥的役使，贞观四年东突厥为唐所破，契丹又希望借唐的威望，获得稳定的发展环境。

和睦的关系中止于武周万岁通天元年 (696)，契丹首领李尽忠、孙万荣举族反叛，河北为之残破。为弹压此次叛事，武周动用了东境几乎所有兵力，两年之中，损折颇巨。然而，以契丹胜兵数万、部众数十万的单薄实力，经武周、突厥、奚等多方夹攻，妇孺被掳，少壮一空，蒸蒸日上之势，戛然而止。若只是部落凋散，假以时日，生聚可期。致命的是不同势力对酋长之位的争夺。

自窟哥以下，契丹的部落联盟首领，都出自大贺氏。在契丹与唐关系稳定的半个世纪，大贺氏的地位一直稳固。不过七世纪末期各部族所受的重大打击，大贺氏的首领难辞其咎，所以反对力量勃兴于各部之中，实不难理解。但是新、旧势力对首领之位的争夺，又非一朝一夕可得解决，首领的更替无法通过会商来完成，就免不了要刀兵相见。大贺氏与反对势力的武装冲突始于唐开元六年 (718) 前后，至开元二十三年前后，迭剌部酋长涅里立迪辇祖里为阻午可汗，部落联盟的首领地位由大贺氏向遥辇氏的更代，始告完成。同时，也建立了遥辇氏的可汗与迭剌部的夷离堇 (即酋长) 共存、以前者为共主而后者掌联盟军权的体制。此体制为后来契丹领导权的再次转移埋下伏笔。

武周至唐玄宗时期的契丹，长期动荡，实际上处于实力下降的通道中。他们致全力于内部的冲突，而无对外的征服，自然无从增加人力物力；与周边诸政权的关系处于不稳定的状态，时而受到围攻，时而在唐和复兴的突厥之间摇摆，不得不依附于其中一方，这也显示了其力量与信心的不足。但是，唐人眼中的契丹未必如此。在他们看来，这是东北境的严重威胁。李尽忠之后四十余年，唐每次与契丹发生冲突，都要付出损兵折将以及河北遭受蹂躏的惨重代价。玄宗的应对之策是，在东北境屯以重兵。范阳 (幽州)、平卢 (营州，今辽宁朝阳市) 二节度，下辖兵力十一万，主要责任便是防制奚、契丹。而开元二十一年之后，张守珪、安禄山等长期镇守幽州，其主要作战对象便是契丹。不得不说，唐在东北境的兵力布置与契丹的实力相比，是不对称的。

唐的布置，当然使契丹的发展步履维艰，但更令自身陷入困境。玄宗将全国逾三分之一的兵力置于东北境，其中一半以上又专用以对付契丹。天宝年间，对契丹用兵不过是安禄山邀功、练兵和养望的手段。天宝十四载，安禄山以锐卒十五万西向，将大唐天下推向一个半世纪的动乱，而契丹却是压力骤弛，从此进入了平稳的发展期。

即使东北境诸藩镇的注意力主要在西面，可契丹面对身经百战的藩镇兵，仍是一筹莫展，迟至十世纪初唐政权弥留之际，仍是如此。割据幽州的刘仁恭深谙契丹虚实，每逢秋季，即遣军出塞打击契丹，深秋时焚近塞草地，使契丹失其冬季牧场。契丹只得略以良马，换取近塞牧马之权。时值阿保机统契丹军马，遣万骑来击，

唐玄宗像

竟为仁恭军用计击败。此后多次交锋，即便契丹有较大胜绩，也无法突破榆关、据有塞内之地，更不能攻灭刘氏。

但十世纪初的契丹，经百余年的户口繁衍、羊马蕃息，实力毕竟不是安禄山时代的契丹可比。阿保机有志于中原，且屡屡能够得志，便是有实力作保证。初时仅能与刘氏相持，但借助多种机缘，短短数年之内，竟成长为举足轻重、中原各种力量都要仰其鼻息的势力。一种机缘是刘氏内乱，仁恭子守光囚父自立，力量分裂。且内战突起之后，大批幽州汉人主动归附契丹，增强了契丹的实力，又为阿保机提供了中原的信息和中原式的谋略。一种机缘是河东的李克用欲乘幽州之乱，谋夺其地，由是与阿保机结盟，互称兄弟，相约共灭刘氏。

与李克用的联合，是阿保机周旋于中原各势力的开始。阿保机旋即与后梁朱氏建立联系从而破坏了与李克用的盟约，与李氏交

出走后唐的耶律倍在中原所作《射骑图》(台北故宫博物院藏)

恶，天祐十年 (913) 李存勖攻克幽州之时，他无从分润。但是，幽州为刘氏专有之时，家业仅如许大，便能守得滴水不漏，成为李氏疆土之部分，却易疏漏。阿保机终于寻隙突破榆关，占据卢龙节度使(驻幽州) 所属之平州 (今河北卢龙县)。此后，契丹大军便以幽州为攻取对象。

终阿保机之世，契丹东冲西突，兼并奚族，灭亡渤海，制服女真多部及室韦、鞑靼诸种落。而于南境，所获不大，止步于幽州之外。但他离世之前，契丹的形势已很有利于持续发展。他在907年并合契丹诸部称汗，而后对旧体制有一番改造。至916年称帝，通过几项重要的制度建设，初步建立了皇朝式的集权体制。在人事制度方面，以世选制维持部落贵族的部分特权，但皇帝的意旨决定重要职位的任命。各部落长官人选由皇帝决定，且服务于皇帝。部落管理体制实行兵民分离，部兵戍守一方，而部民游牧于另一方，从而打破了部落的整体性，消弭其潜在的分离倾向。军事制度方面，建立斡鲁朵 (宫)，将大量亲从之户口划入斡鲁朵，并以这些户口建立亲军，称"宫分军"。宫分军直接听命于皇帝，成为他抗衡一切威胁的最核心的力量。经过这些努力，政权的气质也迅速改观。契丹军队东征西讨，在所得之地不能固守时，即掠走人口。但若有可能，他们更愿意有更多的城市和土地。这种倾向，在契丹政权此后的发展历程中，有增无已。

幽云十六州

种种制度改革，推动着契丹政权走出部落联盟体制，迅速走向皇朝。916年以后的契丹皇帝，可以在事实上调集、利用政权所辖范围内的一切资源。契丹政权，不再像匈奴、突厥、回纥那样，每每被各部落的分裂或冲突耗竭实力。相反，可以坐观中原的分裂、纷争，伺机获取新利益——主要是新土地。阿保机是如此，其子辽太宗耶律德光亦然。契丹在太宗朝对中原的涉入，最大的、长久保持的成果，是幽云十六州。

前所未有的良机，出现于后唐清泰三年 (936)，后唐末帝李从珂与河东节度使石敬瑭发生冲突。后者是后唐明宗李嗣源之婿，当时首屈一指的军方重臣，地位声望不下于通过兵变上台之前的李从珂。他就成了李从珂无法直面的人物，必欲除之而后快。按照五代正常的逻辑，臣子不惮于和君主相见于沙场。实力相对较弱的石敬瑭，得契丹主亲率五万骑相助，翻转成为强大的一方，以军事胜利完成改朝换代的大业。

他求取援兵，付出了一系列的代价。情急之下，经受不起讨价还

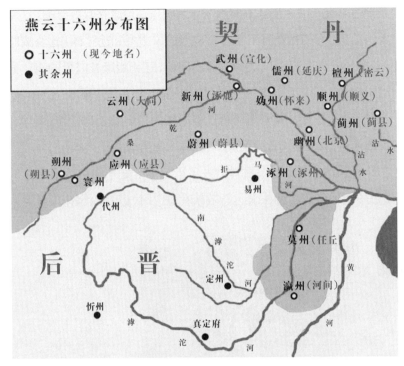

幽（燕）云十六州分布示意图

价的漫长过程，故而一介之使遣出，带着极优厚的条件，希望对方能即刻接受。条件包括纳绢三十万匹，称耶律德光为父，且割雁门以北及幽州卢龙军节度使所属之地——即后世习称的幽云十六州——入契丹。这些诱惑实在是让人无法抗拒。

时人对于他称父、纳贡，看法未必有后人那么强烈。纳贡，那是历来请兵的最低条件了。而称父，亦有依据。李克用一度与阿保机约为兄弟，李克用之子后唐庄宗李存勖、义子后唐明宗李嗣源，与耶律德光同辈，而李嗣源之婿石敬瑭，便较耶律德光更低一辈。双方结盟寻找"亲属"关系以拉近距离，过去的交往便被翻出来作为凭据，不出三代，谱系倒还不至于乱。但是割弃幽云十六州作为请求援兵的报酬,这在时人与后人,都一样觉得不妥。石敬瑭的谋主刘知远进谏:这块战略要地割出去,以后恐无以立国。但在敬瑭,还无暇顾及以后的事。他当时举兵、谋求胜利,或许更重要的是保证生命安全。割出去的土地,在当时还是别人的,顾不上珍惜。新政权的发展前景更是遥不可及。种种远大规划,在他考虑请兵条件时,未占重要位置。

略经风波之后,十六州割出去了。契丹既处于强势且是恩惠的施加方,便难免有各种诛求。石敬瑭在位之时,以百般容让来维系双

《炽盛光九曜图》(辽代,应县木塔内出土)。人形化的"九曜"环佛而立,似在聆听佛的说教,烘托出炽盛兴佛的威德。此为研究辽代宗教发展的重要资料。

方的友谊。但嗣君却缺乏同样的涵养。其侄石重贵继位以后，想要一种更有尊严的地位，遂有种种不服从甚至对抗的举动，偶尔还主动挑衅。他继立的第二年，双方关系已恶化到需要兵戎相见了。战争规模逐年扩大，至后晋开运三年（946），晋与契丹决战于河北镇州（今河北正定县）。

关键时刻，石敬瑭向契丹求援的故智发生了致命的影响。晋军统帅杜重威遣人向耶律德光秘密投诚，要求契丹灭晋之后立他为中原之帝。耶律德光当时慨然允诺。于是，晋军中有了敌方一个绝大的内应，处境日益不利，当年十二月八日，杜重威说服全军投诚。次年正月，契丹遣人入开封，逐石重贵北行。石重贵被逐出开封、押出中原，故前所未有地被称为"出帝"。

契丹在镇州这一仗中大获全胜，一路望风披靡，后晋境内的各节镇纷纷投诚，耶律德光顺利进入开封，宣布自己为中原之主。但是异族初入中原，会因其惯例，百端诛求。而五代时期的汉人，久经沙场，还是比较强悍的，所以必定要反抗。耶律德光进入开封的当年，在大河两岸的城市派驻了不少军队，横征暴敛，杀鸡取卵。而这一年就有多个州的汉人驱逐了外来军队。另一个事先想不到的问题，增加了契丹人久驻中原的难度。原来汉地的春天太热了，皇帝首先受不了，他任命了不少契丹人做了中原重镇的节度使，准备自己先回北方避暑。但才走到赵州（今河北赵县），便一病不起。

中道崩殂，必定会有许多遗留问题。首当其冲的是继承人问题。耶律德光猝死，来不及确定继位人选。但当时，他的侄子耶律阮在军中声称叔父已传位于他。他得到南征军的拥戴，立即在契丹的新中京镇州登基（即辽世宗）。但留守上京临潢府的太祖皇后却希望立幼

《杨贵妃教鹦鹉图》(辽代，宝山辽墓2号墓北壁)。图中有"声声皆是念经音"诗句。其人物刻画犹有唐风。

子李胡。两军对垒，同室操戈在即，南征军中的老臣阵前调解，双方取得共识，祖母同意孙儿登基，一起回到上京，孙儿把祖母囚禁起来，继位问题顺利解决。但此时中原已经闹得不可开交了。

　　当耶律德光的灵柩正离开中原之际，他不久前任命的契丹节度使、刺史或被驱逐，或被围困，大部分已经站不住脚了。此时，后晋留守河东的刘知远登高一呼，名义上臣服于契丹的其他方镇纷纷响应，短时间之内，尽有后晋之地。这时契丹正忙于内斗，无法分神来应对。等局势稳定时，后周已取代了后汉，刘知远的弟弟刘崇割据河东，向契丹求援。耶律阮也正想趁此机会，再次入主汉地。然而，在大举入侵前夕，耶律阮被谋杀，继位的穆宗耶律璟，不理国事，南侵之事，从此搁置。于是公元947年辽太宗耶律德光尽有后晋之地，成为辽南部疆域的极盛时期。盛况转瞬即逝，一年之后，就退缩到幽云十六州之北，再无如此辉煌的南下拓地之举。十六州则成为此后契丹与中原政权关系的核心问题。

02

兴起：太祖、太宗朝

宋人称前朝的乱世为"五季"，"季"者，"末"也，"五季"意为五代离乱之世。天柱折，地维绝，秩序崩解，冲突频仍，社会和政治的新陈代谢极快，对于创业者来说，这样的时代，充满了机会，有无限的可能性。由布衣而至卿相者，比比皆是。即使是天子，又有几个出身高门的？史载后唐明宗李嗣源每夕焚香祷告："某蕃人也，遇世乱，为众推戴，事不获已。愿上天早生圣人，与百姓为主。"明宗在深宫之内的祷告之词，史臣何由得知？总是史臣在强调他"出自边地、老于战阵"的"蕃人"身份吧？其实从后唐到后汉，君主的出身，无非是"蕃人"加"武将"。建立

宋太祖赵匡胤像

后周的郭威,不再兼具两者,不过仍是行伍出身。终结五代的,也正是成长于五代自由竞争、高速流动的社会环境。

如此乱世,反而是"不拘一格降人才"的时代,宋太祖赵匡胤(927年生,960—976年在位)脱颖而出,正是得益于这种时代环境。但他面临的挑战,却正是改变局势,终结乱世。所幸五代半个世纪,动荡的政局,犹如受制于地心引力的钟摆,摆幅愈来愈小。宋太祖以其雄才卓识,使局势安定下来。而经过其弟宋太宗(939年生,976—997年在位)二十余年的巩固,宋的统治已完全稳定。虽然大部分政策还需数十年才逐渐发展定型,但各方面的基调已确立于太祖、太宗两朝。譬如宋之疆域在太宗太平兴国四年"不完全的统一"之后,便无大的变化。"重内轻外""崇文抑武"等传统也已形成。宋代逾三百年的统治,在太宗朝末年已能初窥其大致趋势。

从夹马营到陈桥驿

赵氏先世为幽州人,后迁清苑县(今属河北保定),在晚唐五代历仕于藩镇,任县令、幕官。至赵弘殷,投成德军(驻镇州)节度使王镕为将,受王镕所遣,率军助李克用攻梁军,从此留仕于李氏,历唐、晋、汉、周,至周世宗显德年间去世前,已升任侍卫马军副都指挥使,进入军方高层。

匡胤是赵弘殷次子,后唐天成二年(927)生于洛阳夹马营。出身于这样的家庭,并无可炫耀的资本,所以王船山说他"起家什伍,两世为裨将,与乱世相浮沉,姓氏且不闻于人间"。作为一名低级军官的儿子,习武以及游手好闲,便是他儿时起的生活状态。后汉初,他已二十岁，遂四处漫游，寻找机会。恰逢枢密使郭威募兵，得以子承父业。郭威废汉建周，匡胤成为皇储柴荣下属，这个"从龙"的资历，是他得以飞升的基础。柴荣继位后，匡胤先后参与伐北汉、征南唐等重要战事，显德六年 (959)，又追随柴荣北伐幽云。在此期间，柴荣对他始终宠眷不衰，其官位，以陡峭的梯度上升。至显德六年，他应募之后十一年，年方三十二岁，就已升到武将之最高位：

后周世宗柴荣像

殿前都点检，拜归德军 (宋州，今河南商丘市睢阳区东南) 节度使。本来，基本上不会有上升空间了。该年六月，世宗崩，七岁的幼子柴宗训继位，出现了五代从未有过的幼君嗣位的状态，这显然不足以保障皇朝的安全。果然，仅半年之后，禁军首领赵匡胤通过一场兵变，一步登顶，完成了中国史上最后一次"禅让"，并以自己节度使官名所带的宋州，作为新朝代的国号。

显德七年春，沿边镇、定 (今河北定州市) 等州报，契丹与北汉合势入寇。中枢决定，由殿前都点检赵匡胤率兵北上抵御契丹。甫出都门，尚在开封府界内，据说当天晚上赵匡胤于陈桥驿"醉卧不省"，一副等着有事发生的姿态。迟明，将士鼓噪，持刃入见，没说几句话，"或以黄袍加太祖身"，"胁立"了天子。而后，上马转身，军队又回开封去了。京师城门大开，欢迎王师归来。被军队拥立的新天子，先遣人带了刀枪,向前朝的宰相寻求支持,再用后周太后和幼帝的名义,撰了一份禅位诏书,整个交接过程便迅速完成了。次日,大宋天子开始履新。

在中国历史上无法找出另一个朝代,立国像宋朝那么突然、那么容易。看似乱纷纷、此起彼落的五代,各朝开国君主创业备历艰难,无不经过二十年以上的苦心经营,始克告成。而宋太祖自从军至称帝,不过十一年。且无论勋绩、身份,都远逊于五代诸创业之主。那么,何以成事如此之易?

五代长久动荡,问题即在于各种乱源皆是军方势力,藩镇、亲从、禁军,莫不如此。后周时期,随着禁军的势力壮大,枢密院逐渐留居后台,不再像郭威当年那样,随时准备带兵到前线。后周通常是皇帝亲征,皇帝不在前线时,一般是禁军将领负责。始终被军队所簇拥的,是第一线的军官。周世宗是有雄才的君主,曾非常注意禁军内部的制衡。其主要手段,便是新建殿前司,与原有的侍卫马步司相对峙。而选募天下壮士充实殿前司之后,又须处处防备殿前司,所以反过来,原有的侍卫马步司,人数又多于殿前司,并且,侍卫马步军司的首领——都指挥使李重进和副都指挥使韩通——向来与赵匡胤等人不睦,这或者并非一种偶然的安排。但最终处心积虑设计的制衡手段,竟未起到作用。无论什么制衡方式,在制度与环境变动不居的五代,一切以强势的皇帝的存在为依归。这一点到后周仍未改变,具体地说,后周还处在一个中央集权已几乎完成,但皇帝的专制还有待于制度化的时候。在这个关键时刻,周世宗崩殂,幼主继位,环境瞬时改变。

而另一方面,制衡归于无用,又与赵匡胤的个人条件有关。赵弘殷长年在禁军任职，升迁并不迅速，但留下了深厚的人脉。当后周禁军分为两部之后，儿子在殿前军掌兵，老子则在侍卫亲军任高级将领。所以显德年间赵家父子的周围，是集结了不少人的。陈桥兵变时里里外外热烈支持他的将领们，至少有一半是以前赵弘殷在侍卫亲军铁骑营的同僚或老部下，这种成群结党的现象，与显德七年兵变的成功，有最直接的关系。

赵匡胤自己的经营也很重要，这一点也同样反映为赵氏在后周禁军中树党。他曾经参与过一个组织，连他一共十人，号称"义社兄弟"（十人如下：赵匡胤、杨光义、石守信、李继勋、王审琦、刘庆义、刘守忠、刘廷让、韩重赟、王政忠）。这应该是他资浅之时加入的一个互助组织，稍历年月之后，大家的发展大不一样，于是发生了阶层分化，其中三人不见经传。不过看来互相扶持还是有意义的，有一半人，走到了最高层。在兵变那一刻，殿前都指挥使石守信、殿前都虞候王审琦二位"兄弟"非常活跃，起了最关键的作用。陈桥发生变故以后，太祖派亲信立即回开封秘密接洽两位兄弟。然后，城门就大开了，接下来夺取政权变得相对容易，此二人功不可没。此外，还有两位"义社兄弟"（韩重赟、李继勋）在外任节度使，也起到了一定的支持作用。这些早期发展出来的关系，令策动兵变和夺取帝位的过程变得相对容易。

当然，兵变能够成功，也有相当多的偶然因素起了作用。譬如关键的反对者李重进，此时正领侍卫马步军都指挥使之衔，镇守淮南，无法在京城起作用。而副都指挥使韩通耳目不灵、调度不周，最后以杀身成仁效其忠忱。更重要的偶然因素，还在于陈桥兵变的起因：契丹入侵。

《雪夜访普图》
(佚名)。义社
十兄弟是赵匡
胤陈桥兵变夺
取政权的最重
要的力量。

显德七年春天，契丹的军事行动究竟是怎么回事，时人与后人都无法做出合理解释。按理说，周世宗在上一年北伐，下三关，夺回十六州东南一角，以契丹的惯例，此后几年，必当年年扰边，使后周疲于奔命。而后周的世仇北汉，乘机伐丧，在周太祖驾崩、世宗即位之初就曾发生，此次故伎重施，当是情理中事。这年春天的边情，看来是很令人紧张的，前线报来战况，不似作伪。况且边将获知敌军动向，应当向枢密院通报，都点检与军情的汇集没有直接关系，当然就很难策划一起假的入侵事件。此后，判断敌情，决定出兵规模、统帅人选，都是枢密使与宰相的事。后来远征军回军开封，后周的宰相们后悔不迭：我们怎么会做出这种决定呢？现在噬脐莫及了。可见，这是后周最高层对幽云前线动态的正常反应，赵匡胤要假传敌情，策划自己带兵，顺带搞兵变，可能性不大。可是，幽云的情况就这么朝着有利于他的方向发展了。不但事先的情报是契丹大举入侵，使他有机会领兵出征，而且最后的结果是契丹立即就退兵了，使他得以巩固篡夺的成果，这两点都对他有莫大的好处。其间到底发生了什么？究竟契丹有无大举南侵的举动？若曾出兵，又为何很快退回？宋、辽两边的史籍都没有记载。这次若有若无的入侵，不但来得莫名其妙，而且后果严重。很可能，这是偶然事件。而一个新朝代竟因此建立，一个大时代由此结束。

杯酒释兵权

赵匡胤建立宋朝，是利用了何种制度缺陷，他在建国以后，就要去弥补这种缺陷，防后人效法。是禁军中的兄弟把他推上皇位，那就要对这些兄弟特别注意。他做了皇帝后,这批兄弟依次升迁,仍然在禁军供职,只是中间插进去一个新人,就是皇帝的兄弟赵光义。这只能达成一种暂时的稳定状态,在有控制力的壮年皇帝在位的情况下,它才能存在。石守信、王审琦之流于宋太祖,正如宋太祖之于周世宗,老留在禁军中,养大了势力,万一自己"不虞",留下一个周恭帝那样的小孩儿皇帝,他们保不准也会学一招"黄袍加身"。所以当务之急,是要在禁军高层换血。但他并未用屠戮功臣等比较直接、血腥的方法。

建隆二年 (961),即建国之后第二年,他召集禁军旧部聚饮于宫中。有了三分酒意,他开始倾诉:"当皇帝未必有多少乐趣,每夜睡不安枕啊!"

群下知机问道:"天下已定,何人敢有异心? 陛下何必忧虑?"

"我相信你们没有异心。不过,一旦有人硬把黄袍套在你身上,你想不干,恐怕也不成。"

"这个倒是没想到。请陛下哀怜,指一条明路!"

"人生弹指即过。不若多积金帛田宅,留与子孙;歌儿舞女,颐养天年。君臣之间,无所猜忌。这不是最理想的状态吗?"

众人谢恩:"皇上能作此想,足令枯骨生肉,枯木逢春!"

旋即各自找了理由,辞去了禁军中的职位,外放去做节度使。

这个"杯酒释兵权"之典故,说的是从龙诸将"释"了禁军中的兵权。禁军高级军官,睡于皇帝的卧榻之旁,时时威胁皇权,安置好他们,是最为紧迫、最为关键之事。借着旧友"心甘情愿"安度晚年的机会,宋太祖重新整顿了禁军,改革了统兵制度,把禁军中的重要位置安排给新进人物,立即强化了对禁军的控制。

那么放出去做节度使，是不是威胁小一些？确乎如此。五代后期，藩镇势力已弱，不再具有颠覆性的力量。不过，乘乱兴兵的能力还是有的，有时仍会有很大的破坏力，一种很令人不安的前景是，若不能短期之内弹压，则会影响其他藩镇的动向。后汉时陕西三镇连兵，当时的枢密使郭威左支右绌、焦头烂额，动用常规兵力之外又大肆招募新军——赵匡胤就是在当时从军的——才得以平定。所以，藩镇仍是一种重要的不稳定因素。宋朝建立的第一年（建隆元年，960），潞州（今山西长治）节度使李筠、淮南节度使（驻扬州，今江苏扬州市）李重进筹划反叛，李筠且引北汉为援，当时宋太祖极担心南北夹攻，用计使两边一先一后而发，且亲征潞州，终于有惊无险地渡过难关。若藩镇和其他多种不利条件结合在一起，比如契丹、北汉、南唐等，那么危机可以发展到什么程度，还是很难逆料的。

所以对藩镇的控制和削弱，不能松懈。太祖的处理手法不算新颖。最常见的是命各节度使换任，或称"徙镇"。节度使总要在本镇有若干年的经营，才好完全掌控本镇的资源，有作乱的资本。可是一"徙镇"，多年的苦心经营顿时化为泡影。然而皇帝令节度使易地任职，是再正常不过的事，不想听命，就只好在条件不那么成熟的时候立即反叛，以致功败垂成。从建隆元年开始，各节度使被密集徙镇，这就大大增加节度使作乱的难度。有时征其入朝以考验其忠诚度。一旦入朝，很可能就被长期留在京师，甚至免了实职，领干薪、"奉朝请"了。开宝二年（969），太祖又重用"杯酒释兵权"的故智，一次"准许"五名来朝的节度使"辞职"。

太祖朝对于藩镇的频繁调整，使藩镇的势力愈加消退，建隆元年潞州和淮南发生的带有恢复旧朝性质的反叛，成为最后的藩镇叛事，中唐延续下来的藩镇割据、称兵之惯习，至此告终。接下来的十余年，宋太祖凭着过人的手段，消弭了藩镇起兵的可能性，终结了一个时代。

在中央释禁军旧僚之兵权，在地方则制约藩镇，使之不得展手足，这些都足以见太祖之高明。此外，他对其他将帅尤其是边将的控御也非常成功。史家盛赞他用人不疑，郭进、李汉超、何继筠等边将，皆在一地掌兵十数年、二十余年，久任而成事，故边圉宁靖。一位开国皇帝应当拥有的宏猷远略，宋太祖都不缺乏。他在位十六年，国内外形势日渐稳定，这是对他能力的肯定。但不得不说，太祖依靠的，更多的是他的个人能力和魅力，他做事、用人，抓大放小，不拘一格，嗣君若无他的眼界、胆魄和胸襟，就无法像他那么挥洒自如。后世君主能守得住这个天下，就要更多依靠制度。而制度的建设，他在位时才刚刚启动，大部分内容，还有待太宗甚至真宗、仁宗去完成。

未完成的统一进程

晚唐五代之分裂局面，在后唐庄宗同光三年 (925) 遣孟知祥灭前蜀之际，似已看见结束的征兆，但后唐随即内乱，孟知祥复据蜀自立，南方形势回复到同光以前的状况。后周世宗显德二年自后蜀收回秦 (今甘肃天水市)、凤 (今陕西凤县)、成 (今甘肃成县)、阶 (今甘肃陇南市) 四州，一个大致连续的统一过程终于开始。显德三年至五年间，后周世宗对南唐用兵，得江北淮南十四州之地，后周境域，顿时有了可观的拓展，国力亦迅速增强。显德六年，又自契丹夺回幽云十六州之中的瀛（今河北河间市）、莫（今河北任丘市）、易（今河北易县）三州地。世宗未尝攻灭一国，但宋初能敉平列国，受其辟地之惠颇深。

不过，后周向周边用兵，较难观察到空间上的次序。世宗时，王朴上《平边策》，叙平定割据政权之次第，提纲挈领的一句话是："攻取之道，必先其易者。"具体说来，荆南、湖南地小力弱，不必言，较大者，南唐、后蜀、南汉、北汉、燕云。应先经营南

赵光义（宋太宗）像

唐之淮南，次及其江南，再次则后蜀、南汉，然后燕云、河东。世宗攻取南唐之淮南，似用王朴之策，然而，在淮南用力不少，首尾历时近两年半，世宗大约觉得下江南远不如王朴所说的容易，且南征之时，契丹与北汉连兵侵边，故而世宗还是转向幽云，希望一举解除后患，取得高屋建瓴之势。

至于宋初，王朴之策反得其用。当时有人提议，相对南方诸国，北汉军力更强，应当先打下来，解决心腹之患。但太祖说，侵扰边境是北族之性，应先平定南方，留着北汉与宋一起分担契丹扰边。若宋先攻灭北汉，边境线太长，那么宋在北面就要疲于奔命，又何来

精力去平定南方？可见先南后北，太祖的看法与王朴是一致的。乾德元年（963），平湖北、荆南；三年，灭后蜀。开宝四年（971），灭南汉；八年，灭南唐。开宝九年他辞世之时，余下的割据政权，仅吴越、漳泉、北汉，再加上幽云诸州，留待太宗去解决。至宋太宗两攻幽州不下，后人便叹息宋人受了王朴蛊惑，先易后难，易的得来太易，难的就应付不了。若是太祖初得天下之时，立即移师北向，那么正当"睡王"辽穆宗当政时期，宋军尚有五代军队之勇悍，收复幽云就不难了。试想周世宗攻打幽云，一路披靡，他既因重病而功亏一篑，那么，宋太祖应该善其后。若北汉与幽云一战而定，南方诸国，还不是疥癣小疾？

这种想法，有些偏执。好像战役的失败，就一定是大的战略不对。先易后难，是国家之实力积聚问题，以南方之财，养中原之兵，倾全国之力与契丹相持更合适？还是仅据有中原之地，在四边都需派兵守边的情况下，孤军北向更稳妥？在此间做出选择，是没有太多游移余地的。另有消除隐患的问题，所谓"攘外必先安内"，宋人的这句话，可谓千古不易的至理名言。若先北向，宋与契丹相持不下，兵祸连结，南方的疥癣之疾，有可能变为心腹之患。南唐与契丹相结，想瓜分中原，这种尝试，在五代并不是没有过。所以，把统一的次序调过来，只有一种可能，就是像周世宗时那样，忽逢北方入侵，必须直接面对。在宋初，这一问题暂不存在。

如果太祖即位之初，先取幽云，是否可以做到？要否定王朴之方略，当然就要强调幽云很容易攻取。证据，就是周世宗攻取三关，收复瀛莫，战胜攻取，然后突然班师，旋即病逝，若天假以年，幽云不难略定。但是，这种假设未免大胆。邓广铭先生说："对于周世宗的北伐，不应做过高的估计。瀛莫诸地之取得，并不是因为打败了契丹，而是各地的汉官举城降附的。假如周世宗不因病还师，而直前去进攻幽州……没有任何根据可以断定周师之必胜、幽州之必为周师所攻克。"宋太宗后来北伐，幽州以南诸州，也是一鼓而下，如果不看他关键战役中在幽州城下大败，或许也会认为攻下幽州不成问题。一国边疆，防御之兵力怎么会均匀地铺开？当然会有弹性。到了幽州城下，战斗力自然就远较白沟附近密集了。

太祖在世时，未能以攻坚战解决北方两个强敌，后人对他的武略，也不易作全面的评价。不过，有两点应当强调。一是他有能力守得固若金汤。整个北方防线，自白沟至河套，用武将十四人守御，用之不疑，终其世"无西北之忧"。二是极其注意保存实力。荆南、湖南这样的弱国，也不愿强力攻取。荆南高氏仅三州之地，地狭民寡。湖南周氏恰好在宋建国之后的几年，内难不断，先是幼主即位，再是大将反叛。要攻灭它，机会很多，可是太祖宁可同意授予十一岁的新君主周保权合法地位，一直等它内部极度动荡之时，以平叛为借口，乘隙而作，以微弱的损失成就大事。进军途中，以"假道灭虢"之策占据荆南。平定南唐也花了一番精神，开宝七年，要李煜入觐，大约想扣留他，要胁他归顺。李煜没有入觳，太祖找到了出兵的借口。战事进行了几个月，军中发生疾疫，就想退兵，只是在文臣武将不断怂恿之下，才坚持到最后。平定南方诸国的间隙中，曾先后四次对北汉用兵，都从太原城下黯然而归。若有强攻的决心，恐怕早已成功，然而太祖始终在盘算得失，契丹遣军来援，军中疾疫，甚至攻城损兵稍多，都会促使他中途退兵。某次顿师太原，久围而不拔，禁军愤然："蕞尔小城，久而不克，是将士不致力之故，请令我等力攻，必取之!"太祖却不肯答应:"你们是天下精兵,我搜简训练,尽力而成,宁可不要此城,也不能让你们糜灭于此!"这番表白达到了他想要的效果——"军士闻之,无不感激"。然而此说未必不是其本意。这种稳健的态度,贯穿太祖一朝的始终。

太祖行事,步步踏实,多为长久计。不止军事,其他诸种制度建设,也不急于求成。如科举、官制、以文制武传统,都由他发轫,主要的发展过程却在太宗朝。他在位十六年,国内日渐宁定,宋之力量不断积蓄。他留给太宗一个强大和富庶的国家,也令太宗有机会同他一样,成为创业之君。

太祖的兄弟关系及末年迁都之争

关于太祖、太宗兄弟的关系,宋代以降,正史野史中记载颇多,而其母亲杜氏的一番教训,可谓是脍炙人口。杜氏问匡胤:你知道你何以能得天下? 匡胤以为母亲要分析自己的优点,谦逊道:那是祖宗和母亲的余庆。杜氏说:那不是你有能力,而是柴氏立幼君,给了你机会! 这段对话,后人不必固信其有。这个道理,以太祖的才略,岂能不知? 又岂止于他身后是不是立幼君的问题,他在位之时,怎么来巩固统治,是一个更现实的问题。为达到这个目的,有很多制度应该建设,有很多手段应该使用。不过,"人"的问题是最根本的,所有这些制度和手段都需要可靠的人去实现。谁最可靠? 这个问题宋太祖在第一时间就考虑清楚了。所以,开国第一天,皇弟光义就任殿前都虞候,被安插到禁军最高层,以亲兄弟制衡义兄弟。次年,任开封尹,掌理京城诸事,且"同平章事",位同宰相。这个职位,光义连续担任了十五年。

开封为帝都所在，其建设、治安、人事，分量至重，都城又是天下的微缩版，以此让中意的继承人练政，最合适不过。故不难理解这个位置的重要性。然而，这只能说明，太祖出于巩固赵氏皇朝的目的，委其弟以重任，并不能说明太祖准备把天下交给其弟。后世看到的是，后周显德元年，柴荣正是以开封尹、晋王继承了郭威的皇位，与光义继位前的职务、爵位完全一样；在光义之后，其弟廷美，子元僖、元侃（即后来的真宗），以至于北宋末年的钦宗，都是以开封尹作为储嗣之位确定的标志。因此太宗做开封尹意味着什么，似乎不言而喻。然而，柴荣任开封尹不到一年，因郭威突然病危，来不及晋位太子再正式即位，故柴荣的先例未必可以援引。而太宗朝以后，正是以太宗为先例，更无法由此逆推太宗的经历。

总之，在太祖朝，开封尹等同于储位，并无切实根据，赵光义以开封尹继登大宝，也不能看作是顺理成章的事。太祖在位十六年，直至临终，一直未正储嗣之位，这反而更令人疑惑。在皇位继承一事上，兄弟之间或是有冲突的。

大约在乾德元年（963），兄弟不和的征兆已有显露。该年，宿将天雄军（大名府）节度使符彦卿来朝，太祖欲使其领禁军，受到枢密使赵普的坚决反对。太祖说："我素来厚待彦卿，他必不负我。你不必多疑。"赵普反问："陛下何以负周世宗？"太祖默然。任命彦卿之事遂为泡影。彦卿在后唐庄宗时已驰骋疆场，为将四十年，乾德元年已六十有六，会有多大的雄心、多大的威胁？赵普疑心符彦卿，却又不说明符彦卿典禁军，比起其他人为何有特殊的威胁，而太祖也了然于胸，不赘一词，是因二人都明白，问题的症结或者不在符彦卿，而在于他背后的那个人——其婿赵光义。

后周显德中，赵普任赵匡胤之幕僚，公私之事皆尽心竭力，以至于"奉药饵"于弘殷病榻之前，竟成通家之好。是后，赵匡胤对他长期信任不替。而赵普也不负所望，始终为太祖的利益作全盘考虑，其中也包括为太祖后裔保住皇位。陈桥兵变，赵普与赵光义同为谋主，而为了太祖的利益，二人迅速进入敌对状态。凡是赵光义的亲信，便常受赵普打击。

乾德元年用兵湖南，枢密副使李处耘受命监军，其间为维护军纪，与主将慕容延钊发生争执。史家记载，朝廷"以延钊宿将"，不加责罚，而贬处耘为淄州（今山东淄博市西南）刺史。道理本来在处耘一边，且处耘官为枢密副使，职在监军，都不处于弱势，何以受到如此不公的对待？更奇怪的是，李处耘受此屈辱，却感到恐惧，"不敢自明"。这或是因为，有强有力的人物——

赵普像

如赵普——站在他的对立面，对于这场争执的处理，并非取决于正确还是错误，而是有故意打击的成分在其中，有道理也说不清。这位李处耘，陈桥兵变时为都押衙，军士哗变，喧言立点检为天子，他并不直接赴告点检，而是去找"供奉官都知"赵光义，可见关系非同一般。所以，他虽以拥戴之功迅速升迁，但他的上级、枢密使赵普，本来同是从龙旧人，佐命元勋，却成了他的政敌。三年后，李处耘在淄州刺史任上郁郁而终。到了太祖末年，却聘其女为光义之王妃，其子李继隆也成了太宗朝最得宠的武将。这应当是对赵普主政时李氏所受打击的一种补偿。

赵普不仅忠心、有能力，并且知道他的工作重点在哪里，善于抓大放小，太祖对他是由衷地信任和赞赏。但是他掌权实在太久了。从建隆元年任枢密副使，作为执政群体中唯一的新贵，实已大权在握；乾德二年 (964) 正月正式任宰相，到了开宝六年 (973)，十几年来，树了一大帮政敌，尤其是阻了后进的路，不满者众多。并且，长久高高在上，行事也确实跋扈起来。终于，太祖也不愿再忍受他的种种不检点，在群臣的一次围攻之后，罢赵普相位，让他到孟州 (今河南孟州) 做节度使去了。从避免臣子专权的角度来看，一个做了十年宰相的人，确实也该让他停下来作些反省了。但是，这样就给光义去掉了制衡的对手。新宰相都是这十几年成长起来的，谁有这个资历和胆魄，敢介入皇帝的家事？光义在皇宫内外经营了许多年，终于得到机会，可以迅速充分地膨胀其势力了。太祖的最后几年，想必不那么容易过。

在太祖的最后时刻，他突然使出奇招，令人措手不及。开宝九年，他决定到洛阳去行南郊之仪。这个决定确实怪异，因为自乾德元年新作郊坛于开封南薰门外，太祖数次亲祀南郊，都在开封。此次忽然要改到洛阳，自然别有居心。这个居心，大概有人猜到了。当时起居郎李符上书，历数洛阳城市与宫室之破败、供给之困难，似乎皇帝到故居去探访一次是多么劳民费财的事。太祖置之不理。到了洛阳，谒祖陵、祀南郊毕，还想长期停留，并表露了迁都之意。即刻又有人进谏。此次是一个武将，"铁骑左右厢都指挥使"李怀忠，禁军中

《大驾卤簿图卷》（局部）。宋代皇宫仪仗队。这是限于皇帝前
往南郊拜祭天地的时候使用，有近三千匹马参加。规模浩大，
组织严密。皇帝特地派画师把整个队伍准确无误地画下来，
取名为《大驾卤簿图卷》，以便作为规范并长久维持下去。

一支精锐部队的指挥官。李怀忠并没有提出诸多反对迁都的理由，直截了当地说："开封漕运便利，供馈无阙，若留在洛阳，谁会和您在一起挨饿？"皇帝仍然不理会。

这时，皇弟光义出面奉劝了。光义凛然道："留在这里不方便！"皇帝说："我迁到洛阳还是暂时的，过段时间还要迁到长安去！"光义"叩头切谏"。皇帝说："迁长安，是要据形胜之地，便于守御，如此就不必养许多兵了。"光义反驳："在德不在险！"

对话到了这里，皇帝意味深长地"不答"。他确实没必要作答。大家堂而皇之地论证迁都的表面理由，太宗的认识和他根本不在一个层次上，拙劣地拿了在野之士劝谏当政者进德的虚辞来搪塞，显然是理屈辞穷了。既然说不出正当理由，又何必反对迁都呢？这一点双方倒是完全明了：遽然迁都洛阳，开封尹在开封的多年经营，岂非付诸东流？洛阳的控制者（知河南府），是皇子德芳的岳父焦继勋。与李符所说不同，太祖发现洛阳"宫室壮丽"，借机重重奖谕了继勋，并且"加彰德军节度使"，升了他的官。如果迁到洛阳，太祖不就可以重新发展支持力量了吗？

可惜，所有有力者都来自开封，他们都不支持他迁都。在迁都一事上太祖发现自己被孤立了，正如他在开封同样被孤立。他黯然回到开封。半年以后，留下尚未确定继承人的皇位，驾鹤西去。

烛影斧声

我们知道最后的事实是，太宗继承了皇位。可是，太祖的本意是什么？他希望由谁继位？

杜太后像

在太宗朝之后，有一个说法：杜太后给太祖分析，赵氏之所以能得天下，是因柴氏幼君继位的缘故。之后，太后告诫太祖，为免蹈柴氏覆辙，最好的办法是兄终弟及，坐皇位的永远是年富力强的君主。太祖奉命唯谨。于是请赵普手书兄终弟及之盟约，藏于金匮。此约就被称为"金匮之盟"。

前辈学者考证，"金匮之盟"纯属虚构，此说可为不刊之论。杜太后在建隆二年（961）命赵普写下的盟约，似乎谁也不知道它的存在，一直等太平兴国六年（981）赵普为改善处境向太宗提及，才"发金匮"，发现这份二十年前的文书。传位大事，几同儿戏，伪造之迹至为显著。退一步说，太祖早年借重兄弟以巩固皇位，当时子息尚幼，或者兄弟之间有某种约定，这也是不可考究之事。但这种想法很快就不存在了，也正是在他的支持下，赵普才敢于和皇弟斗争。他迟迟不定储位，让弟弟当了十五年开封尹，就是为了等儿子长大。到了最后一年，他心目中的继承人德芳终于长到十八岁，算是成年了，幼君继位的问题似可免除，但同时发现，他的周围充斥着弟弟安插的人，不仅外廷文臣武将不少属于皇弟党羽，内廷也布满皇弟耳目，故试图以迁都的方式，洗刷内外人事。在赴洛阳前夕，刚成年的德芳晋位为"贵州防御使"，这是他继续蹿升的征兆。到了洛阳，德芳的岳父受到奖谕、升迁，种种迹象，表明他正加紧为德芳确立名分、培植势力。然而，半年以后他的生命就走到了终点。

关于太祖之死与太宗继位，最有名的传说——甚至可以说是"宋代第一案"——即所谓"烛影斧声"。此公案早先的版本大致如此：太祖问某道士，寿数尚有几许？道士谓，若今夜晴，则尚有一纪之寿，否则，就赶快准备后事吧。当夜忽然下雪，太祖急召太宗饮于宫中，且屏退宫女宦官。席间，有人望见烛影之下，太宗时或避让谦辞，作"当不起"之状。席终，二人出门，太祖以玉柱斧戳雪，对太宗说："好做好做！"遂解带就寝。当晚，太宗也宿于宫中。五更时，宫人发现太祖已崩，太宗遂即位于灵柩之前。

这个版本首见于北宋中后期人释文莹《湘山野录》。佛教界人士释文莹充满道教色彩的传说，是为太宗继位的合法性赞助地添加一笔呢，还是以春秋笔法影射太宗得位不正？若是前者，那么他特特提到太祖崩时之正常，说"周庐者寂无所闻，帝已崩矣"，甚至说太祖遗容"玉色温莹如出汤沐"，更易引人联想，似乎他在掩饰什么，反有欲盖弥彰之嫌。若是后者，那么其中种种细节，似不见于之前的正史、传闻，实不知何从得来。而他的记述，又被后世不断演绎，从"玉柱斧"作文章，暗示或明示太宗谋杀了兄长从而得了大位。反过来，宋代的官方史家又针对文莹之说做出种种辩解，以期有利于太宗，但只要立足于太宗宿于宫中、顺势即位于灵前，总不易说圆。总之，"烛影斧声"之说虽然能够满足猎奇之心态，且或者竟是事实，但我们肯定是无法确证的。

相对说来，官方史家的记载更合情理，没那么多破绽。据司马光和南宋史家李焘记载，太祖晏驾，时在四鼓，当时宋皇后急遣内侍王

司马光像

继恩往召德芳,继恩却跑去召光义。光义突然闯入宫中,宋后大愕,呼道:"官家!"由是一锤定音,在素来强势的光义面前,承认了她与德芳母子的从属地位。宋后又说:"我母子性命,就托付给官家了。"太宗流泪道:"共保富贵,不必担忧。"于是继位。

官方史家的记载,同样也是一个情节曲折动荡的故事。作为赵宋当代的史家,这样的记载,应当算是相当客观了。虽然前后照例加上恭维太宗或者表现天命在兹的话语,较之野史之说少了些弑兄谋位的悬想,但其中太宗的不光彩角色,并不见得有所减弱。其平日在宫廷内外上下打点谋取皇位之饥渴,昭然若揭。若联系到后来太宗如何对待宋后和德芳兄弟,则其刻薄寡情,更无从掩饰。

太宗既偿其宿愿,自然是风光无限,无视惯例,在当年十一月立即将开宝九年改为太平兴国元年,迫不及待地表露了对兄长的不满与不尊重。然而隐忧也不少。得位既不正,天下人难免侧目,太宗喜欢遣"皇城卒"四处探听,适见其心虚。然而,最值得担心的不是悠悠之口,而是政敌。首当其冲的是曾与他长期对垒的赵普,其次则是他的弟弟廷美,以及太祖之子德昭、德芳。他立即将赵普召回京师,让他赋闲,以便于监控。

太祖尚存二子,较长的德昭变成了排序仅次于廷美的皇位继承人。这在太宗，是迫不得已的事。兄终弟及，这皇位最后是要还给兄的子嗣的，但弟并非心甘情愿。而德昭却似乎不太明白叔父的心事。大平兴国四年北伐幽云，夜里皇帝忽然失踪了，顿时有军士躁动，呼吁要立德昭为帝。后来太宗出现了，自然对他的号召力大感不快。而德昭不悟，兵败回京后，竟向太宗请求，伐幽云虽不胜，但将士克河东之功，总要赏的。北伐失利及军中夜惊，这双重的不快，令忍耐许久的太宗不禁发了脾气，脱口而出："等你自己做了皇帝，再赏不迟！"德昭猛吃一惊，回府后前思后想，觉得自己的处境特别不妙，当日自刭而死。到太平兴国六年三月，曾经有机会得到皇位而后则默默无闻的德芳，也郁郁而终。

　　太宗将皇位直接传给儿子的障碍，仅剩下廷美了。初即位时，为表示要将兄终弟及贯彻到底，太宗让廷美做了开封尹，这似乎意味着廷美也像太宗当年一样，以开封尹的身份成为第一继承人。但这仅仅是太宗的一种姿态，用以证明兄终弟及是早就定下的。德昭、德芳先后早卒，太宗或许没有直接的责任，但是这个事实，却让太宗起了歹念：只要再走出一步，兄终弟及的条件就消失了。此时，赵普起了意想不到的作用。

　　赵普在京师待了近五年，始终惴惴不安。他已经没有势力了，但仍然受到种种排挤，自然深知问题出在哪里。忧惧之下，他选择了一种积极的自新之道，向太宗"揭示"了"金匮之盟"的存在。太宗欣慰地发现，原来"金匮"正是"藏"在深宫之中，这消除了他对于合法性的焦虑。但随着"金匮"的"发现"产生的新问题是：盟约采用匡胤—光义—廷美—德昭这个传位系统，虽然最为合理，但对于廷美，也同样有利。如何才能将廷美排除出去？赵普建议，他制造的问题，仍由他来解决。如果坐在宰相的位置上，解决起来比较方便。于是，太平兴国六年八月，赵普再次出任宰相。次年，廷美被指有谋反之迹，幽禁于房州。三年后（雍熙元年，984），廷美死于幽所。而赵普早在太平兴国八年，功成身退，到邓州（今河南邓州市）任节度使。

问题依次解决了，皇位终于稳定地落到了太宗一系。太宗并未频繁地使用暴力，总共用了八年的时间完成全过程，算是非常有耐心了。但即便如此，在北宋当代，即有种种传说，种种猜测，有人含沙射影，有人直斥其非。而史家虽然用尊敬的语气谈论太宗之固位，但在其职业性的考证过程中，却也不太在意将许多不光彩的细节暴露在世人面前。这类对太宗不太有利的舆论，在北宋不绝如缕，到两宋之交，又重被提起，部分地与北宋之崩溃相联系，直接推动了皇位重回太祖一系。

终结十国与宋辽开战

摆在太宗面前的最迫切的事，就是重新统一中原。太祖于开宝八年灭南唐，去掉了南方最强的割据政权，南方仅剩吴越钱俶、漳泉陈洪进。太平兴国三年，乘二人来朝，太宗扣留了他们，胁取了两块弹丸之地。吴越对中原诸皇朝一直顺服，太祖曾希望钱氏能主动献地，不令汉光武与窦融专美青史，故钱俶来朝而太祖纵还之。太宗则更为现实。尽管得此二地不足以示宋之强大，但吴越虽小而富，必能为他扫平北方提供助力。

太宗立即开始真正用兵。太平兴国四年，他亲征北汉。北汉的抵抗非常激烈，宋以数十万众攻围，打得太原"城无完堞"，宋军伤损甚巨，直至即将城陷之时，刘继元才出降。这证明了当年太祖对北方谨慎用兵是有道理的。

攻克太原是如此艰难，太宗愤愤地将此城夷为平地，并即刻移师东向，去收复幽云。六月，连降岐沟关（在涿州境）、涿州（今河北涿州市），先胜于沙河，大军遂围幽州。然而高梁河一战，宋师大溃。太宗拼死突围，逃到涿州，"窃乘驴

钱俶像

车遁去"。此役中，随行宫嫔皆没于战阵，太宗自己也中了两箭，此后箭疮反复迸裂，十八年后，因此而死。

自951年辽世宗被弑，辽与周、宋之间，战事不多。尤其是后周显德元年辽、北汉联兵入侵遇挫之后，二十五年间，辽主要采守势。它与中原的军事对抗，目的在于维持一个缓冲地区，故而宋屡次伐北汉，都得到数万辽军的支援，且济以饩粮。至于平日，宋、辽之间且常有使者往还通问。但太平兴国之北伐，结束了宋、辽之间的相对和平，自此，辽军频频入侵。不过，北伐的失败，尚未使宋军元气尽丧，之后双方互有胜负，总体而言还是宋军的胜率更高一些。然而，战场却在宋的河北地区，若任由敌军年年入境，繁庶的河北势将蒿莱遍地。太宗不堪其扰，希望挟最近几次胜绩，与契丹议和，不料被契丹一口拒绝，颜面丧尽。此时有边将上言，谓契丹幼君在位，母后听政，

人心不附,我方可图大举。于是,在第一次北伐七年之后 (雍熙三年, 986),太宗再次兴兵,此为雍熙北伐。

鉴于御驾亲征,皇帝容易成为敌军进击的主要目标,太宗吸取了教训,自己留在开封,命数员大将向幽州、云州 (今山西大同市)、蔚州 (今河北蔚县) 三路进兵,主攻方向在幽州。大家没有统一的指挥,各部行军路线、进攻次序、会师地点,太宗都已事先布置好,让将军们照办,还谆谆教诲,大家一定要协调行动,不能孤军深入。可是到了战场,各路进展有快有慢,事先的路线布置全不管用。曹彬部进展特快,转瞬间攻破涿州,再回师破契丹军于新城 (今河北高碑店市东南),继续北进,也如前一次北伐一样,燕南诸州势如破竹,但太宗却再一次由希望的巅峰掉到了失望的谷底。曹彬部挺进太快,已入燕境,不但偏师未来会合,本部的后勤也没跟上,士卒面临饥饿之虞,退而就粮,又进而求战,遭遇敌方重兵,复退向宋境,途中被敌军追及,大败于涿州岐沟关,此五月事。辽军于东路大胜后,迅速收复西面诸州。宋军第二次北伐,又以完败收场。而辽军即刻展开报复行动,大举进入宋境,当年十二月,于宋境瀛州君子馆大胜,宋军战殁者数万。自兴国四年至此,于关键战役连败三仗,于是宋军元气大伤,无力反攻了。而契丹则接连入侵。当年末,深入邢州 (今河北邢台市)、深州 (今河北深州市南),大掠而去。端拱元年(988),辽帝与太后亲征,宋北境一片狼藉,周世宗收复的易州,也再次为契丹攻陷。较之雍熙北伐之前,宋方的形势更为恶劣,又因失易州之故,宋之北境较之周世宗末年亦有所退缩。

此后百余年间,失地再未能收复,宋的实力,也从未凌驾于辽之上。太宗对此有一定的责任,这不仅种因于他的两次北伐失败,更由军事失败背后所隐含的太宗的能力、心态和政策所导致。

雍熙北伐失利，据"官方"记载，大将曹彬进退失据，是导致主战场失利的主要原因，但太宗在开封遥控指挥，前线数路大军进止不统一，又缺乏独立决断的权力，却是更深层次的致败之由。两次北伐，皆由太宗直接主持，故而，两次失败，太宗都不得辞其咎。从太宗的积极进取精神来看，他应该是觉得自己的雄才伟

曹彬像

略胜过兄长。太祖当年四攻太原而不下，而他则是一气呵成，所以很有自得之心，认为以他的气魄胆略，平天下不足虑。于是，在太原城的废墟上，他拒绝了群下的持重之论，一力求战，但却未考虑到，北汉之亡，要归功于他兄长的经营。太祖数征北汉而中辍，转而采用了更为稳健有效的釜底抽薪之策。他分遣诸军深入敌境，劫掠北汉户口。数年之间，北汉损失了数万人口，当太宗削平北汉之时，这个政权总共才三万多户，可见太祖的策略对北汉之损伤是何等严重。太祖培养的将领，在战事中起了关键的作用。这不仅是说围攻太原孤至的貔貅之师是他苦心经营的成果，更是指石岭关（今山西忻州市南）一役击溃契丹数万骑的郭进是太祖多年信用和栽培的猛将。此役使太原援绝，不降则化为齑粉。太祖用兵从无大败，因为他设法维持着一支有效的军事力量，也因为他惯于避强击弱，非有十足把握不愿付诸

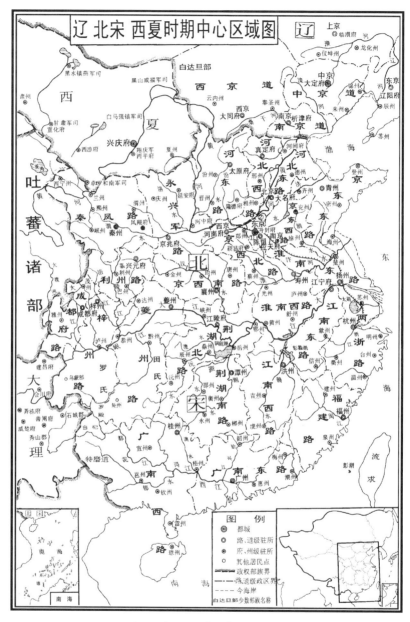

辽、北宋、西夏时期中心区域图

强攻，对于契丹，尤为谨慎。在太祖朝，取幽云之事曾在君臣间多次提及，但太祖一直未决定直接动兵。太宗则不同，他敢于冒险，勇于承担人力和物力的损失，很难判断这是不是帝王的优秀品质，因为他小处得手了，但关键时刻却未获成功。他的军事指挥能力值得怀疑，本人却对军事能力极度自信以致热衷于在后方指挥前线作战，动辄授以阵图，指示将领勿得擅改，这种行为，本来就是一种非专业的表现。而他的最大问题，更在于他的自信与他自己的军事能力不相匹配，并且滥用这种自信。

与自信共生的是猜忌。太宗在即位之前，缺乏战场上独当一面的经历，他不像兄长那样了解战事、了解武将。在他看来，战争不是一种难度很高的事，他本人不就很轻易地掌握了吗？所以他不怎么看得起武将。但又觉得他们掌握武力非常危险，所以又需特别防制。他最直接的防制方法，是强化监军的作用。监军一职，并非他所首创，但监军之势力，在他的时代大大得到强化，以至于监军气焰凌于主将之上，肆行非法而主将无可奈何，甚至侵侮主将，猛将郭进就是受监军迫害而死。对武将的防制，直接造成了武将群体缺乏活力，使宋之军事能力逐渐下降。对于这一点，太宗或许有些心理准备。他说："国家若无外忧，必有内患。外忧不过边事，皆可预防。惟奸邪无状，若为内患，深可惧也。"内患更为危险，是防制的重点。那么内患之中，以何为先呢？当然就是北宋深以为戒的五代故事——藩镇割据为乱、禁军首领兵变。对武将的重重防制，确实巩固了内政，但终使宋无法取得对辽的优势。

当然，对武将、武力的防备与控制，远不止于监视武将。作为没有在与创业相关的战争中起过重大作用的君主来说，制度的建设，远比凭借个人威望震慑武将更可靠。

"抑武"的制度保障

太宗派忠心之士去监军，自然体现了他对兵权问题的极度关切。可是，这不是治本之策。此类深具个性的手段，在深宫中长大的子孙们若掌握不好，那是要"移国祚"的。建立制度，才能长期保证皇权的安全。太宗朝正是制度建设最重要时期。他大体完成了地方兵权上收中央的过程，又为皇帝掌控中央之兵权奠定了基础。

地方兵权，在宋初仍由藩镇掌握。当时全国各藩镇的实力，相对中央军来说，已显弱势，若以个别藩镇的力量，在时局混乱时勉强有割据称雄的可能，但通常情况下，已不可能对中央形成致命的威胁。正是在这种时势之下，宋太祖才得以较顺利地解决藩镇问题，而太宗所要做的，则是彻底根绝藩镇对抗中央的可能，甚至连乘乱兴兵的可能，都要杜绝。在太祖朝，除了针对"人"——即改易节度使人选，换上朝廷信任的、易于控制的人选，也开始针对"藩镇"一职的权力做出普遍调整。譬如收藩镇精兵归中央，派出新进武将任都部署、都钤辖掌领地方军队，派专官代藩镇管理地方财政。如此逐渐削夺藩镇之权以弱其力，其过程自太祖朝延续到太宗朝。使它消亡的关键一步，由太宗踏出。

太平兴国元年，知怀州（今河南沁阳市）的高保寅因与上级河阳节度使（驻孟州）赵普不和，乞罢节镇领支郡（指节度使所驻州以外，他下辖的其他州）之制。太宗与赵普之间，仇隙既未弥缝，削藩又是太宗素来关切之事，故而这个提议正中太宗下怀。次年八月，即令怀州直隶于中央。同月，虢州（今河南灵宝市）刺史许昌裔诉其上级保平节度使（驻陕州，今河南三门峡市西北）杜审进为政多有阙失，太宗使右拾遗李瀚审理。该年八月李瀚上言，藩镇使亲吏（即心腹之吏）掌支郡之关市，阻滞商贾流动，建议废除藩镇领支郡之制。太宗未因母舅杜审进之故而手软，突然下诏，令天下节镇所领支郡全部直属中央。至此，节度使二百多年来领有支郡的历史宣告结束。藩镇与从前的支郡，于是处在一个层级上，这意味着藩镇体系实际上已不复存在。

在太宗末年至真宗时，原先名存实亡的藩镇，连名也不存了，节度使作为大州长官的地位，已被中央普遍委任的知府、知州所替代，完全成为一种虚衔。中央收地方兵权的工作也算完成了。此后地方之军政，一州则委之知州，一路则委之经略安抚使。经略安抚使和州官，多数以文官担任。以文官制武人，更具安全性。

收兵权的另一个方面，是针对中央军事机构，即改革枢密院和三衙（即管理禁军的殿前司、侍卫马军司、侍卫步军司）。

中唐以后，枢密院多以宦官、武将为长官，晚唐五代枢密院与禁军主管部门职责分划不明。禁军主管部门的军令，对禁军是有效的，而它和枢密院又可以直接统领大兵出征，前者造就了赵匡胤，后者给郭威以机会。地方兵权上收中央，若中央军事机构继续强势，这改革，岂非增加了皇朝的危险，起了反面的作用？所以收兵权要落实到另一个层面，即收枢密院、三衙之兵权归于皇帝。兵权方面，中央集权、皇帝专制并行。

解决方案，是将中央军权两分，相关的政策有三点。

一是彻底划清两者的权力界限，枢密院只有发兵权，三衙只有管军权。如果没有枢密院的指令，无权调动军队，军队人事权也在枢密院控制中。这样，三衙控制了军队核心的权力，但这种权力是静态的；枢密院控制了让军队动起来的权力，但这种权力又是在外围，两者互相制约。

二是对于主要的三衙长官严格控制。宋初外放管军宿将做节度使，就是要增强皇帝对三衙的控制，可见三衙的威胁，比节度使还要严重。而后，除了取消三衙发兵权之外，还收走了三衙长官领兵出征的权力。这些最高级的武将，居然不能带兵出征，这是很奇怪的，但从"防范"的角度来看，又不难理解。

三是让枢密院成为文人掌握的机构。宋代枢密院主要官员一直是以文臣为主，自太祖朝起，除少数皇帝亲吏出身者，极少用武将任枢密院主要官员。太宗朝以后，由惯例发展为制度。大约在宋仁宗以后，非文官而入主枢院几成禁忌。神宗改制后，更禁绝武臣入二府。以文制武的理念贯彻到军令部门，文官系在宋皇朝可谓是无所不至了。

针对中央军事部门的所有制度建设，关键是兵权在相关机构间的重新分配。其主旨绝不在于让宋代的皇帝比五代皇帝对军政的涉入更深，而是不让某个机构可以完全掌握整个军事行动的各步骤。军权被打得很散，从军事准备到最终的军事行动，以及军队的人事管理，由几个不同的机构分管不同的环节，若缺其中一环，其他分享军事权力的机构，就不能有所作为。皇帝从某些军人、某些机构那里"收"来的兵权，最终还是要放出去的。所以，"收兵权"要从对皇帝的安全，从皇帝居中控御、协调几个机构的行动来看，而不是皇帝直接包揽权力。但从效果上来看，居中控御确实近似于皇帝亲自掌握一切权力。

武人的气焰被打下去了，这意味着宋初政治完成了重大的转型，在五代始终扮演配角的文人，成了皇帝的倚靠对象和共治者。但这并不是武人势力下降衬托出文人势力上升的天平式的自然过程，而是刻意强化文治，同时进行抑武、崇文双重政策的结果。文治的建设，也正是在太宗朝强力推进，终使宋朝成为文官地位最高、文武分途最彻底的朝代。

文治与科举、学校

文治与武功对举，它本着文官治国、儒术治国的原则，以发达的文官系统，追求以非暴力的手段达到较好的管理效果。文官历来都有，但文武分途是否清晰以及是否具有排外性，文武相对地位如何，历代还是有很大区别的。宋代文官地位之高、文官系统之成熟，在历代可算首屈一指。

文官系统之发展成熟，直接表现就是文官占据了官僚体系中最重要的位置，控制了从中央到地方的民政系统中的主要职位。其在官员总数中的比例也超过前代。在这套系统趋向成熟的同时，文官系统表现出相当强的封闭性。在中央，省、部长官，已不再有武官的空间，地方州、县官员，从长官到佐贰官，都以文官为主，仅沿边地区军务为先，尚给武将留了些余地。朝廷维持文官的强势，原因之一在于武将的不可靠，再则，对于繁琐的民政管理来说，文人显然更能胜任。

武人很难进入三省—州县的文官体系，而文人则侵入武人的领域。中央之枢密院，迅速为文官所据，军令部门转归文官掌握，仅文人无法熟悉的军政，仍归武人。地方上以文官知州、县事，兼本州、本县兵甲事，一路经略安抚使以文官为之。统合全国来看，武人大体脱离了各种政策之决策——包括军事决策，仅负责执行而已。由这种分工来看，文官地位明显较武人为高。宋廷在武装力量上投入的人力、物力和精力都绝不少，不可谓"轻武"，但其以文官来压制武人的地位，确可称为"抑武"。

文官系统的建设，是一个整体工程，它有一个复杂的官僚制度作为基础，但若没有数以万计的文官去填充它，它还是无法存在的。前代文官的来源复杂，若荐举、若恩荫、若吏员升陟，至唐代又以常规的科举考试，来选拔精英文士。正如钱穆所说，宋的制度，基本袭自前代，几乎未有创新者。然而，宋的长处正在于，前代曾有的制度，被择善而从且能加以完善，科举制就是在宋代臻于巅峰状态的。一个重要的变化发生于太宗朝。

在太祖时期，科举仍如五代时，每岁科考，取进士数人至十余人不等，偶或取诸科之士数十或百余。至太宗朝，科考改为间歇性举行，通常两至三年一科，平摊到每年，约进士百人，诸科二百余人，顿时填补了中低级文官的大量空缺，也鼓励了真宗创下一科取进士、诸科一千五百余人的纪录。表面看，较之以前，太宗取士仅是数量上发生变化，但后人一致认为，此举直接促成了太宗至真宗朝举国文风大盛、社会阶层流动顺畅，并使精英人物迅速向皇朝靠拢。在政府这一面，不仅可通过稳定的渠道网罗管理人才，用太宗的话来说，就是"田野无遗逸"、"朝廷多君子"。"文治"压过"武功"的基调得以确立。科举制之全面推进，太宗有开创之功。

在科举兴盛之时,学校蓬勃发展起来。真宗朝,个别私学已有较大规模和影响,于地方文化与科举贡献甚巨,并推动了官学的创立与普及。如大中祥符年间(1008—1016),应天府民曹诚于名儒戚同文旧居造屋百五十间,聚书千卷,招徒讲习,得真宗嘉许,改立为官学。仁宗即位之初,诏"藩辅"皆置学。"藩辅"者,京师近地及府、节度州,如此,则官学先普及于地区中心。至庆历四年(1044),诏各州、军、监置学,又许县立学,官学遂遍置于全境所有统县政区,且县学亦于发达地区逐次建立。徽宗崇宁元年(1102),规定全境各县立小学,且以小学—州学—太学的次序升补,升入太学后,得有一定比例优秀学生直接授官(称为"释褐"),此制部分代替了科举之制。至崇宁三年,徽宗下诏废除科举取士,一律通过学校递升—太学释褐来命官。宣和三年(1121),又诏复科举。徽宗的改革,力度实在是很大,当时文官系统遇到了什么问题以至于需要如此大动干戈?实难以猜估。但科举恢复以后,官学教育的成果也留了下来,一直向下延伸到基层政区的官学,此后与科举制紧密配合,构成一套成熟的文官培育机器,吸引为数日众的士子投身于儒业,为宋代三百年的"文治"提供了充足的参与者。

03

守成：真宗、仁宗、英宗朝

弟、侄的威胁不复存在，太宗得以顺利地传位于亲子。不过，传位也远非一帆风顺，第一位最有希望的继承人因"心疾"火烧王宫被废，第二位卒于太子之位，三子赵恒顺理成章地成为下一位继承人，即宋真宗（968年生，997—1022年在位）。宋太宗谋略固然不及唐太宗，不过，与兄弟争位、困于传位问题，这两点上两位"太宗"却颇为相似。

创业不过两代，就需考虑收缩战线，停止攻势，转而守护已有疆域及巩固内治，因为农业民族并不适合无休止的进攻和扩张。汉武帝下罪己诏及武后拖垮府兵制，即未适时收缩之覆辙。宋太祖、太宗之武功，实逊于汉、唐创业之主，后代君主并无"祖宗余烈"可恃，加之承平既久，君主长于深宫，人民溺于安靖，兵士不耐劳

宋真宗赵恒像

苦,将领不习戈马,所谓文恬武嬉,欲其得逞于沙漠之中,何所凭藉? 故而对于真宗以后的君主来说,其所能尽力者,一是固其边圉,勿使外敌交侵;一是善其内政,勿使祸起萧墙。国家建设若欲持续有"成",则全然有赖于"守"。

宋仁宗赵祯像

太宗遗留下北疆问题有待解决,这对于真宗是个巨大的压力。因为,是否能将传统的汉地囊括于疆域之中,这是一个中原皇朝是否有足够的资格以正统自命的重要条件。真宗以一个盟约,结了一个兄弟之国,却失去了收复幽云汉地的机会,心有余恨。然而藉此以消除边疆危机,对于"守成"而言,未必不是一件好事。较之其他朝代,宋代有两个特殊的机遇,一是经过晚唐五代,江南、两浙、巴蜀之经济与社会,一度超越华北,宋初就有了一个富庶的南方;一是宋辽缔盟,真宗以后百余年,华北长期安宁,这为北方经济的复兴创造了最基本的条件。宋益之以农商并重之策,民生日见丰裕。境内民庶对皇朝之认同,也正建基于此。

真宗仅有一子赵祯活过十岁,故而赵祯毫无悬念地继位,即仁宗(1010年生,1022—1063年在位)。其在位四十一年,是北宋统治时间最长的皇帝。仁宗接续宋初以来内部长期稳定的局面,他以谨慎保守的态度稳守祖宗基业,至其末年,北宋获得了逾一个世纪的安定发展,各项政策已臻成熟,社会经济之繁荣,此前任何时期皆不可企及。

然而繁荣之下，亦有忧患。太宗引惹的北境危机，真宗给出的解决方式，算是差强人意。但在西北方向，同样由太宗种下的祸根，却因真宗的不思进取而养成巨患，终于在仁宗朝爆发。在南方，与安南接界处的"溪洞"酋长，竟然掀起摇动两广的叛乱。这似乎足以成为否定仁宗朝之为"盛世"、抨击当时"积贫积弱"的理由。不过，这些边患，其破坏力最终也仅限于边境，不具备令宋政权危亡的能量。它们倒是促使朝廷上下反思：如何改变持重状态下走向无力的趋势。这成为后来激进改革的先声。

对峙的巩固与鼎立的酝酿

真宗即位之初（至道三年，997），北境形势尚可。太宗端拱二年（989）后，辽有事于其他各方——主要忙于平定西北方的阻卜、党项之叛，一度曾伐高丽——暂时无暇南顾，侵宋之举中断了十年。但宋辽并未解仇，仅仅两年之后的咸平二年（999），辽再次以重兵长驱而南，也算是一次"伐丧"。辽军偏师深入河北中部，被击退于冀州（今河北冀州市）城下，主力则在瀛州获得会战的胜利，擒获宋军方面大员、高阳关路都部署康保裔。但这是一次惩罚性的有限战争，辽军取得一次关键战役的胜利，立即退师，却在接近边境的莫州遭遇一次阻击战，伤损颇众。而此后五年，契丹隔岁入侵，双方互有杀伤，但宋作为防御的一方，河北各州县都可能成为战场，宋之兵、民和物资，在河北被逐渐耗竭，这才是比较可怕的前景。

景德元年（1004），辽军再次大举南下。但此次进攻，似乎改变了策略，主力对瀛州、定州的进攻未获成效，却弃之不顾，继续沿黄

定州开元寺塔，建于北宋咸平四年（1001），地处宋辽交界边陲，此塔"为国门户"，登之可瞭望契丹，以料敌情，亦名"瞭敌塔"。

河北岸南下，攻大名府又不下，遂绕行至澶州（今河南濮阳市），迅速逼近宋之心脏地带。这个姿态，就不像是消耗战，而是欲一举灭人之国了。

比起太宗来，长于深宫的真宗，更不是一个勇于承担的君主。敌军南下之际，大臣纷纷扰扰，意见不一，有人甚至提议迁都南方以避契丹锋芒，这也增重了真宗的游移。有赖于宰相的坚持，朝中勉强达成一致意见，由真宗亲征，至黄河以北迎击敌军。景德北征，后人归功于宰相寇准的强悍、毕士安之持重，固然不错。不过，真宗的表现倒也不可一概抹杀。咸平二年辽军南下时，他就曾北上至大名府，虽然离最前沿的战场瀛州尚有距离，但新君没有在宫城中"运筹帷幄"，总算勇气可嘉。此次北行也时常畏畏缩缩，事后也心有余悸，但毕竟还有几分胆魄，能允许寇准"胁持"他北上。

当皇帝到达澶州前两天，两军已在澶州迎头相撞，辽军大将萧挞凛在接战时中伏弩而死，宋方士气大振。当皇帝到达之时，宋军更是士气百倍。决战一触即发。但此时，双方都有理由中止这场战争。

自当年深秋辽军入侵之后，双方可说一直是处在"混战"状态，辽军四面出击，仅攻占了祁州（今河北安国市）、通利军（今河南浚县）等次要的城市，宋军四面迎敌，同时也出偏师至辽境缘边之地骚扰，根本未发生决定性的战役。但是，宋方面临的危机是非常直接的。宋军一旦在决战中失利，随即发生的，很可能就是皇帝被擒、辽军渡河直捣开封。若有选择的话，宋方不会愿意选择在京师旁近进行一场决战。

对于辽方而言，它的危机在于孤军深入，或将无法全身而退。据宋方宣布，辽军在瀛州城下"死者三万余人，伤者倍之"，这个数字可能有所夸张，但频频攻城而不下，军力必然受损严重。萧挞凛死于澶州城下，士气受挫，会战的前景，更不被看好。但是，退却也不容易，归途中的所有重镇都为敌方所据，后路恐被截断。初时进军迅速，导致退军的不便，惯常所表现的进退如风，如今也难逞其技了。故而澶州城下即将发生的战役，对于辽帝，也如王钦若形容宋真宗亲征一般，是"孤注一掷"。

据宋方记载，闰九月辽军攻入宋境不久，即已通过被辽军擒获并获重用的前宋方将领王继忠，向宋提出和谈建议。这说明其此次南下，早有彻底解决两国争端的想法。但同时又继续进军，以期在和谈中更有利于己方。反观宋方，也是如此，闰九月底收到王继忠书信，十月初即已派出曹利用赴契丹军前商洽和议之事，同时又不改亲征

宋真宗封禅玉册。宋真宗曾封禅泰山，祭典时的祝祷文，刻在玉册上秘不示人。1931年出土的宋真宗玉册，有十六简，用金线串连，简上刻楷体文字涂上金漆，显示一派帝王之气。

之议,同样是希望向对方制造压力。双方都相当谨慎,从契丹出师之初,直到澶州城下,都可以说是寓和于战。真宗到达澶州之后十天,如双方所希望的那样,和议顺利达成了。

抛开景德元年即时的战况不谈,和议对两个政权的发展,也都有长期的利益。它符合宋这个以农立国的政权转向文治、稳固内政的趋势,更是减轻了解决西北问题的难度。而对辽这个大帝国来说,阻卜、党项、女真这些部族,以及渤海这个有亡国之痛的民族,时常给政权带来内部危机,平息南方的争端,使它立即可以转身向其他方向寻求解决之道。在澶渊之盟以后,它果然全力经营蒙古高原,此后百余年,将这个惯常给农耕者带来危害的地区,置于其直接管控之下。这一努力,不仅使辽政权自身免受来自西北方向的侵害,欧亚大陆诸种农业文明,皆蒙其惠。

关键的战役没有发生,一方使另一方覆亡的可能性也没有变成事实。澶渊之盟结束了由五代延续下来的契丹与中原时断时续的战争,双方开

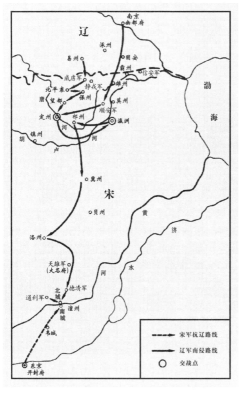

澶渊之战示意图

始了长达一百十八年的和平时期。但是，这种和平状态的长期维持，意味着宋放弃了收复幽云十六州的打算。这块兵家重地落入北方政权之后，就使得后者长期掌握战略上的主动权，中原皇朝则处于相当不利的地位。这种形势，对后世的影响极大。在北宋当朝，幽云地区仍是一个心结，收复幽云似乎成为证明本朝是"盛世"的重要标志，这个心结最终导致了北宋末年的对辽战争，间接导致北宋覆亡。

后世对澶渊之盟及其所保证的和平所作的诸多抨击未见得公正。盟约规定，宋每岁与辽银、绢共三十万，被诮为资敌，宋、辽兄弟相称，被视为辱国。不得不说，类似的说法未免过于偏激。岁币之数额，在宋的岁入中所占比例，在百分之一以下，相比战争费用，几可忽略。而宋帝为辽帝之兄，正如石敬瑭认耶律德光为父，是借用"认亲"的方式拉近双方的距离，但双方既是平辈，更无从看出辱国的迹象。后人立足于中原皇朝的立场看待澶渊之盟，是无法持公正态度的。

东封西祀

真宗在澶州前线心惊胆战地过了几天，而后求仁得仁，执了和约回到京师，"大赦天下"，似乎相当满意。然而在略占优势的情况下以全无所获告终——不仅无收获，且付出三十万银绢，以及承认幽云现状——真宗事后细想，觉得自己未免不武。景德三年，王钦若为贬低寇准，曾刻意激怒他："城下之盟，《春秋》耻之，澶渊之举，是城下之盟也。以万乘之贵而为城下之盟，其何耻如之！"此话正中他的痛处。盟约固然带来了安全，但没带来体面，从而成为他沉重的心理负

寇准像

担。次年，真宗又与王钦若谈及，应如何寻回体面。钦若明知真宗厌战，故意鼓励他："出兵取幽蓟，可以雪前耻！"但安全也得来不易，真宗不肯轻弃，询问有无其他方式。钦若说："那么便举行一次封禅，可以镇服四海，夸示戎狄。"但封禅需要有"祥瑞"出现，召唤帝王去泰山。怎样的情况下，"祥瑞"会出现呢？钦若一笑："陛下以为，前代那些'河图''洛书'，都是天然生成的吗？那只不过是'神道设教'而已，常以人力为之，做皇帝的表示尊崇并且力推，那它就是天生的祥瑞。"真宗心领神会，开始用心准备"神道设教"。

景德五年正月，真宗召来宰相王旦、枢密使王钦若，告以去年十一月夜见神人，预言将有天书下降，要他准备好道场迎奉，今日果有一卷天书降下宫中。群臣"再拜称万岁"，捧了天书去道场酌献，并改当年为大中祥符元年。自此，神明频频下顾，天书复见于该年四月，宰相率各色人等二万余上表，兖州（今山东兖州市）父老也再三诣阙上书，祈请皇帝前去泰山封禅。皇帝俯顺众意，决定十月举行封禅仪式。六月，天书又下降泰山醴泉亭，以呼应皇帝的决定。

十月初，皇帝带着天书和群臣，向泰山进发。在祥光瑞云的辉映之下，在泰山完成了封祀上帝与诸神的庄严仪式，继之以社首山上祭祀地神，完成了历史上最后一次封禅。自出京至回京，首尾四十七日，时值严冬而未尝遇雨雪，众人皆以为精诚格天。

"景气恬和"之外，尚有许多吉兆，譬如司天监发现，"有瑞云覆殿"，"五星顺行同色"。地方官呈报，各地"大稔"，物价至贱，麦粟每斛百余钱。自天书颁下，京师至泰山道路，乡邑肃静，连鼠窃狗盗之小案也未尝发生。泰山所在的兖州，贡献尤大，一时有醴泉现，一时有苍龙出，自八月始，又频频献上芝草，八月份献芝草八千一百三十九本，九月份八千七百十一本，十月份达到三万八千二百五十本。大臣说，这是"天地助顺"。实际上这是百官万民共同努力的结果。

至于计划中的"夸示戎狄"，效果如何呢？"戎狄"还是有一定反应的。境内的"西南溪洞诸蛮"，据说此前向来不朝贡，"今以方物来贺，请赴泰山"。甘州（今甘肃张掖市）回纥来"贺东封"，大食诸蕃国使者，"以方物迎献道左"，甚至有大食蕃客献玉圭，说是祖先得自西天，并代代相传，说要等"中国圣君行封禅礼，即驰贡之"。这些积极的助兴之举，得到很好回馈。契丹似乎也有所表现。据边报，原先契丹防边人马，自从宋方以封禅之事相告，便将人马撤去。然而，实际上契丹的反应是比较冷淡的。宋方专程派官员携带礼物至境上通报，东封之时大队人马移动，请契丹不必猜虑。契丹回复说："贵国自行大礼，何烦相告？至于礼物，盟约里没有规定，本国不敢受。"契丹本是"天命"的首要宣示对象，真宗封禅是什么意义，契丹也不至于不明白，只是不愿意为真宗助兴。

封禅事件，后人大体视之为闹剧。事实也不尽如是。世人未必皆昏昏，宰执群中，岂无高明人士？譬如宰相王旦，号称"端重坚正"，却也不持反对态度。史载真宗恐王旦反对，召王旦至禁宫内饮酒，又赐酒一瓶，王旦持归，发现瓶中所贮，尽是珠子，"自是不复持异"，似乎轻易被皇帝贿买了。此后王旦因其特殊身份，在封禅事件中扮演了重要角色，也随群臣获得许多赏赐，这也深受后人鄙夷。但王旦一类的"正人"之所以不提出异议，应当也是看到了封禅的意义。皇帝几乎以哀恳的态度暗示大臣不要力阻，大臣似应当体谅他的需要。已经迈入承平时代的政权，有这么一个仪式，虽不能说是"必需"，但未必没有益处。

怎样看待封禅的意义呢？封禅对于"戎狄"，当然是足资观览的盛事，不见得能引来多少感动，但可以有不少利益。对于黔首，一般认为东行之举严重干扰民众生活，徭役顿起，加重社会负担。不过也未必全是反面的因素。封禅完毕，御驾所过之处及供应封禅物资之州县，各免去赋税若干以作补偿。大赦天下，并及于常赦所不及者。天命颁下，是值得普天同庆之事，故以这些方式，"令实惠及民"。或者更重要的是，和平状态下，隆重的仪式、帝王的登场，昭示国家的存在，并由此产生一种信仰式的感情。封禅体现为一种国家庆典，是政权凝聚力的重要来源。所以，封禅的社会影响，应作两面观。

百官是封禅的主要参与者。业儒起家的官员们对真宗糅合儒、道的信仰重建和仪式创新，不见得感兴趣。但是整个过程中，得益最大的恰恰是官僚群体——以及有志于投身官场的士人。进官秩、赐俸禄、增加地方参加中央科考的配额、加强科考以外特殊人才荐举的力度，封禅的策划和实施过程中有特殊功绩的官员，还可迅速升迁，官员和士子得到的实惠，远甚于民。因此官与士始终最有激情，最为活跃。焦头烂额的只有中央财政主管部门三司的官员，皇帝搞这个仪式，本身就需要巨大的开销，事后蠲免赋税、百官赐俸、军士赏给，更是大大增加三司的支出或者令它的收入缩水。不过天下之事有重于财赋者，主计官也只能忍痛配合。

得到大家的全力配合，封禅非常和满地结束了。但真宗却不罢手，他无法求诸境外的满足之情，要不断从天书、芝草、仪式中汲取。东封之后还有西祀。大中祥符四年，真宗又西赴汾阴祀后土。七年，至亳州（今安徽亳州市）明道宫祀太上老君。臣子贡上芝草的数量，也不断刷新纪录。赴亳州前后，亳州长官丁谓两次分别贡上三万七千本、九万五千本。三司的开销和官民的负担也在不断攀升，同时士庶的疲倦感也在不断累积。封禅之时，大约王旦还可以说服自己善加配合，此后皇帝愈益病态的"仪式依赖症"令他不胜其烦，每回为新的仪式奔走筹措，"恒悒悒不乐"。但自他以下，大家仍是机械式地配合着。不断办庆典，举国上下的注意力，从边境移走，无暇顾及境外发生的事。好在要维持"天命在朕躬"的形象，皇帝对于内政还是很关切的。"东封西祀"几乎成了真宗朝在后人眼中的主要印象——且这个印象远非正面。待真宗驾崩，他的继任者把天书封进他的"山陵"里，维持十几年的浩大"运动"就这样戛然而止了。但"承平"得到维持，"治世"在继续。

宋夏战争

仁宗即位十几年间，境内外无大事。但是，危机在西北方积聚。由于这是几十年的老问题，事先论及这一危机者，不在少数，但它的烈度，不一定有人能预先忖度得到。

仁宗朝的西北危机，是太宗朝的遗留问题。若说太宗北伐幽云之失败，是因敌方实力太强，以及种种偶然因素，那么，此后在直面另一片很有可能"收复"的疆域之时，他的处理手法，就可以直接体现他的政治手段和军事能力。那就是定难军节度使（驻夏州，今陕西靖边县北）李氏的领地，夏、银（今陕西米脂县西北）、绥（今陕西绥德县）、宥（今内蒙鄂托克前旗东南）四州。

当节度使李继捧主动内附时，太宗急于求成，令李氏一族内迁，从而造成族人分裂，李继捧族弟继迁率割据势力以武力抵抗。此其失策之一。李氏对于定难军管内党项羌的控制，是因俗而治，与汉地割据政权的控制力有所不同。正如李继捧所说，"戎人狡狠，臣但羁縻而已，非能制也"。长期以来，定难军节度使艰苦维持着羌人部落之间以及他们与中原政权之间的关系，太宗将十国的经验照搬到羌人地区，拔除了这位平衡者，遂毁灭旧有的政治生态，促成了当地的混乱，朝廷要控制这块新得之地，也遇到抵制。

李继捧归朝之后，又受命出镇夏州，以致被李继迁利用，演变为继迁、继捧与朝廷三者之间的复杂关系，而后在继迁袭击继捧之时，宋将复擒继捧，押回京师，促使羌人进一步离心，官军又毁夏州城而去，令继迁得以据有其地。此其失策之二。

而最失策之处，莫过于剿抚不恒，首鼠两端，定难军之扰乱，遂终太宗一朝而不能平。而真宗继位以后，北面契丹的威胁已令他觉得疲于应付，竟授继迁以定难军节度使，相当于承认其割据。至此，太宗十余年的努力，结果是将一个有心内附的半独立政权，化为一个决心割据扩张的敌对政权，尚不如他着手处理之前。

夏州失陷，其西面的灵州（今宁夏灵武县西南），便成"孤悬"之

西夏文"敕燃马牌"青铜敕牌。此为西夏使者传递紧急文书、命令时的身份凭证。敕牌由两片圆形青铜牌组成，可相扣校验。

地。灵州也是蕃落众多之处，向来靠朔方节度使冯氏折冲尊俎之间，才得以留在中原政权疆域之内。然而太祖朝冯氏来朝，留而不遣，此后便由朝廷新遣的文武官员，恩威兼施地维持着。这种状态的好处，便是改间接控制为直接控制，但比较不利之处在于，当地蕃部的力量较难用上，须靠朝廷投入大量兵力与物资。一旦夏州为敌对力量所据，灵州压力陡增，时常被李继迁攻击围困，屡有失陷之虞。时人形容说："逆寇滔天，灵州闭垒，披猖之众，蹂践四郊，田畴日荒，樵苏绝路，负户而汲，易子而食，备御理尽，飞走望断。"且刍粟不继，需朝廷不断供给。一旦解围，朝廷便"召发甲兵，裹送粮草，未逾终岁，辇运复兴。乃是以日系时，而转输无已，驱秦、雍之百姓，供灵武之一方，使无辜之民，膏涂原野"。而供给方面的绝大难题是，供给之途，是经由环州（今甘肃环县）、盐州（今宁夏定边）一带的狭窄通道，李继迁极易从夏州出兵,抄掠粮道。围攻、抄掠交互进行,灵州终于在咸平五年被李继迁攻陷。而考虑到此前守卫灵州的种种困难,真宗实在下不了决心再去收复它。后人清楚地看到,宋代疆域的一个重大特点便是西面与河西走廊隔断,缺乏由陆上"走向世界"的通道,这就是由夏州失陷,引发灵州失陷的直接后果。

真宗朝的退让政策确实换来了长期的和平。李继迁坐拥河套的富庶之地,下一步的发展方向是西面。他率军攻打河西走廊重镇西凉府(唐以前的凉州,今甘肃武威市),兵败受伤,宋景德元年不治身亡。其子德明继位,对东、南两面的强敌表示恭顺,受宋封为西平王,受辽封为大夏王,在位二十七年间,西向攻取了西凉府和甘州。天圣九年(1031)德明卒,其子元昊继位,即刻西向略地。宋景祐二年(1035)克肃州(今甘肃酒泉)、瓜州(今甘肃瓜州县)、沙州(今甘肃敦煌),至此,以国都所在的兴州(今宁夏银川)为基地,国境东西逾三千里,由河西走廊东端的西凉府扩张至走廊西端的沙州,对它的力量来说,沙州实在是有些远了,至此已是强弩之末。元昊的创业告一段落,他准备保守已有成果。他立制度、创文字,于宋宝元元年(1038)称帝,建国号大夏,并向宋要求,册封他为"南面之君",即同为一国之君,但宋、夏有高下之分。

宋之所以忍痛接受李德明实际上的独立,是因德明长期入贡、称臣,勉强维持着表面上的君臣关系。而李元昊此举打破了宋默许其割据、但要求他必须称臣的底线,宋于是在边界悬榜募其首级,夺其官爵、禁互市,相当于宣战。元昊立即转向,背北朝南,向宋攻击。

宋康定元年(1040),夏军大举入侵陕西,直指重镇延州(今陕西延安市)。待各处宋军来援,于延州西面三川口设伏,宋军步骑近万

西夏王陵

人战死，主将环庆路马步军副总管刘平等被执。所幸天降大雪，夏军遭遇补给困难，无奈退兵，延州得以保全。

庆历元年（1041），宋得知元昊即将攻击渭州（今甘肃平凉），事先遣环庆路马步军副总管任福率军向西北迂回包抄，在元昊退路设伏，计划在其退兵时予以重击。但任福中敌诈败之计，孤军深入，弃辎重追袭，被诱至渭州以西好水川，已三日未饮食，西夏十万伏兵合击，任福军战殁者万人。此为宋军第二次大败。

庆历二年（1042），元昊再次大规模举兵，这一次，直冲渭州而来，宋军葛怀敏部积极迎战，北进至边境镇戎军定川寨，被元昊亲率十万军队围困，断绝水源，怀敏率军突围，万余人覆没。夏军直抵渭州以东，大掠而回。

三川口、好水川、定川寨，宋方在这三次战事中损失兵力最巨，各约万余，其他历次战役中，被杀俘以千计的，也不在少数。据说庆历二年之后，陕西大震，有大臣请防御潼关——如此提法，相当于做好丢失陕西的准备。宋确实是再无余力在西北进行大规模战争，但西夏也已尽其全力，它比宋更经不起人员的损耗，杀伤敌方大量兵员之后，己方也伤损颇多，且并未取得重要地区或城市，在战略上未获得明显的新优势。故而取得较好形势之后，不再展开大规模的攻击。所以，宋固然一意求和，西夏方面，也在寻找下台阶的机会，只是双方开出的条件，无法一致。最后宋方竟邀请辽介入此事，以第三方的压力来结束不战不和的局面，这是当时宋、辽、夏三边关系中非常奇特的一幕。

关南誓书与宋辽夏三边关系

辽密切地注视着宋夏战争的形势发展。庆历二年三月，就在宋军好水川之败与定川寨丧师之间，辽兴宗遣特使刘六符来致书，要求归还瓦桥关南之地，并责以伐夏之事未尝与辽商议。瓦桥关南，即石晋割与契丹之地，后为周世宗所收回者，即十六州之中的瀛、莫二州，入宋之后，为瀛、莫、雄（今河北雄县）、霸（今河北霸州市）四州十县之地。辽以"协议"为理由提出领土要求：石晋根据协议割予契丹幽云十六州，后周却凭武力夺走一块，这是什么道理？非得归还不可。对于关南之地的要求，在澶渊之盟的谈判过程中，辽也曾以此为议和的首要条件，但为宋方所拒，在当时不太有利的军事形势下，终以岁币为替代达成盟约。此时辽方重提旧事，其理由的背后，还是实力在说话，辽利用了宋夏战争中宋方陷于窘境的机会，并且在幽州一带屯集重兵以作胁迫。没有人会真的以为，最后可以完全拿条约或道理来解决问题。

"西北二敌"同时寻衅，宋所受压力之大，前所未有。如果契丹真的再次南侵，那么宋的形势会比澶渊之盟前更加恶劣。故而大臣提出种种防御之策，譬如修洛阳以备急难，譬如皇帝率军渡河，驻跸大名府以示进取的态度，又如加强京师防御以备契丹渡河。这些建议，都作了最坏打算，即契丹真的动兵。它们或多或少被接受，大名府、澶州城被加固，并屯驻重兵。不过在战争之外，尚有无数的可能性，最切实的办法还是——继续观察。对方既摆出谈判的姿态，以一介使臣来，己方亦当以一介使臣去，先看看谈判的结果。

辽固然是沿用了惯常的做法，"趁火打劫"以谋取本国利益，但事实证明，它还是有底线的，并不愿冒风险，不是真正准备用兵，所提的条件也有商量余地。宋战战兢兢遣使去交涉，发现动之以利并不难。针对辽的基调作了详细计议，宋摆出了两个条件以供选择：和亲，增币，但希望辽方选择后一种，因为和亲仍意味着自己对北方民族处于劣势。宋使对辽帝说，贵方要求梁王洪基（皇储，即后来的辽道宗）与本国公主结亲，但大宋皇帝亲女才四岁，所以肯定是宗室女下嫁，陪嫁之资也不会多，本国惯例，长公主下嫁也不过十万缗。最后，双方否决了和亲的提议，一致同意以增币来取代割地，并重新签定誓书。

新誓书的主要内容是辽方获得银、绢各十万的新增岁币后，不再要求归还关南之地。这个结果，基本符合宋人对"戎人"嗜利而忘义的判断。而宋人对这一特点，进行了巧妙、极致的利用。谈到增币问

西夏佛像。西夏是一个崇佛的国度，佛教艺术十分发达，有很多精美的佛像和壁画。

题的细节时，宋方提出，若仅仅是赎买关南之地，宋方只愿出十万，但若辽助宋解决西夏问题，则可再加十万。辽方爽快地选择了数额更高的一种。

庆历二年九月，新誓书签订。辽方信守约定，当年十二月即刻遣使往西夏，令与宋议和。次年二月，又遣使赴宋，告以西夏退兵许和。再次年，宋、夏和约议定，夏向宋称臣，宋册李元昊为夏国主，岁"赐"夏银绢茶彩共二十五万五千。宋以数十万财货，在四面赎买了和平，虽说未见得光彩，但终于保住了宋夏之间的君臣

关系。这种君臣关系几乎完全停留在国书上，但宋所求，不过也就是最低限度的"臣属"关系以维持其基本的国际威望。

宋、夏战争结束了，但辽、夏关系却迅速恶化。

在西夏势力膨胀的过程中，一直获得辽的支持，因为夏所加意发展的方向，不是向南就是向西，与辽无冲突。辽先后以公主下嫁李继迁、李元昊，并长期以夏之宗主国自居。不过，随着西夏在元昊手中崛起，它有意将河套周围的党项部落都纳入自己的统治，而这些部落，原先是分属宋、辽、夏所有。在南部边境，夏占了优势，原先附属

于宋的蕃落大部为夏所夺。在东部，夏原先慑于辽的力量而采退让之策，后逐渐转变策略，暗暗引诱蕃落投附自己。辽方的谍人不难获得这些信息，辽也逐渐顾忌西夏实力的迅速增强，因此，在辽介入宋、夏纠纷之前，它与西夏的关系已不那么和睦。重熙十一年（1042，即宋庆历二年），"以吐浑、党项多鬻马夏国，诏谨边防"。"谨边防"，也就是边境冲突的前兆了。

李元昊自身也有意与宋约和，但是，臣属的地位不是他想要的，否则，李德明时代的伪称臣真割据，他何以不满足呢？对于辽一反常态地支持宋，迫他屈服，令他成为辽、宋两国的"藩属"，这更令他恼怒。他当时接受辽的要求，或不能简单地解释为屈服。尽早和宋结束敌对关系，在可能不久之后就将发生的辽夏冲突中，对他当然有益无害。正是辽迫令西夏停战的同年，夏军开始直接攻击辽夏边境的党项部落。次年，边境五个党项部落叛入西夏，辽军征讨叛逃部族时，李元昊率军来援叛部。两国对党项的争夺突然表面化。

重熙十三年、十八年，辽兴宗两次亲征西夏，皆卷甲而还。不仅灭夏的目的没有完成，且两国边境的党项族，也大多为夏所吞并。但辽并非全无所获。重熙十三年，作为征伐西夏的准备工作之一，在河套北部的河外建置军镇，从夏境北面施加压力，又自西夏东面，越河占领河套东部河曲以内之地，屯兵驻守。对于辽的强大压力，夏不敢直接以武力回击，重熙十七年李元昊死后，不满周岁的李谅祚继位，更无此前的强势。所以两次辽夏战争结束之后，仍以夏的屈服、称藩如旧，来恢复此前的关系。

宋康定元年（1040）到辽重熙十九年（1050），十年间，夏与宋、辽之间分别起了大规模的冲突，战事平息之后，在东亚确立了一个次大国同时向两个大国称臣的体制，其间两大国甚至联手保证次大国的从属地位。大国之间如此"亲密无间"的关系，实在很难在历史上找到同类项。不过，确实有很特殊的原因在起作用，即次大国有可能成长为第三个大国，这不是当时宋、辽、夏关系的秩序决定者所乐意看见的。同样道理，若秩序的决定者，有一方想改变现有格局的话，另一方也决不轻易跟从。所以我们不难理解，宋夏战争结束后两年，辽向宋通报伐夏之事，并邀请宋一起出兵，宋不同意出兵，也希望辽不要大动干戈。反过来，当宋方于神宗、哲宗、徽宗朝先后对西夏用兵，辽道宗、天祚帝也表示反对，甚至对宋实施威胁。当然，相互之间的多次劝阻都未成功，但大家都可以放开与夏的仇怨而不顾，反而不赞助盟友，道理很简单，宋、辽双方都没有将西夏当作心腹之患，真正要警惕的是宋、辽之间的关系。双方都明白，盟约只是相持的保证，是通过和平手段保持双方实力平衡，而不能指望相互帮助，共同扩张。如果自己不能吞并西夏，也至少要保持这个缓冲国，维持现状，而绝不可赞助对方。这个道理，后来也曾有人提及，建议以此来处理宋辽金、宋金蒙三边关系。

宋的南疆政策与侬智高之乱

仁宗朝中后期，正是多事之秋。宋、夏议和不过十年，南方又爆发战事，此事较之西北的冲突更无征兆，但与前代的政策和国家的政治重心、军力部署有关。

宋代南境的问题，重点在中南半岛。唐以前，中南半岛东北部常在中原皇朝疆域之内，至如五代十国之衰世，南汉割据政权仍遣将据有交趾。反而在宋初灭南汉之后，交趾才陷入混乱，后由将领丁氏平定乱局，割据交趾，并向宋称臣纳贡。丁氏主政未久，部将黎桓专政，欲取丁氏代之。宋太宗本无意将交趾重新收入域内，只欲羁縻而已。但他认为，若听之任之，那么大朝在各藩国的威望何存？太平兴国五年，太宗命将出师，讨伐黎桓。不过，他对南征的投入非常靳吝，派了几员裨将，还兵分数路，将领迁延不进，士卒大量死于炎瘴，遂折戟而返。这是太宗在幽云、灵夏之外所做的又一件为求体面但结果却很不体面的事。自此，宋对于交趾，一直采取任其东西的态度，历太宗、真宗和仁宗前期，交趾动荡不休、篡弑相仍，由丁氏而黎氏、而李氏，宋则对一切进贡者赐以封爵，只求边陲无警。

宋在南方失策的原因，近似在西北与李德明时期的夏政权之关系，即牵制乏术。当交趾向占城用兵而后者求援于宋时，宋并无积极的行动。可以预期将有怎样的后果：当交趾南面无忧时，在北境就会有所图谋——正如夏政权吞并河西之后，便自然地转向东南方，寻求国家成长的最大可能。南境的形势，也和西北非常接近，即部族杂处——在西北是游牧的党项等部族，而在南面主要是"溪峒"中居处的僮人。两面出现险情的原因无甚区别，即对边界部族控制权的争夺。但对宋来说，南、北两边的政治形势，以及对国家的命运来说，又有本质上的不同。

南方长期没有什么民族或部落，能起到凝聚各部族、与中原王朝一较高低的作用。而且，南方湿热多山，不像北方的草原戈壁，所以中原王朝在南方不会碰到强悍的游牧民族，对宋来说，交趾这样的政权，不像西夏或契丹那么深具威胁。宋的南疆政策，由此大不同于北疆。种群多而分异，故而要以公正而有序的法规，处理各种落之间的

位于今西藏阿里地区的古格王国的佛像。将佛像雕在门框上,可见当地民众对佛教的推崇。

关系,毋使其交斗而波及宋人腹地,要以宋的刺史县令等职,分赐归附之种落酋长,使之各有合法统治本种落的身份地位,并藉此建立王朝与他们的联系。对于交趾,亦以羁縻之术维系之。由于政府可控的财富与军力资源有限,它在南、北投入的资源,严重不均衡,这与两个方向的危险程度直接相关。在陕西、河北,一州之兵力,或在万人以上,而在南方,一路的正规部队,也往往不到万人。貌似掉以轻心,实是无可奈何。由此,宋对南部边境部族事务,应付起来就不那么得心应手。譬如广南西路宜州(今广西宜州)所属的羁縻地区,自开宝年间宋灭南汉之后,乱事便未尝消歇。而更南方的邕、钦属地,因交趾势力的渗透,形势更难控制。

宋承唐制，以西、南边境部族之地置羁縻州，给予酋长相当程度的自治，名义上属近边正州代管。广源州原是广南西路邕州（今广西南宁市）管下的羁縻州，但这个僮人聚居的广源州（今越南高平省）是交趾较为得势之处。

交趾以宗主国的姿态，数度侵辱广源州酋长侬智高父子，侬智高素怀大志，不服管束，在宋与交趾边境四处扩张，吞并了几个部族，由是与交趾起了直接冲突。侬智高度己方实力不能与交趾相抗，遂求内属，希望宋予一羁縻之官，以"统摄诸部"，增强威望与力量。不过宋不愿为了广源州与交趾冲突，故坚决拒绝了内附之请。侬智高审度一下形势，发现宋之两广，防御力量似不如交趾，遂决意改向北面发展。

皇祐四年（1052）四月，侬智高率兵五千，突袭邕州，很快攻拔了这个广南西部重镇，于此建"大南国"，自称"仁惠皇帝"。侬智高随即率军沿西江干流东行，士气冲天，连破横、贵、龚、浔、梧、封、康、端九州，遂至广州城下，围攻五十七日不能下，乃撤围而攻略邕、广之间诸州，又破宾、昭等州，复据邕州，且声言要再攻广州。

侬智高横行于邕、广两州之间，两广宋军并未坐视，随处有军队迎头截击，却未胜过一场。原因有二：宋在广南两路的军队以土兵为主，正规军禁军不过数千，战斗力总体较弱；缺乏统一指挥，敌军来袭时仓猝应战，遂被各个击破。侬智高陷邕州的消息传到开封，六月，宋即遣余靖为广西安抚使，给予他统一指挥广西部队的权力，但未给他援军。继又遣更高级别的文官孙沔任湖南、江西、广南东、广南西四路安抚使，孙沔请北兵为援，只得到七百人。而此时侬智高优势已成，两位文人帅臣难有作为。而较早出发的余靖在广西数月，举措失宜，更无助于形势的改善。朝廷终于下决心派出久历战阵的大将狄青。

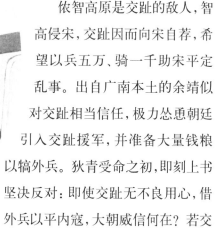
包拯像

依智高原是交趾的敌人，智高侵宋，交趾因而向宋自荐，希望以兵五万、骑一千助宋平定乱事。出自广南本土的余靖似对交趾相当信任，极力怂恿朝廷引入交趾援军，并准备大量钱粮以犒外兵。狄青受命之初，即刻上书坚决反对：即使交趾无不良用心，借外兵以平内寇，大朝威信何在？若交趾另有图谋，此举更无异于开门揖盗。宋廷遂止借兵之议，改遣西北禁军二万余南行。

狄青南下之前，令广南诸军勿得与叛军斗，俟北军过岭再议。但余靖却不断催促广西钤辖陈曙出战。陈曙集八千之众，一战而败。狄青至，先以违军令斩陈曙。随即合西北大军、两广地方部队三万二千人，出敌不意，突然袭取昆仑关，向邕州逼近。依智高军失险，被迫出战，于邕州东面归仁铺大败于宋军，被歼五千余人，主力尽丧。依智高远窜，胁从尽散，此后不知所终。

狄青的胜利，使局势顿形改观。慑服了交趾，更使沿边溪峒噤若寒蝉。但一场军事胜利的影响可以维持多久？令两广暂得安靖，终究是靠了南下的两万禁军。事平当年，禁军即北还，仍以土兵戍之，情形便回复旧观，危机重新开始积累，直至神宗朝再次遭受重挫，才下决心投入资源,使两广防御改观。

仁宗朝的军事形势与财政状况

仁宗朝四十余年,四面都遭逢危机。可以用和平手段来应对的,都顺利地解决了。但凡是需用武力的,却总是勉强渡过难关——甚至最后主要还是依靠和平手段才得以过关。其处理边疆问题方面的方式和效果,很可反映政权之"不武"。这个政权显然出现了问题。问题在哪里?问题又有多严重?

君臣关于国家的发展,共同抱定"战略防御"的宗旨,这是边境战争屡遇挫折的根源。仁宗关于这一宗旨的表述是:慎守祖宗基业,不贪无用之地。不得不说,"保境安民"、不事扩张,并不是一种落后的理念,它包含着对于领土、人口和民族三者如何作最佳配置的思考。但这种保守的策略却不一定有利于国家的生存。尤其是绵延数千里的北方边界之外,是两个游牧者的政权,来自两个北邻的打击,必然是极具机动性的。在这种态势下,防御作战极为艰难,处处设防,但处处都可能被突破。针对这种被动态势,宋曾经作过多次努力,宋夏战争前后,曾反复分、合陕西战区,试图提高应变能力。但合则战线太长,分则一路之内兵力不足以应付敌方大量骑军进攻,只要宗旨不变,就无法摆脱左右为难的境地。

战略防御并不是只有防御没有进攻,只是攻的目的仍在于守。比如遭遇围城时出城袭扰、赴援,都是寓守于攻,甚至个别主动进攻的行动亦属此列,譬如庆历二年葛怀敏部欲在边境伏击夏军,是遭遇进攻之时的反制行为。这些行动,可称之为"主动防御"。但是,宋方每次用于主动防御的兵力却很少。康定元年至庆历二年最大的三次败局，宋方都仅万余人参加。三次覆军损折三万人，宋方再也无力发动带有进攻性质的战役。但是，当时陕西正规军即达三十余万，且不断招刺民兵，这么大量的战斗人员，是如何使用的？既然力主防御，那就要在每个战略要地屯兵布防，这儿五千，那儿八千，每个地方都不足以抵挡敌方十万大军的进攻，而总兵力也就这么被消耗了。战役的失败证明防线有漏洞，新增兵员便被用于填补漏洞。这个点有可能被突破，那么就增加兵员；那个点也不够强，也得增强兵力。这并不仅仅发生在陕西，河东、河北也是同样的情形。所以在北部和西北边境不断增加禁军员额，又不断招募民兵，但仍然是只够防御。而同样设防严密的河东与河北，也就无法出兵支持陕西的战局。

铜则，北宋时重一百斤的标准铜砝码。一面刻铭文"嘉祐元年丙申岁造"，另一面刻"铜则重壹百斤，黄字号"。"则"一般解释为准则。

陕西帅臣夏竦曾提出一系列改良之策，较有可行性的一条是：调整各据点的防御力度，根据据点的重要性和防御的难度，增减屯兵，弱化次要据点"小寨"的作用，遇有战事，并力保大寨。若战略防御的宗旨不变，这确是强化防御力度的良法，但仍不变其被动局面。这宗旨何以不能变？这涉及战斗部队在机动性方面的天然缺陷。

宋军的兵种构成，是骑兵占少数的混合部队，其作战的主力也非少数骑兵，而是以弓手、弩手为主的步兵。依照短板原理，其机动性取决于行动速度较慢的部分。但更明显的短板或许是辎重部队。宋军作战，是个系统工程，它不惯于"资粮于敌"等就地补给的行为，向来需要复杂的补给体系。若进行突袭，战士"裹十日粮"似是极限，通常的行军作战，则专有辎重队，以免兵士自负粮秣影响战斗力。而辎重部队的保护与跟进，一直是作战过程中的难题。如庆历元年任福以步骑混合部队追击夏军的骑兵，疲于奔命，辎重部队更是被远远抛在后面，至其中伏之时，士卒已三日不食，此战大可见混合部队对机动性的制约。宋方单兵的作战能力绝不下于任何敌军，文臣所谓陕西禁军拉不开弓、跨不上马，或非普遍情况。从宋夏战争各场战役来看，宋军每战皆依靠坚阵，有一段不落下风的激战，给敌方以大量杀伤。但缺乏机动性的部队，要大量集结以从事一场会战，其难度可想而知。故每战皆以少击多——往往是以一敌十，战斗力再强，恐怕也很难避免覆军的命运，若遇野战，尤其如此。由兵种和作战方式所造成的不利，是否有办法彻底改变？由于马匹之不易获得，兵种无法调整，机动性不可能有明显提升。

所以，宋政权较前朝更重防御而不善进攻，与其军队的兵种构成有"相辅相成"的关系，是技术问题对战略形成了阻滞作用。而为了弥补兵种构成造成的机动性的缺乏，政权需要投入越来越多的兵力来强化北方防线，这意味着投入的财政资源也不断上升。

北宋兵士，以其身份地位，大体分为四种，即禁军、厢军、乡兵、蕃兵。前两者属正规军，有定额的薪饷。而禁军地位又较厢军为高，是作战的主力。北宋前期，正规军数字的增长令人惊愕，由太祖末年的不足三十八万,到仁宗庆历中,已增至近一百二十六万。其中禁军数亦呈现同步的增长速度,由十九万余增长至八十二万余。兵员增速,超过了这一甲子的岁入增速,以致财政捉襟见肘。主管全国财政的三司,感到压力极大。据庆历七年三司使张方平提供的数据,自宋夏战争以来,共增四十余万禁军,政府用于供给他们的钱粮绢帛,共增两千万缗石匹两,合全国八十余万禁军,则耗去四千万以上,与四十余万厢军的耗费相加,合共五千万以上。这还是"静态"的养兵费用。禁军每三年一次换防,开销又较常日倍增,一旦进入战争状态,费用更是剧增,如宋、夏战争开始前,陕西、河东每年支出钱帛粮草两千四百一十万,战争期间,增至四千六百七十万。当时约六千万的岁入,至少六分之五用于养兵,仅剩不足六分之一用于维持政权运作的其他各种开销,政府过得十分拮据。

这样我们就完全可以理解,为何不到万不得已,宋政权更倾向于息事宁人,一旦开战,又何以经不起长期的战争。战争可能带来的恶果,首先是国家破产,从而引发更可怕的内部动荡。若不设法尽快终止战事,宋夏战争之于宋,与公元二世纪的羌乱之于东汉皇朝,前景可能是非常相似的。其次才是损兵折将。相比之下,为和平付出每年数十万的代价,自然远胜于为两三年的难期必胜的战争付出数千万的开支。在南境进行一场获胜把握较大的边境战争,但要为三五万远征军支出数百万的额外花费,实在负担过重,是否通过别的方式来节省开支?这样一来,引入交趾援军的想法就不难接受了,数万交趾军队在两广的开销,可能数十万钱粮即可了事,因人成事,以尽少的支出办成大事,仁宗朝的君臣在巨大的财政压力下,秉持这种精于计算的特质,使国家渡过难关。不过,他们偶尔会受数字的蒙蔽,对更大的危险视而不见。

幸运的是,就人力和财力而言,宋是一个庞然大物,端赖其内部政局之安定,它可将巨量的资源投入前线。这些资源被用来以不太高的效率消耗敌方的资源。西夏在战争中遭遇的困境是:每次重大战事,己方的人员损失也是数以千计,通过几次伏击,消灭了三五万敌军,但若继续深入,仅仅在陕西地区,还要面对近三十万敌军,若战事继续下去,就说不清是谁在消耗谁;越是继续深入,反过来被陕西宋军围攻的可能性也就越大;每岁以十余万之众入侵,但从未攻占哪个重镇,无法完全依靠"因粮于敌"之策来供给,故而入侵无法长久。反复进攻、作战、退却,一个循环之后,确实是举国疲乏。因此,战争持续三年之后,李元昊已经很清楚,进行袭扰战,他是有优势的,但对于双方都得不偿失;占据陕西,对他而言是非常

困难的;至于占领中原、灭亡宋政权,则几乎不可能。只要宋能接受他称帝的事实,他并不希望将战争继续下去。在辽的介入下,他在形式上作出让步,但实质上还是获得了他想得到的结果。和平自然而然地恢复了。

总之,仁宗朝是个很正常的时代,立国近

宋仁宗曹皇后像。据《宋史》载,北宋仁宗赵祯先后有两位皇后,始为郭皇后,后为曹皇后。

百年所积累的种种制度与社会问题，使它数次面临危机，但这个时代，仍足以称为"盛世"。几次规模有限的兵变，尚不足以形成内治中的危局；对边地的治理和对外关系，持一种过于稳妥以至称得上是"呆板"的姿态，由是，对突发事件的反应，显得相当迟钝，但它有足够的力量去平息，这或许是一个规模庞大但运作有序的文官政府的正常状态。放眼当时的东亚大陆，宋确实也无由遇到致命的威胁。辽政权替他制服了蒙古高原上强悍的游牧民。而幽云地区属于辽，对于宋的影响也并非全然负面。拥有一块发达的农业地区，使游牧的契丹族得以摆脱自然力所造成的定期南侵的宿命，这与岁币、稳定的边贸，共同保证了盟约得到坚守。而次一级的政权若西夏、交趾，以及境内的少数族，则不具备在持久的消耗战之中使宋毁灭的实力。这个时代的宋政权是沉闷的，但又是稳固的，需要作某些改变，使它避免运作日渐迟缓终致某一天失去应激能力的结果。但若给它一场激烈的变革，却很可能是过犹不及的冒险。

04

争执：神宗、哲宗朝

仁宗无嗣，继位的英宗赵曙（1032年生，1063—1067年在位）是他的养子，仁宗的叔父濮王元份之孙。英宗享国不到四年，继他而立的神宗赵顼（1048年生，1067—1085年在位）、哲宗赵煦（1076年生，1085—1100年在位）、徽宗赵佶（1082年生，1100—1126年在位，1135年卒）、钦宗赵桓（1100年生，1126—1127年在位，1156年卒）诸帝，是英宗的直系后裔。名义上连续的皇位继承，实际上在仁宗崩后，传到了旁支。这些旁支的皇帝，接收并维护了文治的成果，但另一方面，他们对于不思进取的、内敛的治国传统大为不满，不屑于继续战战兢兢维持稳定，他们勇于作激进的改革。熙丰革新，或称王安石变法，即是在此背景下推出。不管后人如何评价他们的改革，他们使北宋后期的统治风格大不同于前期，这是难以否认的事实。

因忧患而思变

多年的积弊导致国家危机丛生、政权运作不灵，有志之士都会有所察觉并试图进行修正，北宋官员提议改良制度的上书比比皆是，或高古虚诞、或切实可行的建议都很常见，而制度的微调也未尝稍止。不过，长期以来一直缺乏有力度、成体系的改革。直至康定至庆历初的军事失败给权力中心以当头棒喝，才推动了"庆历新政"的生成。一次改革，总要使政局呈现明显与此前不同的面貌，才当得起"新政"的提法。那么，这次"新政"，是要从什么关键之处下手，以成就一副新局面呢？

主持新政的范仲淹，兼有理想与世故。新政的要点，是通过科举和人事制度的改革，抑制官员子弟恩荫入仕，既控制官员人数，更借以达到正本清源的效果，促进社会的阶层流动，使官僚与学术精英全然一体。此即体现其理想之处。世故的表现在于，他非常清楚改革必先控制在较小的范围，才是改革者力所能及的；必先从体制着手，才有继续推广深化的基础。因此，新政"直指本心"，去触动政治体制的核心部分——官僚体制。但范仲淹的世故仍无助于贯彻他的理想，庆历新政未能避免悲剧性的结果。既然损害了官员的现实利益，周边自然都是反对者。而仁宗毕竟是老成持重的皇帝，庆历初的危机感使他痛下决心兴利除弊，但如临深渊的感觉迅速消退，他就立即转回守旧的一面，撤回对新政的支持。在政敌强有力的围攻下，新政没能支持多久。

宋英宗赵曙像

除了推行新政的动力都是"强国"，庆历新政与二十多年后的熙丰新政，或说王安石变法，初衷既不同，重点更是大相径庭，几乎不存在什么继承关系。后人很感惊奇的是，庆历年间新政的推行者，幸存到熙宁年间的，何以全体变成了新政的坚决反对者？是时代不同了，他们的宗旨变了？还是地位高了，于是更重视保护自己的现实利益？这些变化或许也是存在的，但他们对熙宁新政的不赞成，最主要的原因应该是，它的宗旨完全不同于庆历新政。此新政非彼新政，并非所有新政都可视为一体，后人又怎能简单以"新政"作标杆，"左祖"者即划为"改革派"，"右祖"者即划为"保守派"？

宋神宗赵顼像

熙宁初的忧患之情，同样使志士们追本溯源，寻找根本问题。但此次不同，问题被归结到财政工作不得力，人们焦虑于入不敷出的窘迫。那么，循着大致不变的趋势从仁宗朝走到神宗朝，根本问题怎么会有如此彻底的转向呢？当然不是问题转型了，而是前后改革者的认识不同。在熙丰革新的设计者王安石看来，财政是第一位的问题，"理财为方今先急"，这与神宗"政事之先，理财为急"的想法，一拍即合。

王安石的想法，有一个转型的过程。嘉祐四年 (1059) 他向仁宗

宋哲宗赵煦像

皇帝所上的万言书，主旨仍是如何培育人才，其关注点近于范仲淹，理财只是带过一笔。但是当年他出任三司判官之后，想法就突然改变，应该正是这个管理全国财政的重要职位，令他体会到财政事务之不易为，且财政之窘迫是如何影响了其他事务的推进的。自他主政以后，他力推的各项改革措施，焦点就集中于"理财"。这个传统，一直贯彻到徽宗朝。

但理财当然只是入手之处，王安石从事的改革，出发点是富国强兵。理财之外，其他各项措施，目的也集中于此。但凡抱同样的出发点从事改革者，对这位先行者当然会抱同情态度。发动熙丰新政，完全是受了"强国梦"的刺激。不过对这次改革的理解仅仅停留于此，远远不够。更要紧的，是从以下各方面对改革作些观察：

1．用哪些手段去"理财"？"理财"，体现在这次"新政"中，是"聚财"，还是"生财"？

2．从"理财"到"富国"，再到"强兵"，通过什么路径来实现？

3．富国强兵以后还要做什么？或者说，富国强兵有什么目的、什么内涵？

将"理财"具体化，再将"富国强兵"的后续事宜作个考察，那么"新政"的意义就非常清晰了。

"理财为方今先急"——新政的主要内容

王安石未达时，以学行享当世盛名，一时名士，多为其延誉，神宗还是亲王之时，就已听到左右频频称颂他，心仪不已。治平四年(1067)即位当年，即命赋闲的王安石知江宁府，作为大用之前的过渡。半年之后，安石赴京任翰林学士兼侍读，从"简在帝心"到"随侍帝侧"，与皇帝日夕讲论经术与治术，以尧、舜、禹"三代之治"相激扬，使"果于有为"的青年皇帝定下了全面革新的决心，充实了他的知识储备。

熙宁二年(1069)二月，王安石出任参知政事(副宰相)，君臣二人合力推行规模宏大的系列改革。同月，"制置三司条例司"建立，是为新政的立法机构。随即陆续推出的多条法令中，青苗、免役、保甲、农田水利、均输、市易、保马、方田均税法等直接涉及"理财"，从法令数量、影响社会生活的广度与深度而言，都是史上难得一见的。

均输法，是让地方财政机构按照中央所需物资，在管区内低价处购买运往京师或沿边，以代替各地应当缴纳的钱物。此法的本意在于扩充国家的物资储备，以理论上固定的赋税，购得尽量

王安石像

多的物资,近于今天政府采购。这是节省政府运作成本的理想方案,但知易而行难。既无先进通讯工具,又无先进交通运输工具,了解、汇报物价后,再由负责机构确定采购方案,等筹措妥帖,已是数月之后,全国的物价体系翻新,所有工作归于无效。此法根本未有足够的施行时间以观其效,便无疾而终了。

方田均税法,是以方田即丈量土地为依据,以之为定税之标准。每县以县令、县丞负责,"东西南北各千步"为一方,每年九月分地计量,且需随土地之肥瘠,分五等定税。该法有两个目的:清理出瞒税土地,使税收合理化,理论上很完美。但是,一县令、丞共二人,要监督全县的丈量工作,这是不可想象的,故只能借用民间力量,令每方差上户二人共同清量,最后是谁在"方田"中起决定作用,不言而喻。

王安石真迹《致通判比部尺牍》(台北故宫博物院藏)。此为王安石给作通判比部的友人的问候函。

这个法令的实施，一个结果是国家确实增加了赋税，因地方官员通过方田，将旧的无额之税加摊而入，二是因上户的上下其手，产生新的不公平。

农田水利法，是熙丰变法中耗费大量行政资源的一条。各层级的地方行政部门受命发掘当地的水利资源，中央更三番五次派各种级别的使臣到各地察视，希望能够尽多尽快开发水利项目。这是新法中最有成效的一条，但因英宗以前，历朝都留下不少大型水利工程，尤以仁宗朝为甚，故而留给神宗的重大工程有限。不过既然有强大的政绩导向在其中，官员们的热情很高，各地喜报频传，六年间兴修水利田三千余万亩，占全国耕地总数的近十分之一。这个数字"颇有不实"，但"不实"的数据为当政者所喜闻乐见，故而丝毫没有追究的动力。

市易法，即国营的借贷业，对象是商人。借贷者以田宅或金帛作抵押，年息20%，过期不还，每月罚息2%。市易法是变法期间一直实行的一个法令，其背景是禁止民间借贷，由国家控制借贷的权力，这是典型的与民争利之政。

保马法，它在北方实行，是民间结成"保"或"社"，领养国有的马，可折纳部分赋税。马若病死，须依价赔偿。由于折纳不利于百姓，且赔偿的风险很大，民间并不愿承担，最后落个摊派。

新法中涉及面最广、将最多百姓卷入其中的，莫过于青苗、免役与保甲法。青苗法，是政府向民间放贷之法令，每年夏、秋两次向民众贷出青苗钱，半年一收息。名义上，它是出于"散惠兴利，以为耕敛补助"的目的，帮助民众度过青黄不接的时节，其意图与市易法相同，只不过，市易法用于商业，而青苗法针对农民，应用的范围更广。

该法宣称要"抑民豪夺",实际上,民间的"豪夺"是否得以平息,尚未可知,官府却借机"豪夺"。青苗法初定"出息二分"即半年之息20%,实际执行之时,甚或更高。初定"不得抑配",执行时,却不得不以"抑配"来完成指标,各等民户都被抑配青苗钱,强制纳息。青苗钱迅速转变为一种赋税——"别为一赋"。

免役法,即募役法,应充差役的平民,向政府交纳免役钱,由政府雇人充役。宋朝的差役又称吏役,是指州县公差和乡里吏人,原先按产业多少,分五等户,由乡村上三等户轮流充役。按民户的贫富确定承担社会责任的多少,是宋代维护社会公平的一个原则。不过,在官府当差越来越艰难,当时有不少乡村上户因当差而赔钱,甚者至于破产。这正是王安石推行免役法的口实。但免役令全面推行之后,征取役钱的对象,由上三等户扩充到全民。役钱的收入大致稳定后,王安石又尝试恢复差役制,令民无偿服差役。时人对免役法的评价,褒贬参半,但与青苗法相同,免役法的重要结果,也是"别为一赋"。

保甲法,是建立有序的基层组织(五百户置都保正,五十户置大保长,十户置保长)。以这些基层组织为单位,组织保丁值勤巡警,称"上

宋王居正《纺车图》。画面前有老媪,双手引着线团,身后有一个席地而坐的儿童,当是家庭作坊的现场景象。

番"，此制实行于全国。每冬十月至次年正月，保丁集中训习武艺，称"教阅"，此制在北方实行。保甲法直接实现了以民间的力量维持治安的目的，更进一步，革新者希望"教阅"能使农夫成为精兵，从而逐渐恢复征兵制，省下养兵的巨额费用。但这个期望，却从未达成。保甲法推行后，整个北方为此扰攘不安，河北等地保丁变乱之事很多。上番教阅，增强

宣仁高太后为宋英宗之后，宋神宗之母。神宗死后，高后立幼孙哲宗，并垂帘听政，起用旧党司马光，贬斥新党，史称"元祐更化"。

了不安定分子的作乱技能，但很不幸的是，却从未能证明这些教阅过的保丁能够争胜于战场——神宗元丰中对西夏作战固然未有机会宣力，徽宗大力重兴的保甲，也未见在北宋末年的国难中起衰振颓。

所有这些条款，都有堂而皇之的名义。青苗则曰"抑民豪夺"、"散惠兴利，以为耕敛补助"；保甲则曰遵"先王成宪"，恢复寓兵于民之制；免役则曰与民休息，免使良民受官吏刻剥；市易则曰均平物价，"流通货贿"；方田均税则曰变赋税"偏重而不均"之故态。然而，这些名义应当是次要的，在新法推行以后，亦未见其实现。只有一点，是始终体现于所有条款的，即"理财"，并因而"富国"。

我们可以清晰地看到，新法通过何种途径将各种条款都转为"理财"手段。以"开源"为名，推行农田水利与方田均税法，分别用来发展农业生产和扩大税源。但未看到实效，因为主要体现农业税收的"两税"，在熙宁以后并无明显的增长。以加强流通和抑制兼并为名，推行市易法和青苗法，用来强化政府在流通领域吸取资源的力量，这类手段非常见效。以减轻人民差役负担为由，推行免役法，因此新增了实际的税负。以减少政府运作成本为目的，实行均输法和保甲法，后者是北宋后期政府强力推行的政策，但因保丁无法代替募兵，也无法建功。各个层面、各个环节的理财手段，其结果归结起来，主要是将流通领域的资源，从民间向政府吸纳，并且加重农民的税负。比如免役法可为政府带来多达八百万贯的收入，达到此前全部岁入的十分之一以上。青苗法岁收息至三百万贯，市易法岁收息一百五十万贯。三项相加，即可使政府岁入增加20%。这就是新政的主要结果，若我们将它看作是新政的目的，也不算是没有根据的。对于民间来说，除了"骚动"以外，更直接的是赋税压力大增。对于新政涉及的社会经济和财政诸方面作综合观察，那么，可以说是"生财无方，聚敛有道"。

"理财"而外，尚需对新政的其他侧面作些考察，以助我们对变法的真实意图有更深层次的理解。

"三不足"与"一道德"

王安石在仁宗朝已扬名朝野，一时名士多与交游或意气相投，如文彦博、欧阳修，皆曾推荐他出任要职，司马光也与他交往甚密。但是，这些名士，在神宗朝几乎全体成为他的政敌。这不仅是因为大家政见不同，当他登上了权力的顶峰，政见之争便摆上台面，更因为，他是一位极富个性的干才，众人欣赏他的才干，但与他持异见时，发现他无法协商，"自信所见，执意不回"。这使他得到了"拗相公"的雅号。这种个性，使不同意见无法共存于朝廷，急剧加重了革新派与反对者的对立，恶化了北宋后期的政治生态。

文彦博像

最使王安石"名垂千古"的政治观点，莫过于"三不足"——天变不足畏，祖宗不足法，流俗之言不足恤。毫无疑问，"三不足"如此著名，正因为它极具争议。"三不足"作为王安石的改革宣言，大约在熙宁二年推出。对当时绝大部分士大夫而言，它令人惊骇，但对于顾盼自雄的青年皇帝宋神宗来说，则是催他贾勇奋进的战鼓。

"天变不足畏"，是说"灾异皆天数，非关人事得失所致"：自然界有其运行法则，与人世间的事并无任何关系。此说大为后世唯物论者所激赏，这恐怕是混淆了科学与政治两种领域。不会有人知道，当时的士大夫和百姓，有多少人真正相信"天人交感"的道理。但可以确定的是，"天"被当作是政治和社会运转的最后的制约因素，成为规范人类行为的绝对力量，是一种有意识的行为，

欧阳修像。欧阳修称赞王安石说："翰林风月三千首，吏部文章二百年。老去自怜心尚在，后来谁与子争先。"

"天道"是被士大夫着力塑造的信仰。"天"，岂是今日"天文学"的范畴所可涵括？

而在"天道"的制约对象中，皇帝是极重要的一个。富弼的一句话，可代表当时相当大一部分士大夫的心态。当富弼听到王安石宣扬"天变不足畏"，挢舌不下："能让皇帝畏惧的只有天，天都不足畏了，那么他不是可以为所欲为了？"皇帝欲借天来宣示其统治的合法性，譬如真宗之东封西祀、伪造祥瑞，目的即在于此。而士大夫也拿天来作文章，制止皇权被滥用。少年得志的富弼，熙宁中已是老臣了，多年在政坛纵横捭阖，深悉其中奥妙。士大夫苦心维持着的最高信仰，虽然未必能真正将皇权置于牢笼之中，但毕竟还是起了重要的约束作用。而王安石揭开这个公开的秘密，其目的便是为皇权脱去一切束缚。相比仁宗，神宗及其二子——尤其是徽宗——愈来愈具有拒谏、独断的倾向，王安石的政治宣言"功不可没"。

"祖宗不足法"，谓祖宗之法度不可尽行遵奉。王安石说，众人宣扬"法祖宗"，但祖宗之间，法度并不一样，是应该效法太宗呢，还是效法仁宗？此话颇有诡辩之嫌疑。宋人宣扬"法祖宗"，本非一切循旧规，否则何以列祖列宗之法度会不一样呢？而是要尊重"祖宗"

多年以来制度建设的成果，维持政策的延续性，尤其是一些原则要世代遵行，譬如崇文抑武、重内轻外、强干弱枝等等。王安石不愿"法祖宗"，正是针对某些原则。如重内轻外——好静恶动，保守已有成果，不愿主动对外用兵——就是他坚决反对的。而像司马光这样在变法期间大声疾呼"祖宗之法不可变"者，观其向日言行，绝非无视积弊而死守旧规之至愚者，考虑到熙宁中的环境，其所

富弼像

守者，也正是这些原则。"祖宗"是"天"之外，对后世君主的另一重大制约力量，大而化之的"祖宗不足法"，提供了无限的想象空间，不但为他的新政制造自由行动的余地，也为君主的过度自信和任性妄为输送动力。

"流俗之言不足恤"，意指决策者不必顾及多数人的意见。这些人道德水准低下，总出于一己私利反对皇帝的宏伟规划，他们都是国家发展的强大阻力。早在嘉祐四年他献与仁宗的万言书中，就已激烈抨击宰相以下百官，指斥他们皆为流俗，尸位素餐，置国家利益于不顾。要做大事业，便要坚执己见，不能为藉藉众口所动摇。简言之，就是对舆论的否定，为他此后罔顾多数人的反对，强行推出多种新政张本。

"三不足"实际上是联为一体的。北宋中期的朝野舆论，正是以

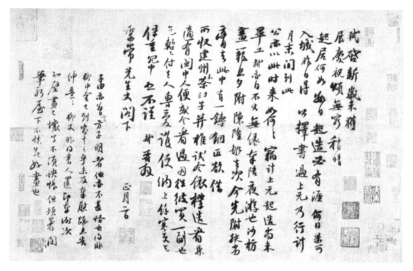

苏轼《新岁展庆帖》(书于元丰四年，北京故宫博物院藏)。其书法端庄秀丽，肉丰骨劲，宋人对他发出"只字片纸皆藏收"的赞叹。他自己也自负说"吾虽不善书，晓书莫如我"，认为自己的书法"自出新意，不践古人"。

"天"为纲常之本，以"祖宗成宪"为规范。所以"三不足"所反对的，是同一个对象，即有心制约皇权的士大夫群体。或以为，熙丰变法之发动，意在将"与士大夫共治天下"之观念付诸实施，实不知从何说起。在这个大前提的指导下，新政甫一开张，双方便大张旗鼓地对立起来。不认同新法的意见，被强行压制。因安石不作妥协，不肯接受修正意见，认同部分新法者，也迅速被逼到对立面，譬如苏轼、苏辙兄弟。新法成为一个整体，要么全盘接受，要么彻底否定，朝中人士，必须作一决断，且安石作出不并立的姿态。由是，望重天下的士大夫，其中不乏先前与安石相友善者，多被逐出朝廷。王安石有时竟以去就相争——若不遵行本人的意见，那么本人只好辞职了。神宗正倚之若长城，岂肯放他离开左右？由是，新法便按他的逻辑演进下去。

朝廷里不附新法的多，对这些人，王安石是给予全面否定的。如说文彦博是小人，冯京是不逞之辈的魁首，连新法派的沈括，不过是与他在新政的方案设计上有些异议，便被指为"壬人"。但安石总为这些人斥逐不尽而苦恼，再说，在野的士人也以"流俗"为主，导致新政推行时，"士夫沸腾，黎民骚动"（司马光语）。改造世界，若仅靠斗争，事倍功半，更须改造人心。入手之处，是士人的立身之本——科举。

苏辙像

熙宁五年的一场考试后，王安石奏知皇帝，有两位应试者文采斐然，但论说不合经旨。神宗以为，当时谈经者言人人殊，无以"一道德"，遂命王安石作经义颁行之，"使学者归一"。安石答道，此事已着手在办了。"一道德"之说，在熙宁三年已由王安石之口入神宗之耳，自此神宗数番提及，而安石显然已为"一道德"作了充分的准备。此后安石与其子王雱尽数年之力，于熙宁八年呈上《三经新义》，准备为科举考试提供"经旨"，然未及行，安石即于熙宁九年罢相。司马光叹道：安石经义，不乏灼见，但企图令天下士子奉为惟一解释，欲尽变历代先贤之说，何其狂妄！但是，随着新法的浪潮一波波推来，王氏经义之地位被不断抬高。哲宗绍圣中几乎被定为科举之标准，以谏官之言中止；但徽宗崇宁中，终于确立了它的独尊地位。

沈括像

新政初期，新政的发动者与反对者之间的直接冲突已全面爆发，反对派辞职、罢官不断，人事迅速刷新，革新派立即占据了舞台中心。而后，"一道德"之说甚嚣尘上，似有席卷之势。但是，反对派却从未完全被逐出朝廷，甚至在最高层也从未绝迹。熙宁初神宗重用王安石，但富弼、文彦博等三朝重臣，仍占据着宰相、枢密使之位，二人相继去位，但冯京、吴充又在中枢占据了重要位置，王安石与前者是同年进士，与后者是姻家，二人却不附新法。故而新政总是受掣肘，总不能如王安石希望的那样猛进。问题出在神宗身上。

王安石与神宗的关系，是基于共同理想的结合。"强国梦"便是他们的理想。王安石预计到大动干戈的新政必然引发朝野上下的反对，保证新政强势推行的出路，是有一个强势的皇帝支持他。神宗强烈支持他，他就以"三不足"来提升神宗的威势。若是神宗真像王安石鼓励的那样，无"法"无"天"，无视舆论，独断专行，政治结构和运作将会有何等变化，王安石倒没有细想——就这一点来看，他并不代表当时在朝士大夫的主流，他只看到，皇帝的独断会使革新事业一帆风顺。但出乎意料的是，神宗虽然深刻认同做一番变革以富国强兵，却不能完全赞同朝廷只有一种声音。一方面，神宗对自己的祖宗，不像王安石那么决绝；另一方面，祖宗之法中非常重要的一点，"异论相搅"，被他认为是妥帖的御下之道。虽则他时时为新政遭遇"异论"而烦恼，但他仍然坚持将"异论"之士留在核心部门，甚至一度想将反对新政最坚决的司马光召来做枢密副使。他令革新派处于强势的地位，但不希望他们完全压倒其他势力。神宗的稳健姿态被王安石视作魄力和决心的不足，从而产生不满。当他认为他的

冯京像

激进政策因神宗的游移受到阻碍时，他或会与助手吕惠卿合谋，不动声色地操办了，而后告诫吕惠卿："不要让皇帝知道。"后来王、吕交恶，吕惠卿将此类对话和盘托上，神宗极为愤怒：本以为自古君臣相知，无如自己和王安石，却有如此欺瞒之事！此事成为王安石罢相且再不得起用的关键缘由。

王安石为什么激进地鼓吹强化皇权？是为了新政的便利。但也正因激进地推行新政，严重触犯了皇权。他的政治宣言，与新政的推进完全一致，"一道德"表面上是以皇权为依归，然而当皇帝的意旨违反了新政的利益，便以他来判断国家利益所在及政策之走向，自以为是则是，自以为非则非。皇权未必能为国家的发展做出正确的抉择，那么，傲然孑立于"流俗"之外的王安石便能做到？做出肯定的判断，是很危险的。

整饬军政与开边

变法以前的宋,素号"贫弱",新法所欲革除的,也便是这"贫弱"二字。"贫弱"何从体现?以仁宗朝为例,是政府困于养兵而致财用不足,节衣缩食养成的兵,却在对外战争中屡屡受挫。一系列的新政,指向的是"富"国、"强"兵。富国,通过青苗、免役等法来实现,究其实质,便是以均平、开源为借口,实现国家收入的增加。均平,即所谓"抑民间豪夺",百姓之间的"豪夺"遂一转而为官府"豪夺"民间;开源,若是指开社会财富之源,指社会产品的增加,那么在工业时代来临之前,是绝不可能一蹴而就的,而种种政策,实也仅仅有助于扩展赋税之"源"而已。所以"富"之一面,最后实现的,是国家之"富",是从"藏富于民"转变为"利归公上",社会产品归于官府的多了,藏于民间的就少,国富则民贫,不存在"共赢"的可能。故而,梁启超赞颂新法朝着"国家资本主义"的路而去,只是一厢情愿。"资本主义"尚不知在何处,"国家资本主义"又有什么根基?

至于强兵,王安石的表述是"什伍百姓,训练兵甲","非什伍其民而用之,则不可以致治强"。"什伍"在保甲法中有体现,基本没有效果。兵农分离已三百年,农人安享盛世、不见兵甲,也已百年,企图以什伍酷法陷民于牢笼,很不现实。但是,在新政时期对军政的整饬,却收显效。整饬重在两点:裁汰冗兵,编练将兵。熙宁四年至七年之间,神宗下诏裁减军中冗员,老弱者免为民,又查实兵籍,大量有籍无兵的"阙额"被削去,按照其实际兵数,合并为满员的单位,大量禁军番号因而被省去。熙宁七年,又推出"将兵法",以固定的将领管理与编练禁军，改变此前管军将领流转不定、兵将相互不熟谙之弊。两种措施旨在使禁军各部有恒定的组织，并产生内部凝聚力，有助于使之重新成为正常的战斗单位，提升军队的战力。

有意思的是，在"强兵"的过程中，王安石并没有起到显著的作用。裁汰冗兵，文彦博在枢密使任上，与有力焉，推行将兵法，似出神宗之意，亦未见安石参与。这两项措施，未遭遇反弹，可见"强兵"本身，对立双方并无歧见。不过"强兵"之后，是要"开边"，这却受到强烈抨击。但是，"开边"正是新法逻辑链上的最后一环，是皇帝与王安石所认为的新法的终极意义，他们又怎肯放弃呢？

致力"理财"或者说敛财之后，财政收入猛增。相反，不断汰冗之后，养兵费用却缩减了，每年有大笔钱粮结余。但这结余的用途，在新政一开始就已决定了，要拿来实现一个更为远大的理想，即，要扩大领土。用王安石的表述来说，是"调一天下，兼制夷狄"。底线是灭西夏、恢复幽云，所谓"兼制夏国，恢复汉唐旧境，此乃基本"。进而，要平服契丹。"天其或者以中国久为夷狄所侮，方授陛下以兼制遐荒、安强中国之事。"但是皇帝必须有宏猷远略，"务广规模"，方能"包制契丹"。要之，富国——强兵——扩张，新政推进的逻辑就在于此。从这一点来看，新政的目的，便是由内敛的宋代政治风格，转向千余年前汉武帝的风格。在实现理想的过程中，新政始终引为藉口的"民"，是没有地位的。

外政方面，王安石的作用，限于不断地向皇帝灌输主动攻击外敌的理念，而不在于指导实际作战或战争准备的操作。若说有什么具体的指导意见，也限于处理几起对辽外交事务——熙宁五年的界河口铺之争，熙宁七至九年的划界纠纷。其间他所表现的退让态度，与他阐述大战略之时的激进,形成极强烈的对比。但在他看来,这并不矛盾:在灭夏之前,与辽绝不可起衅;善于作一时退让,未来才会有巨大收获,即"能放得广大,即操得广大"。那么,若不能灭了西夏,是不是就无以从契丹处收获什么?这个问题,他从未想过,因为前提是不成立的,他肯定道:西夏"国弱主幼,妇人用事","可以兼并"。并不断鼓励神宗迅速付诸实施。

神宗并没有在美妙前景的诱惑下躁进。"国弱主幼"不错,不过,此时十余岁的夏主李秉常,留给大国的想象空间,会比二十余年前一周岁的李谅祚更大?辽兴宗当时也抱同一想法,亲征西夏,却铩羽而归。裁汰冗兵仍在进行中,将兵法仍未推出,宋军的战斗力比仁宗时期,未必有增长,更不敢说能超越辽兴宗的亲征大军,所以,欺侮孤儿

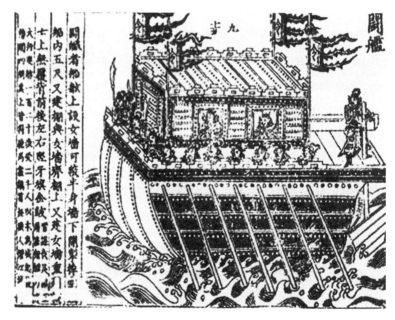

斗舰(选自宋代《武经总要》)。古代的战船。

寡母，不一定会得逞。

神宗策划的战争是渐进式的。他委任种谔经略正面，在麟延路北面的战略要地横山进筑城池，使己方立于不败之地。又委王韶西向拓地，从吐蕃部族手中，复取唐代陇右节度使辖地，建熙、河、兰等州，从左翼包抄西夏。王安石对种谔全无好感，而进筑横山之策，始自他所鄙视的范仲淹，在他看来，也是器局太小。他支持王韶的策略，却又掣其肘。熙宁七年王韶离开陕西之后，陇右便无进展。而种谔数经起落，将战线缓慢地向北推进，但直至元丰中，尚未完全据有横山一线。

对西夏的军事行动有条不紊地推进。从熙宁三年宋、夏激烈冲突重起，首尾逾十年，宋方在宋夏边境东线的推进略有起色，冗兵裁汰、军队编练也已大见成效，神宗认为大举进击的时机已经到来。元丰四年，他命将出师，以二十余万之众，分五路伐夏，计划西面三路会攻灵州，东面两路会攻夏州，破灵、夏之后，即会攻夏国都城兴庆府。但五路大军颠倒错乱，最后仅有两路到达灵州城下，围攻十八日，遭西夏决河灌营，宋军仓皇撤回，灵夏之役黯然收场。

在沈括和种谔的建议下，神宗改变了策略，加快进据横山，而后从夏国东境的银、夏、盐等州入手。但元丰五年于横山脚下筑永乐城之时，夏兵二十万前来争地，宋军一战而败，永乐城陷，损兵七万人。两次大败，合共损失兵员与运粮、筑城民夫六十万，据说神宗为之恸哭。

"强兵"的过程耗时甚长，且须予部队以实战经验。神宗朝于陕西开边，仅就军队战力而言，倒是一次良机。可惜边事一开，便不可控制地滑向全面战争。但宋却并未为此做好准备。就其中起主要作用的个人而言，王安石无力助神宗重振军力，而神宗本人的军事能力也很有限。后者比起前者，对于军事虽有较多的了解、较强的执行力，但却像太宗一样，愿意"将从中御"。他从身边派亲信去前方指挥，对长期在陕西任职的文臣武将之战略毫不信任，沈括、种谔、刘昌祚等才略之士，受到压制，外戚高遵裕、宦官王中正、豪士徐禧等人在边地用事，直接导致两次大败。而对于前线多头指挥、互不相下的局面，他的应对方式是不断调整统辖关系，导致指挥系统混乱、将领争功。所以神宗朝的两次西线大战，重蹈太宗两次北伐的覆辙。

就整体的军事系统而言，神宗朝的变革也无助于宋军取得对周边政权的完全优势。将兵法可能有较好的成效，但士兵战斗力的提高、战斗单位的组织改善，在战争过程中得不到体现。宋军的后勤供给非常完善，部队的编制极重视辎重，若大军远出，更要由民政部门配合，部署大量民夫馈运，故行军时人数极其庞大。但同时又极为脆弱，几乎每次出境作战，都会遇到粮道被抄、民夫惊溃、馈运不济的困难，从而导致战争失败。永乐城之战与该城选址、指挥人员有关，颇有偶然性，但灵夏之役却几乎注定是不能成功的。问题不在于战役背后的战略，而在于宋军的作战特点，使战略无法执行。宋军的编制复杂，过于讲究兵士与非战斗人员及战斗部队的各兵种之间的合作，这种相互依赖，导致其作战不灵活，一环被击破，全体皆溃。若这一问题得不到解决，军事形势便无从改善。

在宋人看来，夏不过是一个割据政权而已，和十国并无本质区别，消灭夏政权未必可看作不理性、非道德的行动。而制服契丹这种不太现实的想法，至少在神宗朝尚未得到实施。故而，对于宋人开疆辟土的愿望，后人倒不必从道德上进行批判。问题出在革新派策划的富国、强兵、扩张的路线。这条路线的首要环节就有问题，各个环节之间，更是断裂的。

通过剥夺民间达到"富国"的目的，并且要求个人放弃其私利而服从国家利益，这种行为在承平时期，没有存在的根基，士大夫的主流对此也表示反对。富弼的意见很典型，他说："财聚于上，人散于下。"在仁宗以前，政府从不敢理直气壮地提出来。

而认为富国之后必可强兵，这也是没有根据的。王安石豪迈地宣称：秦汉以来，人口和财力从没有多过本朝的，我们如此富庶，这是上天要我们去兼制夷狄啊！农耕为基础的政权，和游牧政权之间，以人口和财力来判断胜率，这是对军事无所知的人才会有的逻辑。将兵法和裁汰冗兵提升军队战斗力，但同时也节省了军事开支。所以，"富国"既不是"强兵"的充分条件，也非必要条件。革新派陷入这种误区，专注于敛财，以为"强兵"这一环会水到渠成，故对于"强兵"本身并没有合理的规划，仅由神宗本人做着持续的努力，但也未能取得根本的改善。

神宗对于"强兵"的理解过于简单。若如他所见，"强兵"仅仅意味着通过不懈训练和编制的合理化，那么提升的仅仅是短兵相接的能力。而战争却是一个系统工程，宋军的作战方式，令它对后勤过于依赖、机动能力薄弱，这又直接导致长途运动、多支部队协同作战极为困难，所以总是在关键性的重大战役中失利。这不仅与财力没有关系，且不是训练和编制方面的改善所能弥补的。所以，熙宁年间遣熊本经制泸、渝州（今四川泸州至重庆一带）蛮，章惇平南北江（今湖南沅陵至靖州一带）蛮、梅山（今湖南安化至新

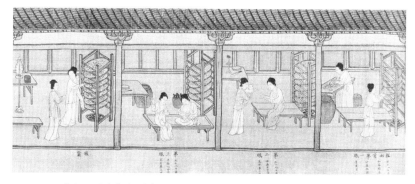

《蚕织图卷》(局部)。图卷反映了当年"男耕女织"的情景。

化一带)蛮,都相对顺利,因为这是在境内作战。一旦出境,便步步艰辛,损折重大。此又不止于对夏战争,熙宁九年宣徽使郭逵率军伐安南,由全国各地抽调兵员十万,民夫二十万出境,富良江上一役而胜,然兵民死于战事及瘴疠者近半,又不得渡江,颓然收军,也是宋军不擅远征之例。

到神宗一朝终结时,基本上可以作这样的判断:革新的基本目的没有达成,却导致统治层的不稳定和社会的不安——如果不是说动荡的话。所以,它是失败的。反对革新者,大部分不是针对革新本身,而是针对发动者并不明了积弊的根本所在,而极为刚愎地去扰动社会。

翻云覆雨

元丰八年,神宗辞世,年仅三十八。据说元丰四、五年的军事失败令他受到极大压力,故焦虑至死。此说应有部分道理。新政劳民二十年,四向用兵:"王韶创取熙河,章惇开五溪,沈起扰交管,沈括、徐禧、俞充、种谔兴造西事,兵民死伤皆不下二十万。"除了章惇等人在两湖开溪洞算是较有成效,其他各处,都是得不偿失。士卒百姓死伤百万,却是如此结果,他怎么向世人证明他所坚持的革新事业之正当性? 英年早逝,是愤其尽心竭力,竟不获可以超迈祖宗、夸示子孙之伟业,可谓"赍志而殁",故《宋史》谓其"终不觉悟"。至于司马光说他"深悔其然",恐怕是未必有的。

神宗殁后,其子赵煦继位,年仅十岁,神宗母高氏称太皇太后,垂帘听政。早在熙宁中,高氏即在神宗面前哭骂王安石误国,导致王安石第一次罢相。事实证明,高氏终其一生,始终激烈反对新法。故而,几乎在皇位交接的同时,朝廷也迅即开始了新旧党人的交替。至元祐元年 (1086),一年之中,司马光、吕公著等旧党入朝执政,而新党蔡确、章惇、韩缜等,被逐出中枢。而王安石坐看他的新法尽废,郁郁而终,他比神宗晚一年去世。

新法但凡与财政相关的,一条不留,"农田、水利,当时自不能久行";市易法立行废罢;保甲、保马法,连革新派要人章惇都以为,"一日不罢,有一日害",废之亦无争议。只有青苗、免役两件,得势的旧党人物,内部争执纷起。废青苗法,前后争议半年。范纯仁认为青苗法有助国用,可姑且沿用——可见由财政上的用处来判断法令的价值,不是新法派的专利。此说打动了高氏,司马光则无可无不可。不过朝中人士,绝大多数持坚决反对态度,半年之中,上书无数,却无法改变高氏的态度,直至苏辙说服司马光,在高氏面前亢声责问,才扭转了局面。免役法的境遇则相反,多数人认为此法尽管有许多不便,但差役法未必好到哪里去。当时从差役改成免役,行用逾十五年,民间已经习惯,即便再改回差役,也须有个渐进的过程,不可仓猝。但在司马光的坚持下，立即废除了免役法。王安石寓居金陵，一直默默地注视着政策的更张，闻知免役法也被废，终忍不住惊怒，瞠目道："他们连这个也不肯放过！"

旧党以为，开边是新政的重罪，故而神宗一朝开边新得之地如何处置，也需要讨论。适逢元祐元年西夏请求归还旧地，朝中由此展开激辩。仅寥寥数人支持还地，但在文彦博、司马光一力主持下，还是归还了部分边地，包括陕西延州北部的细浮图寨、米脂寨，庆阳府安疆寨，及河东的葭芦寨。前三者是种谔所得之地，在横山南面，后者是由河东的前沿麟州、府州西向跨越黄河所占，深入西夏之境，有桥头堡的作用。至于较靠近内地的绥德城，宋还希望借以屏障；王韶向西面所辟的熙州、兰州等地，得自吐蕃，故而宋拒绝归还。司马光等人还地的理由，一是神宗朝宋、夏之争，由宋肇端，其曲在我；二是所得之地很难守御，留之不还，必将耗去大量资源。

神宗朝开边不能算是成功，是因所得远不足偿其所失。然而死亡数十万人、耗去巨量国帑，形势总算有所改善，一旦弃去，当然不能看作理智的行为。夏人欲壑难填，得了四寨，立即发兵攻围兰州与绥德。设若当时连这两地都弃去，真正回复到仁宗朝的旧观，那么受威胁的就是延州、庆阳府等重镇，至时宋要耗去的资源，自然更多。故弃地之事，与免役法之废罢同样，属过当之举。

新法新政之废，如此彻底，其中明显有意气之争。熙宁以后，王安石与司马光政见对立，而促成对立的一个重要因素，却是两人共有的性格：坚执己见，极其刚决，不愿妥协折衷。王安石执政，只要有人说某条新法"不便"，哪怕再有道理，也不肯接纳。司马光当权，只要是新政，哪怕已有成效，也要废除。只有理想主义者，才会无视实际利弊，做出某些在常人看来比较荒唐的决定。像苏轼、苏辙兄弟，在新法问题上，便要现实得多。理想主义者的危险性在于：勇于破、立，对社会和人性的复杂却了解不够，破，可以是很顺利的，立却不那么容易，立的结果，总是与预期不相符，出来一套不伦不类的体制。王安石以他的理想，推出一套新体制，其富国、强兵的目标都走了样，破坏了政策的连续性；司马光要推倒新政，回复旧观，然而社会是不可回复的，不论旧体制是不是有问题，新政推倒了，还是回不到旧貌，徒然再一次割裂政策的连续性。

被割裂的，还有一种政治传统。新政开始之前，朝中大臣，通常是持各种政见者并存，这是"异论相搅"的帝王术的体现，但朝中有各方利益的代言者，宋初以来又形成畅所欲言的气氛，确实也有利于良性的政治氛围的形成。新政甫行，王安石即欲驱除反对者，革新派占据了绝对优势，气氛比起仁宗朝是有明显不同了。不过赖神宗维持，中枢以下，仍有不少反对派，朝中除旧布新，还是有底线的。虽有一些小官因反对新法受责，但大员们还是很受尊重，散在各州养望。元祐初辟新复旧，气氛便要严厉一些，新党基本被逐，神宗朝新党的核心成员，蔡确贬死岭南，吕惠卿谪居福建，有了清算的架势。对立之势已成，冲突便愈演愈烈，哲宗亲政之后，"绍述"父亲遗志，新党再次得势，遂肆行报复，较之元祐初旧党所为更甚。宰相章惇数起大狱，已死的旧党领袖被追贬，在世的旧党被贬窜至远恶之地，章惇甚至策划尽杀贬窜的旧党。徽宗继位，一度有折衷新旧、调和两党之趋势，改年号为"建中靖国"，哲宗绍圣中贬官或追贬的文彦博、司马光、吕公著等人，徽宗再为复官，哲宗后期被贬的旧党，也

元祐党籍碑（宋代摩崖石刻）。北宋徽宗时蔡京专权，把元祐、元符间司马光、文彦博、苏轼、黄庭坚、秦观等三百零九人列为奸党，将姓名刻石颁布天下，后徽宗下诏毁其碑。现存碑刻为南宋庆元四年（1198）梁律据家藏旧本重刻。

陆续召回。然一旦幡然改图，再次“绍述”，旧党来不及逆转形势，迫害的浪潮再次卷来。如苏辙，在徽宗即位后由岭南贬谪地内徙、复官，待遇渐优。崇宁元年，徽宗忽又清算“元祐党”人，遂至再次降官，闲居度其余生。而列入当时所谓元祐“党籍”的，本人闲废以外，子孙亦终身“禁锢”，不得在京师附近为官。靖康元年，钦宗为“元祐党”人平反，可是从元祐元年至此，四十年过去了，“党”人本身已成为历史。不到一年，北宋也成为历史。有待宋高宗重拾兄长的旧话题，再次平反、起用党人子孙，并且清算新党自王安石以后对北宋亡国所负的罪责。

哲宗元祐初、绍圣初，徽宗建中靖国、崇宁初，政策多次翻转，愈往后愈坚决彻底。当熙宁初新法派为施政便利而欲统一朝中的政见，他们是在制造较前远为不宽容的政治气氛。经过两派的相互激荡，不宽容的程度渐甚，由难以共事到无法共存，再发展为一方驱逐另一方之后再加以迫害。而官员存身于朝中，又须表明立场，就事论事的中立态度，从熙宁以后愈来愈为双方所排斥。这种戾气，使朝中的主流政见在两个极端之间摆动，对于宋政权的稳定统治无疑不会有好处。

05

突变：徽宗、钦宗朝

哲宗的少年期在隐忍中度过，眼见祖母高氏尽用旧党元老，尽废父亲成法，他对于父亲新政事业的崇慕之情却日甚一日。不过高氏是将门出身，且老而弥辣，积威之下，幼君噤不能声，苦等八年。终盼到高氏辞世，哲宗亲政，可以实现自己的主张了。半年以后，布置停当，以迅雷不及掩耳之势，再次颠覆了朝中格局，逐出旧党，复用新党，尽复熙宁、元丰之政，并重新开边，表现得比他父亲更为果敢。可惜天不假年，仅过了六年多，二十五岁的哲宗崩殂。其弟赵佶继立，是为徽宗。哲宗的皇位和革新事业，都由徽宗继承下来。

但革新走样了。它在熙宁年间，纯粹是为了"富国"的目的而发动，赞成和反对革新的两派，也是为国是而争。而到了徽宗朝，虽"富国"的旌旗招展，旗下却站满了不择手段牟取私利者。后来徽宗退处太上皇之位，有大臣向钦宗指斥他："祖宗法惠民，熙、丰法惠国，崇、观法惠奸。"以"国"的名义掠取私人的财富，这本就是王安石"抑民豪夺"政策的初衷，在徽宗朝，民间财富加速流向官府，终导致官民的严重对立。但即便在财富大量流入之时，"强兵"的目的仍未实现。

对于内政上的这些不良迹象，徽宗显然毫无认识，他看到的是，国库之充盈，已达到古来帝王不敢想象的程度，他的军队在西北战线占据了优势。国已富，兵已强。有此认识，便很自然地产生了做大事业的想法。现实又鼓励他实现抱负："兄弟之国"大辽，在立国两百年之后，终于走上了末路，在新兴的金政权的攻击下，分崩离析。澶渊之盟以后若隐若现的大一统情结，在徽宗心中泛起，他与少数大臣和宦官互相激励，开始策划比灭夏更宏伟的事业——灭辽而收复幽云，遂与金政权缔结"海上之盟"。但对幽云用兵极不顺利，充分证明了徽宗对于本国国力的信心是没有凭据的。缺乏实力保证，宋与金的关系逐渐陷入不利的境地，穷于应付的徽宗，试图以诡谋来改善形势，却给金以"背盟"的口实，引来两次南侵，国破身虏。置之于近一千年的大势中，则中原对北族的形势，在北宋末靖康年间突然恶化，且形势难以逆转，直至蒙元占领华夏全境。

"端王轻佻"

哲宗、徽宗性格上有较鲜明的差异。哲宗在神宗灵柩前即位，祖母高氏向群臣推介说，冲龄的小皇帝"绝不好弄"。意即稳重、不顽皮。反之，哲宗去世之时，向太后（神宗皇后）与宰相讨论继位人选时，倾向于立哲宗的异母弟端王赵佶，宰相章惇直截了

宋徽宗赵佶像

宋钦宗赵桓像

当地说："端王轻佻，不可以君天下！"建议立哲宗同母弟赵似。对向太后来说，哲宗和他的兄弟们都是庶出，和她的关系都是那么远，但她和高氏一样，坚决反对新政，大约也怕赵似继位，继续推行新政，希望新皇帝和哲宗的距离稍远些。向太后的提议获得知枢密院曾布的赞成，赵佶得以继立，即徽宗。

章惇为这句话付出惨重代价，不到一年，由宰相贬为雷州司户。不过他确实慧眼识人，大概没有一个词比"轻佻"更能刻画徽宗作为一位政治人物的特征了。《宋史》称其"玩物而丧志，纵欲而败度"，这是"轻佻"的最直观表现。他好文辞擅书画，但这对他做皇帝并无帮助，反而使他乐于拔用自甘作"清客"的无行文人。如李邦彦"善讴谑，能蹴鞠，每缀街市俚语为词曲"，竟秉国政，人称"浪子宰相"；蔡京先以书画见幸，又以青词固宠，前后任宰相十五年，二人于徽宗、钦宗朝的政治，为害甚烈。徽宗对奇花异石感兴趣，又致朱勔以"花石纲"之名搜刮东南，扰乱民间，直接导致方腊起事。当时所谓"六贼"，其中童贯、李彦、梁师成三人为宦官，蔡京、朱勔二人是他的艺术同好。他的风雅，若就其对国事之影响来看，恰是"轻佻"的同义词。

徽宗的"轻佻"与北宋末政局更为直接的关联，是他好夸饰，喜更张，行事任情，过度自信，对形势总是作过分乐观的估计。《宋史》

的评价是"恃其私智小慧"，意谓自作聪明。正是这种性格使他受惑于蔡京"丰亨豫大"之说，深信天下已富足，可供他恣意挥霍。从开封所储钱物之数来看，官府确实丰裕。徽宗朝在神宗、哲宗所建府库之外，复建大观东、西库，宣和库，收贮钱、金银、细软、香药，仅贮钱的西库就一度储藏三千至四千万缗。而北宋末年靖康元年 (1126) 底，开封仅绢一项，便有一千四百万匹。蔡京向他报喜，仅是钱币即有五千万缗，国家已富到极点，可以备礼制乐，以宣示皇上之功业。于是"铸九鼎，建明堂，修方泽，立道观，作《大晟乐》，制定命宝"。以"九鼎"为首，徽宗朝仿造先秦青铜彝器，以拟于上古贤君；建明堂，修方泽，以通于天地；加之以崇道，册封自己为"教主道君皇帝"，是欲重新构建神祇体系，并在其中为自己寻找

宋徽宗《听琴图》(北京故宫博物院藏)。此幅所绘正是赵佶本人行乐时的状况。

宋钦宗朱皇后像

一个重要位置。而打造"天造地设，神谋化力，非人所能为"的园囿"艮岳"，更是直接按想象中的"仙境"来设计。

这些穷工极巧、体现了时人最伟大的想象力的器物和景观，是徽宗的虚诞狂妄的产物。但他并不仅仅追求虚的一面，责任感驱使他去牢牢控制权力。由于具备艺术家的想象力和自由精神，他不愿像"祖宗"那样努力去控制权力的边界，更不会着意重建"异论相搅"的政治氛围。他不循皇帝与三省、枢密院共同决策的成例，诸事喜欢"出自圣断"，以私意发下"御笔"，且要求坚决执行，不许臣下拖延，更遑论抵制，所谓"稽留时刻者，以大不恭论，流三千里"，臣下也无从稽核御笔的真实性。这不仅为宦官和个别权臣假借其名义发布命令开了方便之门，更破坏了权力制衡的制度设计，将徽宗一朝的政治运作推向偏执无度的境况。

他所器重的人，除了善阿谀、会玩乐的清客型文人之外，尚有精于聚敛的"能臣"，如吴居厚；又有深具豪侠气质的文人，如王黼，都位至宰辅。然而他最为信任和依赖的却是宦官。北宋称得上"权阉"的宦官，基本上都出在徽宗朝。童贯、梁师成、谭稹、杨戬、梁方平、李彦，或敛天下之财，或总天下精兵，以致权倾天下，外廷之宰相，也需谄事宦官。撇开对于宦官的道德评判，这样的状态也是畸形的：在没有"权阉"传统、所有重要国家事务都有相应官员和机构负责的宋朝，宦官的重要性达到如此程度，这只能说明，徽宗不习惯与士大夫合作。他所重用的官员，基本"素质"是善于迎合。但即使是这样的官员，他仍觉得用起来不如宦官那么直接、有权威——尤其是兵事，可不是文官能担当得起的。一个缺乏政治智慧的君主，又追求绝对的权威，直接的后果便是败坏旧有的稳固秩序，成为孤家寡人。

正是这样一位"轻佻"的皇帝，导致亡国的大结局。

开边的新成果与宋的幽云情结之泛起

宋之国力，毕竟远非西夏能及。但后者对此似乎没有清醒的认识，在元祐中宋方还地以后，西夏仍不断侵扰边界，攻劫城寨。宋哲宗亲政以后，西夏仍以反击为名，而行争地之实。章惇、曾布在朝中主持，推行步步进筑战略，绍圣（1094—1098）、元符（1098—1100）中，东自河东路、西至陕西熙河路，全线进筑，以边城五十余座，将东西向防线向北推进，在横山占据了不少要地。正如元丰中宋筑永乐城之故实，哲宗后期的进筑也诱发了夏军的大举进击。但不同的是，在章楶等边帅的筹划指挥之下，宋军不仅免于覆师，且予对方以很大杀伤。如绍圣四年，章楶进筑平夏城、灵平寨于葫芦河川，遮蔽夏军出入要道，次年，西夏主及梁太后以数十万军来攻平夏城，城不能下，撤军时反受章楶追袭，损折甚多，以至于"不能军"。自元符二年双方停战后，在徽宗朝前期，宋夏边境横山一线，宋保住了哲宗朝的战果。

徽宗起先并未果断地再开战局，而是在哲宗末年的停战协议下，展开另一种攻势：不断招诱对方重要将领和部族来归。崇宁四年夏军侵入泾原路镇戎军以示报复，宋夏战事复起。政和中，宋用童贯总领西事，续采进筑横山之策，大体将横山一线，全部纳入控制。在宋夏边境的正面，宋在徽宗朝中期已取得完全主动。

从西翼向吐蕃故地的推进，在哲宗朝也大有进展。王韶之子王厚，率军溯河而上，由吐蕃部族手中，取青唐、邈川之地，建湟（今青海海东）、鄯（今青海西宁）二州。然而，与北线情形不同，西线奋进的结果，是在吐蕃部族散处之地与夏境之间，形成一个突出部，而当地部族势力仍然强大，得地、建州之后，部族数度反叛，宋廷不得不弃守二州，王厚也因应对失策被谪。

在北线采积极进取姿态的徽宗，同样没有忽略西线。崇宁中，徽宗复用王厚，且以童贯监军，下湟、鄯、廓三州，再加上大观中所得积石军，这个突出部更为明显。一方面，它昭示着徽宗对夏用兵的新成就，另一方面，它又给宋带来防守上的更大困难。但由于宋方竭力将资源投入宋夏战线，暂时没有出现灾难性的后果。

从神宗开始，经过整整半个世纪，开边事业随着皇位嬗递，父死子继，兄终弟及，至徽宗政和末，自河东西部至陕西北部，多了一条有相当宽度的地带，陕西西部又收获一个块状地区。新获的领土较之仁宗朝有了大幅增加——大约增加了原先整个陕西面积的五分之一。并且，宋、夏边界的延长，对于占了优势的宋方来说，是值得庆贺的。宋方稳步推进，侧翼包抄，双管齐下，夏方渐乏反击之力，这已超迈祖宗，足使徽宗自夸了。然而，这些成就还是远不能与徽宗的凌云壮志相匹。长年累月的逐步进展，令人不耐烦。宣和元年，宋的新攻势开始了。徽宗的意图，是"灭此朝食"。

这一战，仍由西线"宿将"童贯来执行。童贯对夏用兵，向来战胜攻取，自以为灭夏之役，势将一举成功，遂不听宿将刘法劝告，坚命其出塞进击。然而宋军似乎无法摆脱出境必败的宿命。刘法赴灵州途中，遇伏而死，宋军损折十万。但童贯却以败为胜，向朝廷告捷。徽宗尽管已是耳目闭塞，难得听到他不想听到的消息，但如此严重的败绩如何能隐瞒得住，还是很令人怀疑的。此战之后，在辽的斡旋之下，宋、夏终于停战，这说明他对于此次失败并不是一无所知。

但无论如何，他对于国力和军力的信心，似乎从未受到挫伤。早在西线战事方兴未艾之时，他已经在策划于北面兴事。这更是真宗以后历朝从未尝试过的，若能成功，其功业远非西线可比。而西事与北事又有一些关联：西面的持续战争，将为北事提供久经沙场的兵、将；西夏在战争过程中不断衰弱，将使其无力在将来的北线战争中与契丹合力。不过，若在北面开战，西线战事就不得不停下来。这也正是宣和元年宋夏战线终于平静下来的原因。宣和元年刘法的败绩，并未对他有所警示，他反而以更大的热情策划挑起宋、辽之争。

辽的统治格局及其危机的产生

辽政权建立以来，一直具有"两面性"，既有向南往汉地发展的追求，又注重对草原地带的控制。澶渊之盟以后，南面的事务限于巩固幽云地区的统治，圣宗朝对高丽的多次征伐，终于迫使高丽臣服，

上京，辽国都城，即今内蒙古自治区赤峰市巴林左旗林东镇南波罗城。神册三年(918)，辽太祖命汉族大臣康默记总理修建，百日竣工，称为皇都。

不过在疆域上并无收益。辽兴宗朝与西夏的战争，几乎是一无所得。唯独在北方获得了巨大成功。

西北疆的基调确立于辽初，辽太祖西征大军直抵阿尔泰山以西，以蒙古高原为中心的广大游牧区，已在其控制范围之内。不过，这毕竟是一种间接的控制——类似于唐代的羁縻之制。而且阿保机西征的成果不可能安然维持上百年，辽政权需要不断付出努力去巩固战果。蒙古高原腹心地带好战的游牧族乌古、敌烈、阻卜人，部族众多，而相互之间的关系又极为复杂。为镇服这些部族,辽倾注了极大的心力。

在辽太宗以后,这些西北部族有两个活跃期:辽圣宗朝与道宗朝。在圣宗登基之初的乾亨四年 (982) 十二月,辽开始征讨阻卜,至统和二年 (984) 底告一段落。至统和十五年,战事重起。自此,各部反辽的战事持续至圣宗朝末,此起彼伏,史不绝书。诸部之叛这一现象,其实是与圣宗朝在西北的开拓政策直接相关的。较之太祖阿保机,圣宗显示了直接控制西北的意图,这一企图与诸部摆脱控制之心态相互激荡,使战事愈演愈烈,终须以一方的彻底胜利而告终。若从统和十五年战事激化算起,西北的动荡持续了三十余年,辽终以强力镇服西北诸部。并以重兵驻扎的方式,弹压诸部的反抗。从统和二十二年起,辽在蒙古高原的核心地带,建立多个边防城。自上京临潢府东北的泰州 (今黑龙江省泰来县塔子城) 向西,依次为静边城、巨母古城 (此二城近今呼伦河)、河董城、皮被河城 (此二城在克鲁伦河流域)、防州、镇州、维州、招州、窝鲁朵城 (此五城在蒙古高原腹地、杭爱山脉至乌兰巴托之间),九城首尾相连,标志着辽的力量由大兴安岭西麓一直延伸至蒙古高原腹地。西北路招讨司驻于镇州,以重兵保证其强大的控制。

这种稳定的态势仅仅保持了四十年,由道宗咸雍五年 (1069) 始,西北部族进入反辽的高潮,整个西疆一度完全陷入战乱。辽廷穷于应付,在最危急的寿昌五年,甚至向西夏求援。经过分化、迁徙、大军镇压、增筑新城等方式,辽终于平定了蒙古高原的乱局。但比起圣宗朝,道宗朝对于蒙古高原已是被动应付,控制力衰退。

辽在蒙古高原的经营,可作两面观。一方面,它对诸部族恩威

辽墓壁画。壁画反映了中国古代北方辽国的经济、宗教、民俗等各个领域的面貌。

兼施、镇抚并用垂两百年，虽然诸部时时起而反抗，但诸部之间互不相下，更未形成反辽的共识。及至辽末，在很大一部分部族中，辽的影响力还是相当强大的。故而耶律大石西行途中，在可敦城（即镇州）会集十八部，获得支持，形成了西征占领中亚大片地区的实力。但另一方面，在西北方向倾注了太多的关注、投入太多的力量，尤其是调集了数万精锐骑军屯驻蒙古高原，严重影响了对其他方向的关注。

辽失察的方向，是东北方。尽管在初期灭亡东面的渤海国之后，辽对渤海遗民、对更东面的高丽，都曾耗去不少精力，但与他们族属相近的女真，安然在羁縻状态下默默发展。女真分为数十部，散布于东至鄂霍茨克海、西迄大兴安岭、南抵鸭绿江长白山、北达外兴安岭的广大区域中。势力分散的女真部族，于辽固然是弱势的力量，但大部分部族，只是为辽所羁縻，而享受高度自治。辽之施于女真者，不外如是：辽初徙女真诸部酋长于辽阳以南，以利监管；辽使经由某些部落居止处，赴鄂霍茨克海边觅猎鹰海东青，沿途需索无艺。女真人在反辽战争开始后，以此为例，声讨辽对他们的欺压，甚至辽为维护东境的安定，派官裁定各部之间的纠纷，也被视作是一种罪行。当然辽的这些作为，比起女真起兵后所为，算不上暴虐，只是一个民族生发起来了，它觉得自己有权拒绝这种待遇。

辽给女真带来的好处，却是实实在在的。当然，契丹人自己是无意识的。其一，辽灭渤海，且将渤海国民西迁，为女真的发展留下了空间。其二，女真这个后发的民族，人口已有不少，不过，社会组织形态演化缓慢，一直无法集聚为较大的规模。但入辽以后，它得益于辽在女真地区建立的统治体系、交通网络。女真部落相互之间的联系，也由于同样处在契丹的统治之下而建立起来。

与辽长期周旋的过程中，松花江畔的女真完颜部强盛起来。它的策略是，顺从于辽，借辽的庇护，发展自身力量。如其他部落的女真反辽之时，完颜部必然用力为契丹作战，借机收集器甲，或吞并其他部落。为辽打通鹰路，是它的最大贡献。长期表示顺服的收益很大，十一世纪最后几年盈歌为完颜部长之时，该部已很强盛，有"甲兵"千余，但辽全未警觉到其中潜在的危机。

满千的女真部落很快就强盛了起来，连高丽都开始同它通消息。但数年之后，盈歌之侄乌雅束继立之后，因争夺曷懒甸（今长白山以东图们江流域），女真完颜部与高丽之间的关系恶化。高丽显然不愿倾全力以赴之，几次战役以后，退出曷懒甸地区。而在数年之间，辽对这块化外之地的争斗竟然毫不干预。到了两边讲和，大事已定，辽天祚帝的统治时期已经过去了一半，乌雅束死，其弟阿骨打（后名"旻"）继位，时为辽天庆三年（1113）。

辽金战争与"海上之盟"

阿骨打继位之初，女真的统一还没走到一半，但是反辽事业也与统一事业同步展开。反辽的借口，实在是个非常小的事故，只因为一个女真族内的对手兵败投辽，辽不肯把他交给阿骨打而已。天庆四年，阿骨打主动出击，攻打离完颜部非常近的宁江州（今吉林松原市北），这是辽管束生女真的重要基地之一。此战女真兵仅两千余，辽军来不及会合，数目大约也相当。但女真一方是主动出击，有备而来，一战而胜，尽屠宁江州军民。

两月之后，在松花江畔出河店（今吉林前郭县西北），进行第二次关键战役。据说，契丹一直认为女真人很勇悍，"女真满万则不可敌"。这次，阿骨打已有万余兵力，其精锐是"甲兵"三千七百人，而面对的是十万辽军。但女真军行动迅速，在辽军还未完成布防时，于凌晨渡江偷袭，击溃辽军。此后一年，女真军四处攻城夺地，获取了辽东京道北部的大片地区。

辽天祚帝终于不再把完颜部当成是癣疥之疾。天庆五年十二月，天祚帝亲征。阿骨打以两万兵力，与号称七十万的辽军会于黄龙府附近的护步答冈（在今吉林省中部）。在这次决定性战役中，女真完全不顾来自侧翼的攻势，集中全力冲击契丹皇帝所在的中军，天祚溃逃，全军崩散。此役之后，辽政权土崩瓦解，内部各种势力竞相割据。辽的劣势，再未能反转过来。

宋徽宗一直关心着开疆辟土的事业，他对辽的局势非常清楚。早在徽宗政和元年（1111），辽天祚帝表示，对童贯非常感兴趣，想看看能带兵打败西夏的宦官是什么样子，徽宗即派童贯作为使节赴辽，"因使觇国"——探视辽国的情况，看看有无可乘之隙。当时，就有心向大宋的辽国汉人，向童贯预言辽的危机。此后，徽宗又由辽境来投奔的汉人不断了解到辽国危机的扩大。邻国的窘境，令徽宗生出殷切的期望。他再自信，也不至于不明白，己方的军力，在寻常状态下是很难胜过辽的。但他已经获悉，现在辽处于不寻常的状态。这岂非天赐良机，令大宋能够恢复汉唐疆域？

北宋政和七年（1117），即金天辅元年，宋主动派使者往辽东联络女真，商议两国共同灭辽而瓜分其地——宋希望获得幽、云之汉地汉人。但不过是确定了如此宗旨而已，至于怎么操作，并无定策，希望观察一下形势发展而定。金也希望有盟友助其分担军事压力，在军事合作上，双方一拍即合。但徽宗始终狐疑不决：辽金是否会议和、共存？金是否有能力灭辽？而影响和谈进展的最重要问题，是哪些地方在宋方所谓的"五代以后所陷幽蓟等州旧汉地"的范围之内、要在和约中写定交还宋方的。涉及的"汉地"有三片：幽属一府六州（幽、蓟、檀、顺、涿、易、景，辽早已升幽州为南京析津府）、云属一府八州（云、武、应、朔、蔚、奉圣、归化、儒、妫，云州也已升为西京大同府）、平属三州（平、营、滦）。宋方坚持认为，三片都是五代失于辽者，都应属宋，而金方对"幽蓟等旧汉地"却有不同理解，认为幽、云两片属宋不成问题，但平州自成一路，虽同在五代时入辽，但却是辽自行攻取，

走舸（选自宋代
《武经总要》）。
古代的战船。

并非由后晋石敬瑭割出，并且平州境内的榆关，金要留给自己。双方为这一片土地的归属，争执不下。

使人来往之间，形势迅速变化。徽宗终于看清楚，辽金不会议和，且金终能灭辽。但此时，金在辽的北方地区稳步推进，已得上京、东京道，在谈判席上的态度也愈益强硬。形势对宋日益不利：若再迟疑不决，待金军攻克辽南境的汉地，宋再想取回，更不容易。徽宗终于做出退让，在宣和二年（1120）初步达成意向：金军去攻打云州，宋发兵攻取幽州，若幽州之役顺利，便西向合攻云州。至于平州，先行搁置。

至此，宋金之间达成了共识：灭辽、分地，宋将以前给辽的岁币，转交与金。虽然如何分地，尚不算有明确的协议，但总算是订立了盟约。在双方联络的过程中，由于需要绕过辽残存势力盘踞地区，使者都经山东半岛和辽东半岛之间的海路往返，故盟约被称为"海上之盟"。

北伐幽云

欲"取回"幽州，终须发兵径直攻打，徽宗知道这个道理，很早就做了充分准备。他对本国军队的战斗力，也有大致了解。由于河北一带驻扎的部队长年未从事战争，根本无法承担北伐的重任，而陕西的部队则在长期的宋夏战争中得到历练，已成精锐之师，他便让两者换防，且召集陕西宿将汇聚京师，由他来选拔北征将帅并指点方略。突然之间，宿将和锐卒都有了其他的用处：宣和三年，方腊在两浙路起事，发展迅猛，势力即将到达长江南岸，地方部队被完全击溃。陕西部队立即由童贯率领，掉头南下，耗去一年有余以解决内部问题。宣和四年四月，载着新的殊勋，十万西军整装北行，由陕西威名最盛的大将种师道任都统制直接指挥军队，而统帅仍由纵横疆场多年的童贯担任，以蔡京之子蔡攸佐之。同时，宋方的使臣也络绎派往燕京，试图说服对方拜降。

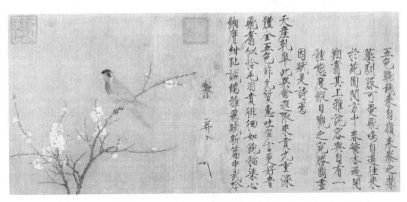

北宋赵佶自题《五色鹦鹉图》

辽镇守幽州的"皇叔"耶律淳，已于当年称帝，幽州所属之地孤立于辽境其他地区，且兵力极为有限，不过数万之众。童贯确信，北面有女真进逼，幽州又是汉地，十万宋军一到边界，只消打出旗号，排开阵势来恐吓，契丹"怀德畏威"，即刻就会望风投拜。所以他宣称"奉圣旨，王者之师，有征无战，吊民伐罪，出于不得已而为之。如敢杀一人一骑，并从军法"。该年五月，当辽方悍将耶律大石、萧干来边界白沟迎击之时，宋军谨守帅令，不敢主动进攻，为辽军所冲，大溃而还，且被辽军追击至宋境雄州。

责任由战将承担，种师道以下，各受责罚。但此次溃败，非战之罪，徽宗相当不甘心。宋师自白沟溃回之后不逾月，耶律淳忧惧而死，幽州人心离散，宋看到了更好的机会。此次，仍以童、蔡二人总军，而换了一位陕西"名将"刘延庆为都统制。当年八月，童贯等复领十万之众北伐。

耶律淳之死，在燕京政权引发了一阵纷乱，萧干、耶律大石等驰往燕京商议后事，无暇在南界驻防。刘延庆畅通无阻地过了白沟，易州守将高凤、涿州守将郭药师主动迎降。此时萧干急率军来拒，刘延庆迎战遇挫，遂闭垒不出。郭药师献策，趁萧干的主力军在此对垒，可别遣一军，绕出敌后，突袭燕京。延庆遂令郭药师以其旧部"常胜军"与宋军一部

刘光世像

进袭,令其子刘光世接应。药师以五千人攻入燕京外城,但攻内城不克。萧干得讯,亲来解困,而郭药师的后援刘光世,驻兵城外二十里,逗留不进。宋军几乎被全歼于燕京外城,郭药师缒城而下,仅以身免。萧干回军至卢沟河畔,刘延庆烧营而遁,为辽军衔尾痛击,溃逃回白沟河以南。

刘延庆之溃,较之种师道之败要严重得多。种师道是在界河两边拼死抵抗,因失去主动、且战且走,尚得以保存实力。而刘延庆几乎未与辽军着力拼杀,丧胆而走,一路被辽军追袭而全无还手之力,故辎重尽失、士气尽丧。此次败北,使徽宗彻底丧失了出军收复幽云的信心,而在与金人的谈判中,陷入更加被动的境地。

徽宗做这番大事业,起初是瞒着群臣的,可是一旦要动兵,"恢复幽云"便不再成为秘密。文臣中,一片反对之声,徽宗置之不理。而投入最精锐的十万军队和无数的财力物力,收获这么大的一个尴尬,这对他的权威的打击,他是无法承受的。他没有台阶可下,非得拿到幽云——用任何方式都在所不计——才能挽回一些颜面。直接针对辽人"恩威并施",已完全失败,惟有借用外力,方能奏效。而惟一可用的外力,便是"盟友"金国。此时金军已在燕京西北不远,徽宗即刻遣使请求"夹攻"。十二月,金军至燕京城下,燕京纳款。

从金人手中讨回燕京,果然不易。他们提出种种物质要求:要三十万缗犒军费,要"借"军粮十万石,还要每年一百万缗"代税钱"——据说燕京一府六州,每年赋税高达六百万缗,金只要其中的五六分之一。宋如数允诺。但是金又据盟约,要求郭药师的常胜军应属金,因为盟约规定,宋只能得到幽云汉地汉人,而常胜军大多非幽云汉人,郭药师本人便是辽东铁州人。但常胜军已被宋倚为干城,要千方百计留住。于是宋方提议：以幽云汉人代替常胜军。金人遂尽起所占幽、蓟、檀、顺、景五州汉民北迁（涿、易二州为宋军所占）。宣和五年四月，金军终于交割了幽、蓟等州，宋人入境后发现，"所至皆空城而已，人物既寡，城橹又悉毁"。皇帝辛劳数年，使车旁午，十万大军东西南北调动，财政支出数以千万计，换回的便是数座空城。

但名义上，幽属地区毕竟是"收复"了，可使徽宗聊以自慰。早在宣和四年十月，刘延庆甫入辽境，涿、易二州迎降，捷报频传，徽宗充满渴望地为幽属、平属诸州"赐名"，改析津府为燕山府。此时幽属诸州终于收入囊中，更要大肆庆贺。遂下赦令，自赞曰："靡勤锐旅之攻，尽复连城之聚。一方黎献，初还礼义之乡；千里山河，重载版图之籍。"北征军回到京城，"大奏凯以入"——举行了盛大的入城式。贺表纷纷，向皇帝飞来。童贯、蔡攸及宰相王黼等，勤劳王事，各加封爵。仿佛真是凭着皇帝英明而收复了故土。浑不知巨大的危机已迫在眉睫。

盟邦反目

关于辽境汉地的归属，"海上之盟"只确定了幽属一府六州归宋，云、平两片，却相当含糊。阿骨打曾答应归还云属诸州，但倾向于据有平、营、滦三州。不过一切都有变数，视宋、金双方在灭辽过程中的贡献，以及各自的军力而定。根据宋方"收复"幽属诸州的表现，它缺乏提出其他要求的资格。但它又渴望按既定的目标，恢复汉唐旧疆。除用兵攻取之外，徽宗不惮于以任何方式去达成这一目标。

宣和五年是多事之秋。四月幽属诸州入宋，同时宋也在积极求取云属诸州。与宣和初相比，辽、金之间的形势已完全明朗，金已接近全面胜利，所有旧辽之地，都可以独占，又何必和一个无用的盟友纠缠不休？完颜宗翰（粘罕）等主要将领提议，云属诸州根本不必交与宋。但阿骨打信守承诺，仍同意先交予与宋接界的朔、武、蔚诸州。当年六月，即将交割之时，阿骨打殂于军前，交割过程中断。

　　但当地汉人归宋之心却不可遏制，乘金人忙于皇位的继承问题，朔、武、应、蔚诸州土豪，纷纷起兵，争叛金人，纳土归宋。宋既招诱于前，又接纳于后，甚至派军驻守朔州。这些有悖于盟邦之间道义的事，是另一位领军的宦官谭稹在主持，显然可以看作是直接出自徽宗的授意。在他看来，本就说好要还给宋的，相当于预支了，造成既成事实，盟邦大约也就不得已承认了。

　　对于希望更为渺茫的平属诸州，徽宗也开始暗中动手。这个多事之秋的另一意外事件，就是平州张觉叛金。

　　耶律淳称帝之后，张觉权知平州，宋宣和五年正月，迫于金人兵势而纳款。金升平州为南京，仍以张觉据守。但他心怀顾望，徘徊于效忠天祚、割据自立之间。五月，金遣旧辽大臣左企弓等，监送幽州汉民北迁，道出平州。张觉数企弓等罪而杀之，复送汉民南返。六月，张觉向宋称臣，徽宗欣然接受，加官颁赐，许其世袭，且亲书御札，加以慰勉。

　　这些汉民，属金所有，宋方接纳了他们，此为"纳亡"。张觉名义上是金的臣子，叛金之后，宋复招诱、接纳，此为"纳叛"。若说接纳朔、武等州是违约行为，那么接纳平州，简直是刻意的敌对行为。平州的行动，徽宗将消息控制在以其本人、宰相王黼、宦官童贯、知燕山府（即旧幽州）王安中为轴心的有限范围之内，"往返缔密，外廷罕知其详"。这个小圈子中，也有人向他指出，如此行事，会惹来金国的攻击，为患无穷。徽宗为之大怒，他"高瞻远瞩"地认为，金人立国必不能长久，故而自己可以为所欲为。他的刚愎，使他贫乏的治国能力和外交知识无法从外界获得必要的补充。形势迅速朝着与他的预期相反的方向发展。

张觉叛金之初，也是因为阿骨打之殂，金军暂时无暇正式应对。当阿骨打之弟吴乞买（完颜晟）继立，金政权完成了平稳过渡，重要将领迅速回到前线。当年七月，完颜宗望（斡离不）即刻南下，自广宁府进发，乘张觉出城迎接宋使之时，突施偷袭，围攻平州。张觉来不及回城，南奔燕山府。宋颁给他的诏敕及徽宗手迹皆为金军所得。八月，平州城破，金人向宋索要张觉。推诿一番之后，王安中诛张觉于军中，函其首送金人。

此时，完颜宗翰已回到大同府，忙于追捕出没于西京路的辽天祚帝。宣和六年七月，金军在大同府西北击溃天祚的最后一支援军——鞑靼兵三万人，天祚逃入阴山，其重振颓势已不可能。八月，金军立即发兵取回应、蔚二州。同平州发生的事一样，宋仍采取坐视的态度。但是，这还是不能让金人罢休。

十一月，宋使马扩自大同回到太原，告诉童贯，金人正全面动员，近期之内将南侵。童贯不以为意。宣和七年正月，金军终于擒获天祚帝，童贯上《贺耶律氏灭亡表》，称颂徽宗的功业。而金人的战争准备却是愈益加紧，河东、河北路不断发来警报，发现金军正在各处点集军马。终于，连童贯也感觉到危险正在逼近，再遣马扩使金，询问交割应、蔚二州之事——明知此事已不可能，真正的意图是"探赜粘罕有无南侵意"。马扩自西面带回肯定的答案。而他再次回到太原之前,金军已由东面入侵。

第一次围城和城下之盟

宣和七年十一月十九日,完颜宗望率东路金军,自平州侵入宋燕山府路。十二月十日,郭药师以燕山府降金。十二月三日,完颜宗翰的西路金军,也攻陷宋朔、武州,即刻进入宋河东路,当月十八日围太原。及时从太原逃回的童贯,于十六日回到开封,受此惊吓的徽宗,召集各地军队至开封"勤王",并于四天后以皇太子为开封牧,想将京城防务交与儿子,自己逃到江淮一带去。十二月二十三日,给事中吴敏、太常少卿李纲坚持要徽宗传位给太子,才可逃离。徽宗此时已坠入自卑的谷地,又急欲逃离险地,不敢违戾,当即写了退位诏书。十天之后,声名狼藉的新任太上皇帝南逃。

新即位的钦宗,立即更新人事,将徽宗的宠臣或诛或流,起用新人,加固城防,力图凝聚人心,提升皇室的威望。但金军未给对方复苏的时间。东路完颜宗望军在谙熟宋境形势的郭药师的引导下,势如破竹,于靖康元年(1126)正月初二攻占浚州(今河南浚县),渡过黄河。钦宗也两度欲逃亡,为李纲等所阻,遂专心经营防御,以李纲为东京留守、"御营京城四壁守御使",负责开封城防。同时遣使往金军求和。

正月初七,金军抵开封城下,立即开始四面攻城。然而开封坚城并非辽境诸京可比,数万军民协力防拒之下,金军一时未能得逞。数日之后,便时攻时止。而在战事紧张进行的同时,缺乏坚守信心的钦宗急欲求和，对于宋的命运来说，使节往返似乎更有决定意义。从正月二十日开始，诸地勤王部队——主要是种师道的陕西军队——络绎到来，"号二十万"，人心稍定，但和谈仍然紧张地进行着。

使者带回的和谈条件，可说是史无前例地苛刻：犒师之物，金五百万两，银五千万两，绢一千万匹，马、驼、骡、驴之属各以万计；尊金主为伯父；南逃的燕云之人全部"归还"金；割太原、中山、河间三镇之地；又以亲王、宰相为人质。

但凡是宋能够做到的，都竭力去实现：绢如数交付；金银数严重不足，在开封全城尽力搜括之后，得金三十余万两，银一千二百余万两；遣宰相张邦昌与徽宗第九子康王赵构至金军为质。其他诸条也基本接受，包括割地之事，情急之下，也一一应允了。

当然，所有这一切，都不是一口应承下来，而是在多个回合的磋商中逐渐确定下来。这个过程中，形势急剧变化着，尤其是勤王大军既然已大批赶到，金军也暂停围攻，那么宋方何必急着达成协议？除了宋方缺乏抵抗意志是一个根本原因，现实的危机也仍然是存在的。围攻仅十日之后，开封城内已是粮食紧缺，物价高涨。承平日久，军民难以长期忍受这种艰苦的日子，愈往后，发生内变的可能性越大。再则，号称二十余万的勤王部队，实际上不过数万人，虚张声势而已。当时师道说："吾兵少，若迟回不进，形见情露，只取辱焉。今鼓行而前，彼安能测我虚实？都人知吾来，士气自振，何忧贼哉！"而他们的战斗力，也很难信任。城下之盟商谈中，驻于城外的陕西将领姚平仲以万人袭金营，尚至败逃，若驱之野战，更不堪任使。也正是袭营事件，导致宋最后下决心同意割地。

金人尚不至如宋人那样惧战，不过也觉得形势莫测。对方的军队从各地汇聚过来，声势渐大，长期顿于坚城之下，实非良策。而东路金军得郭药师之助，进展过快，起兵后月余就到了开封，西路金军却在太原城下停滞不前，会攻开封的计划受挫。权衡利弊，完颜宗望认为，不妨出个难题去消磨宋人的斗志。若宋人竟然愿意接受，为此凋残国力，这仍是个对金有利的结果。所以待宋人实现或应允了其他条件，宗望暂缓催逼开封再也无法搜括到的犒军金、银，渡河北归了。

金人一走，满朝上下，皆以为危机已过，"太上皇"亦欣然返京。防务松懈下来。钦宗未接受种师道的提议，而是让勤王大军各回旧驻地。种师道又建议乘金军渡河时，半济而击之，又被钦宗否决。但钦宗并不能坚决地履行城下之盟。金军撤离三日之后，群臣便纷纷上言，要求毁约。理由是，割出三镇，河北、河东各失其半，要害尽失，以后国境的守御就极其被动。钦宗当然也不想在即位之初弃地千里，众说纷纭之下，失了方寸。此前已派出使者至三镇，令其交割与

井陉柿庄金墓中的壁画《捣练图》，具有浓厚的生活气息。

张氏壁画墓中的《散乐图》(宣化下八里辽代墓室)。其人物形象及服饰有汉人也有契丹人,反映出明显的契丹、汉族两种习俗并存交融的特色。

金人,一月之后,复遣使往谕,令各自坚守。

　　但是,坚守是要有条件的,违约,当然也有进一步的风险,宋廷显然对于这一点没有清晰的认识。那些要求背约的朝士,对于割出三镇的后果都言之成理。钦宗不愿割出"祖传"的土地、三镇军民不愿舍弃大宋而成金朝顺民,其心亦可嘉。但他们似乎都从来不考虑,已达成的协议随手推翻,这在当时的宋金关系中,是多么严重的行为。据围城期间往还两军、助成城下之盟的郑望之回忆,起初种师道坚持不可应允割三镇、城下不可仓猝求战,应待其弟种师中率秦凤路二万人赶至,形势改善,金人愈不敢战,待其撤围过河,尾袭之,可期必胜,但李纲却绕过种师道,支使争功心切的姚平仲袭营,致败军覆师,人心惶惶。郑望之本人自金营使归，也再三奉劝不可割三镇，皇帝却定议要割弃。而割弃之后又决意反悔，致使形势大坏。

接下来可能发生的事，不难猜想。钦宗下诏，令三镇坚守，但西路五六万金军此时正在围攻太原，无法想象没有外援，太原可以坚守到金军气沮而退。朝廷既有此命，则朝廷便有责任遣兵赴援。朝廷遣姚古、种师中两军共十五万，先后由河北入河东，分别溃于太原府东南面。而种师道病危，其余将领，皆无统帅之才。没有名将，名相却是有的，李纲既已在正月的围城之役中表现了才能，皇帝再次把希望寄托在他身上，仍以副宰相身份，率军北上。然而此事却是周折甚多，问题在于李纲本身。五月十九日钦宗召见李纲，谕以援太原之事，纲以书生不知兵力辞。钦宗不理，迳自颁出敕令。李纲在四日之间上章十余，说明不愿担当的各种理由。直至有人提醒他，小心皇帝反目，才"惶恐受命"，一拖再拖，六月二十七日终于不得已起行，过了黄河，便在岸边休整，累累上书，建议皇帝在黄河以南修城池，又欲大造兵车。多次催促无效，九月十三日，当李纲仍率军停留在千里之外的怀州时，太原苦守近九个月，终于陷落。东、西两路金军随即再次南下。

北宋灭亡

太原沦陷之时，北宋灭亡的命运便很难避免了——假如金军没有重大失误的话。原因有三：宋中枢的抵抗意志完全崩溃，一州一县的分散抵抗不可能扭转局势；太原已失，河北诸州基本上也不可能抵抗东路金军的进攻，开封北面失去坚实屏障；救太原的过程中，宋的兵力已大量消耗，种师中、姚古的陕西部队溃散，真定府守将刘韐率河北兵数万西进，也同样被击溃，加上其他多支援军及河东本地军队，损失不下三十万。而要将陕西剩余军队都集结起来，时间也来不及。

比起上次围城之前，此时的形势要恶劣得多。宋军甚至在人数上也没有优势了。金军两路统帅小心翼翼地协同步调，部分宋境重镇，甚至过而不攻——若在开封城下诱宋军来援，以金人擅长的野战解决问题，比起围攻坚城岂非省力得多？十一月三十日，两军终于同时到达开封城下。

时"勤王兵不至，城中兵可用者惟卫士三万"，开封军民倾力血战，以御十万金军。但困守孤城的结果是没有悬念的。金军尽克周边诸城，以十余年来习得的各种攻城方式施于开封，而宋军技穷，乃以"神人"郭京的"六甲神兵"出城应战，为金人掩击溃回，金军遂尾随而入。苦守二十五日之后，开封外城沦陷。

钦宗最后一次表现他的所谓勇气，亲自来到金军营地请和。金人扣留了钦宗，又胁"太上皇"及"太上皇后诸王王妃公主驸马都尉等出宫"至营地。此时请和当然已无可能，亡国之势已成。金军统帅不顾百官万民"存立赵氏"之请求，要求众人另举异姓为帝。众人遂推举前宰相张邦昌，劝邦昌暂时"接受"帝位，以安金人之心，俟其退军，另作他谋。三月，金人立张邦昌为"楚"帝，同月，搜罗府库所余财物、皇家各种礼器，劫持两任宋帝及在开封的所有宗室、宫人、内侍、工匠，部分官吏，尽皆北迁，意图令赵氏无法复国。

一位轻佻的君主，在百年难遇的变局面前，将国家步步导向灭亡，这给后人以极恶劣的印象。从宋、金结盟，议共同灭辽而分其地，到金攻陷开封、灭北宋。其中的每一步，宋人似乎都犯了错。整个过程，当然被看作是一个彻头彻尾的错误。亡国前夕，即有人公开批评徽宗的政策，南宋时更有人在朝堂之上提出，从一开始，想要回幽云之地，就是一个极大的失误。若非我们主动想得到土地，也就不至于在攻燕时泄露虚实，也不至于因为平州而背约，更不至于再次撕毁城下之盟而拒不割河北三镇，最后就不至于南渡了。但是，我们若是把海上之盟，当作宋人在周世宗、宋太宗、宋真宗三朝四次北伐的延续，当作澶渊之盟一百多年以后，大一统情结的反弹，那么徽宗的动机，未必应受谴责。在这一百多年的和平时期中，宋在军事上明显是处于弱势的，一个重要原因，就是在地理形势上，处于河北平原的边境不适于防御，辽人就曾尖锐地指出，白沟这道防线，一苇可渡。故而，若有更往北的幽云形胜之地作为边疆，那么不管北方是辽是金还是别的什么政权，宋的防御就有利得多。而宋对于平、营、滦三州的执着，其实是出于同一原因，即获得平州境内的榆关，东北境即能构成完整的防线。金灭辽的大变局可遇不可求，借此以重构防御体系，符合宋政权的利益。

只能说，唯一可以确定的错误就是兵力如此之弱而不自省，神宗以来对于革新成果的高估，不仅在此后成为一种惯例，且在徽宗朝臻于极致，更在此基础上豪掷兵财、轻开战端，完全失去了仁宗朝以前与国家的实力相匹配的理性。等到发现自己缺乏实力后盾之时，超迈祖宗、成就伟业的幻想，令徽宗无法在挫折面前止住步伐，希望靠"谋略"——实际上是取巧——来实现战略意图。不过，缺乏武力的支持，谋略同样行不通。更不幸的是，这些"谋略"是建立在违约行为之上。军事失败所体现的无能，违背盟约所体现的无信,令金人对徽宗的态度急剧转变。如金初势力最大的将领完颜宗翰,原先对"赵皇"颇怀敬意,对宋的国力不乏畏惮,认为宋既立国百余年,必有强大国力保障方可。不过两国交往数年,深悉宋的真实情形之后,粘罕变成了对宋最强硬者。而钦宗和他的大臣们在签订城下之盟后,立即毁诺,更使宋金关系走向绝路。那些声称自己是为国家和祖宗着想的朝士们,并没有考虑到,本国有没有能力偿付违约的成本。在这一点上,他们与徽宗没有区别。若宋方不是数度毁约,金是否不会兴师灭宋?宋之富庶与无力,必会引起金之觊觎,然而金人未必会直接进行攻击,更不致灭之而后快。证据何在?在于金先后立伪楚、伪齐政权,而并未立即将所得宋地直接并入本国疆域。直至十年之后,对本国的疆域有了新的构想,才再度兴兵攻取了淮河以北。可以说,"靖康之耻"的发生,主要是由于徽宗于政治道德、政治智慧的双重缺失所致,也是北宋后期六十年的革新事业日益畸形的结果。

06

中兴：高宗朝

金军的一时疏忽，使其断绝赵氏统治的企图未能实现，宋高宗赵构（1107年生，1127—1162年在位，1187年卒）在南方重新立国，使宋又存在逾一个半世纪。南宋之于北宋，是亡国之后的重建也好，是破落之后的复兴也好，要之，赵氏的统治余脉绵绵，文官政治得以延续，而与北方政权的关系，也同样是始终未能处于主动的状态。但也有形成强烈对比之处。澶渊之盟以前，尽管宋辽关系并不稳定，但宋之军力，亦足以保证自身安全，此后更是进入百年和平时期，各自尽力于内政，边事或有危机，通常也能以非战争手段度过。南宋却再也没有如此优裕的处境。高宗仍将内政的巩固视为首要事务，但以谦卑的姿态换来的和平，在他的时代两次被证明是不可靠的，故南宋总是处于这样的状态中：备战，战争，战争结束略得喘息，而后又是备战。它总是绷紧着，全无北宋中期的舒缓。它的朝政，也往往随着对外关系而波动。它的财政，总因备战和战争而拮据。不过，重建政权之初尽力向北宋中期的体制回归，还是为南宋一百多年内部的相对稳定奠定了基石。

逃亡

赵构虽生于帝王家,但按常理来说,他与皇位的距离很远。一般情况下,他就是过宋代皇帝亲属那种封王爵、领厚禄、无实权,却能安然享一世清福的生活。徽宗三十一个儿子,他排行第九,生母韦氏本是宫女,母以子贵,因他的出生才得以逐渐升迁。以嫡以长论,皇位都轮不到他。并且,他显然不得宠。靖康元年正月第一次开封围城中,他被派往金营做人质。据记载,二十岁的康王自己"慷慨请行"。有人认为,是钦宗和宰执们共同找了一个不受重视的成年皇子入虎口。当他正在金人营地时,姚平仲来袭营,他过了惊魂一夜。这让金人相信,康王是无足轻重的,于是要求换一位亲王为质。他相当幸运,算是做了一件大事,但安然回来了,只有一个不良后果,就是深入敌营,见识了金兵的强悍,这在他的一生中留下不可磨灭的印象。

或者更幸运的是,同年十月第二次围城前夕,他被推荐赴燕京商谈割地之事。一路向东北,到了磁州(今河北磁县),守臣宗泽阻止他继续北行。此时是十一月,金人已渡河围汴京。第二趟充当人质,没有完成整个行程,这真是当时的情形下,宋的皇子

宋高宗赵构像

们可能有的最好的命运了。既未在汴京等着金人决定他的命运，又没有早日到达金营，送自己入虎口。自此，他连续几年的逃亡生活开始了。

他从磁州逃到更南面的相州（今河南安阳）。十二月，围城内的皇帝册封他为河北兵马大元帅，希望他领军勤王。但是刚刚集聚在他周围的一万人，不过是乌合之众，要直接到开封城外跟金人对垒，无异于螳臂挡车。他继续运动，从相州到了大名府（今河北大名县），既像行军包抄，又像寻找敌人开战的巡行，但实际上是在保存实力。行进途中的溃军和地方部队越来越多地聚集到他身边来。靖康二年二月，他由东平府（今山东东平县）到了济州（今山东巨野县），是时"帅府官军及群盗来归者，号百万人"。又经单州跑到应天府（今河南商丘），暂时安顿下来。

三月，金人在开封，扶持张邦昌为伪楚皇帝。但邦昌没有丝毫野心，待金人四月退师完毕，他先是抬出了哲宗的废后孟氏，算是组成了赵氏的"看守"政府，并即刻与孟氏一同，向赵构转让帝位。赵构的家人全体随金军北行，他这位"赵氏孤儿"，成了皇位的唯一合法继承人，孟氏的授权，更巩固了他的正统地位。

靖康二年五月一日，开封城的使者到应天以后不久，赵构称帝，改元建炎。按他的出身来看本无可能发生的事，居然成真。可是这个皇帝绝不易为。他作为徽宗诸子中最普通的一个，未尝"练政"，而面对的却是一个失控的国家。陕西、河东、河北的部队，在金人的攻掠战中被各个击破或者因赴援、勤王的关系，在太原和开封附近被大量歼灭。南方向来兵力极少，但现在却遍地土匪流寇，宋之境内，竟无乐土。一个完全散乱了的国家，要重新扶起来，需要过人的耐心和精力。但当前最要紧的,还是先逃出正致力于攻占河北、河东的金人的攻击范围。

完颜宗翰听说金国册封的大楚皇帝居然将皇位"私自"交还赵氏,立即筹划再次南下,准备将赵构这个正统人物一举解决。八月,金人闻风而来,东边,河北州府迅速沦陷,西边,女真军又从河阳渡河,直逼开封,离应天也不远了。高宗皇帝于十月"登舟幸淮甸",一路逃到扬州。他早就派宗泽去经营开封,又布置了一条沿淮防线,但对于河东、河北各地的沦陷,他却无力阻止。这注定了他无法在扬州城过上长久的安定生活。建炎三年正月,金军终于进入淮南,二月初一,沿淮阻击金军的刘光世部自溃,金军奔袭扬州。高宗皇帝纵马直奔镇江。同一天,金人便追到了江边。如果他的行程慢几个时辰的话,就被截断退路。这应当算是他一生中最危险的时刻。

当然危机并未过去。第二天,高宗皇帝部署好江防,当晚向杭州进发,九天后到达,这是他第一次长途逃亡的终点。他立即下诏罪

南宋李公麟《迎銮图》(局部)。宋高宗时,大臣曹勋奉旨到金朝迎接客死他乡的宋徽宗及其郑皇后的灵柩以及高宗生母韦太后南归。画面气氛肃穆。

己，这象征着前一个阶段的结束，新时期的开始。金人没有渡江，焚扬州后即北归，为开创新局面提供了条件。他罢免旧相，起用新人，宣布要到建康准备恢复大计。不想，他在杭州过了没半个月的安稳日子，百废待举，却发生了对他影响至深的一件大事，即苗刘兵变。他的御前部队的将军苗傅和刘正彦，把他关起来，让他三岁的儿子登基。当时高宗的形势非常危险，如果政变者稳定了局势，他

宋哲宗赵煦孟皇后像

很可能被马上除掉。所幸政变者几乎没有找到真正的支持者，宰相朱胜非以三寸不烂之舌，稳住了叛乱者，而守御平江府（今江苏苏州市）的张浚在外集结了韩世忠、张俊、刘光世三个武将勤王，高宗经历了整整一个月的日夕忧惧，终于得以复辟，可是他此后对武将的不信任，大约是从此播下了苗头。

仅仅隔了半个月，高宗勉力北上，从事恢复大业。五月底到建康驻跸，开始布置两淮防务。稍后，又发布了一道罪己诏，这是对二月份那道罪己诏的再次强调。在这个时候、这个地方再次下诏罪己，当然是希望在此关键时刻，能振奋天下人心。可是实力不会马上提升，当时的军队仍是如此脆弱，皇帝对这一形势的判断，比绝大部分臣僚更准确。从七月开始，他继续安排逃亡大计，先安排孟太后及祖宗神主南行，布置好江防之后，孟太后也已到了洪州，高宗自己开始撤退。

等他好整以暇从杭州再跑到越州，女真攻占了寿春和黄州。像上次一样，当西路的女真渡江时，刘光世仍然未发一矢而遁，女真紧紧跟在孟太后脚后，迫使后者一路逃到赣南。留守建康的杜充也没能挡住东路兀术的攻势。高宗被迫加快步伐，于十一月底建康失陷的第二天，赶往明州。十二月十五日，兀术破临安府，同日高宗上船奔定海（今浙江宁波市镇海区），再赴昌国（今浙江舟山市）。除夕，金军前锋至明州，为张俊击退。三天后，即建炎四年正月二日，再次击退金人。初七，金人再至，张俊引军逃遁。金人占领明州，再由陆路攻陷定海，以舟师追击高宗于海上，为宋水师击退。高宗成为史上唯一目睹一场大海战而还能幸存的皇帝。二月十七日，海船驶入温州港。至此，敌骑一路北归，一路烧杀，而高宗也渐次北归，四十个月的逃亡到了终点，开始了他皇帝生涯的下一个阶段。

防线的重建与政权的重建

能在逃亡途中学习治国，这是最体现高宗能力之处，但又不易为人所见。当他从河北南下之时，南方乱事渐起。北上勤王被解散遣回的士兵、被金人和官军骚扰的平民、各种不逞之辈，崭露头角，随着统治秩序不断瓦解，土匪、流寇、溃兵布满各地，高宗愈往南，愈发现南方之混乱，淮浙、荆湖、福建，无能例外，孟太后到赣南，一度受到卫兵和当地民众的威胁。受到两面煎迫的高宗，必须先解决南方的问题。故而南渡之初的精兵良将，韩世忠、岳飞、张俊、刘光世部，大量的时间和精力消耗于平乱。如岳飞部，在绍兴五年（1135）以前，主要在江西、荆襄一带与孔彦舟、李成等部作战，抽空则南下平定洞庭湖杨么。韩世忠除了扫平江淮之外，还要到福建平定范汝为之变。也恰是在平乱过程中，官军的实力得以持续增长："盗贼"中的精壮，被编入军队，这些由大时代筛选出来的民间的亡命之徒，于是变成了优秀士兵；而官兵也在反复的平叛过程中，得到实战经验。至绍兴五年，数以百计的乱事基本平息，高宗获得了一个安定的后方，政权的重建始在内部基本达成。

内乱和外难并非界限分明。接近中部的叛乱者，至无力抵敌之时，往往便投靠外敌。如李成，便从江西被赶到淮西荆鄂，而后窜至北方，成了伪齐的将领。孔彦舟亦由荆湖北路外逃。所以宋控制区域内的平叛过程，也就是宋、齐政权实力共同增长的过程，并且双方之间的实际控制线也日益清晰，俨然敌国。

金于建炎四年九月扶立伪齐。从第二次南侵以后，金军一直努力地逐城而战，直至此时，终于大致占领了河东、河北、山东、河南。建炎元年高宗"南巡"时，将开封托与宗泽，聚拢残兵义勇数十万，一度在金人的包围中兀然蠢立，然而宗泽卒后，历任东京留守乏统御之才，这个孤城终于也无法撑持，于建炎四年二月降金。金军仍不欲直接统治汉地，而以宋之降臣刘豫为傀儡皇帝，定都大名（后迁开封）。伪齐被赋予灭宋的重责，在其境内及南部边界，它是作战的主力。也

宋刘松年《中兴四将图》，绘刘光世、韩世忠、张俊、岳飞四将全身立像。

正因有此转变,宋的压力大有减缓,得有余裕巩固沿淮边界,并且,还能时时转向内地,平定叛乱。

不过,金军在立伪齐之初,未以主力协同灭宋,实是另有重要发展方向。

自北宋宣和末征幽云、起师勤王及救太原,陕西的兵力,有很大一部分被调出且再未回归,其精锐部队的损失是相当严重的,但仍存有二十万兵员,这对河南的金军是个重大威胁。在南宋建炎二年,金将娄宿已曾侵入陕西,攻占其东面永兴军路、鄜延路部分地区,但在宋方反击下,得失无常,处于僵持状态。到建炎四年,陕西宋军所施加的压力却突然增强。因为,宋终于有余裕关注到陕西,派了重要人物来策划反击。

西来的,是锋芒毕露的张浚。建炎三年平定苗刘兵变后,他立即以枢密使兼川陕宣抚处置使的身份,以陕西、四川、荆湖、京西等路为腹地,经营收复大业。他的到来,立即改变了"诸帅方互结仇怨,不肯相援,人心惶惶"的内部危机。他本与高宗约定,用三年时间,在西面整顿军事,而后大发兵以图恢复。但他旋即发现,三年之约无法实现。建炎三年他西行以后不久,金军在东南的行动就迫使高宗有"海上之行"。虽然高宗自海上生还,而金军也退回北方,但却集结在沿淮一带不走,次年再次南下的可能性极大。治兵才半年,张浚决定,在陕西主动挑起战事。高宗也急切盼望他以西部的攻势来纾缓东部的压力。

张浚力排众议,甚至罢免了拒战的都统制(陕西五路军总指挥)曲端,以前所未有的迫人气势,将一封战书送到金军主将完颜宗翰处,要求约期会战。此举令金方甚为惊惧。若宋军决心发动反击,以

金代观音菩萨造像

娄宿的数万兵力，难以抵敌。完颜宗翰令淮河北岸驻扎的完颜宗弼（兀术）日夜疾驰，至陕西与娄宿会师。若两军相合，可能有十万之众，但娄宿此时尚留守陕西北端的绥德军。而宋军则已全部集结到耀州富平县，张浚本人留在西面的邠州。诸将提出先北上击溃娄宿。但张浚宁可约期会战，以优势兵力，一次性给金军以重大打击。九月，张浚集结永兴军、秦凤、泾原、环庆、熙河五路大军，与金军会战于耀州富平县（今陕西富平县）。当日，诸州乡民络绎不绝，运粮到军，即每州县自为小寨，与军营相连。女真先冲击乡民小寨，乡民惊溃，女真乘势冲击泾原军，泾原路经略使刘锜身先士卒，"自辰至未，胜负未分"，这时，转折点出现了，金军分兵冲击环庆军，环庆路经略使赵哲擅离所部，将士惊溃，从而引发全军溃退。

大军退到邠州，极其失望的张浚会集诸将，追究失利的责任，并当场诛杀赵哲。眼见颓势已成，张浚令各路军队分守要害，恢复了他

釉陶五角花冠频伽 (西夏, 银川西夏陵区管理处藏)

西行之前陕西军各自为战的旧貌。在金军的强大攻势下，环庆将慕洧及泾原将张中彦、赵彬等相继叛降金军，引金军夹攻刘锜，刘锜被迫退保德顺军 (今宁夏隆德县)。金人西进，十一月底，张浚退保四川兴州，永兴军路经略使吴玠退保凤翔府西大散关东和尚原，已暂时放弃进取陕西的准备，要力守汉中。十二月，熙河路沦陷。绍兴元年三月，金人迫兴州，张浚又退保阆州，这已在剑门之后，汉中也不保了。直至五月，吴玠以残兵于和尚原首次挡住金人攻势，至此，局势才稳定下来，而宋在陕西，也只剩下"阶成岷凤洮五郡、凤翔之和尚原、陇州之方山原"。八月，张浚杀曲端于阆州狱。

富平之败在朝廷引起了极大反应，众口嚣嚣，指责张浚不知兵法，又处事不当，不当战而求战，擅杀曲端、斩赵哲，致诸将离心，尽失陕西之地。然而，南宋的史家大多以为，诛杀大将与诸将离心没什么关系。赵哲因一次战败而被诛，放到宋代的传统中，是过于严厉了，但赵哲本由张浚一手提拔，因失职被诛，正说明张浚赏罚不由私心。至于杀曲端，与战败没有关系，曲端自来无视朝命，畏金如虎，而为培植本身势力不惮于扣押上级、举兵攻击抗金的同僚。杀曲端不过是为西边的形势排除一个不安定因素。元、明人至以张浚杀曲端拟为秦桧杀岳飞，是不明当时形势所致。但是，对于张浚的战略却无法恭维。他与金军约期会战，而后将所有希望押在富平一战，在兀朮至陕西之前，置娄宿孤军于不顾，由是无限提高了宋军在会战中的风险。

面对潮水般的弹章，高宗不改初衷，继续表示对张浚的支持。因为高宗不但知道他在四川所为主旨是正确的，也知道富平一战，对于东南形势有多大的影响。自兀朮军开赴陕西，忙于进攻陕西（而后是四川），也给予宋方以充足的时间来布置两淮防线。宋虽然失去了作为反攻基地的陕西，但却保住了作为政权根本的东南，其中功过，实不可轻易论定。

西面战事之所以能保护东南，当然不能仅依靠富平之战这一类败局所起到的牵制作用，更重要的是一系列的军事胜利，以消耗敌方军力、打击其斗志。而西面的这些成就，与张浚的经营有直接关系，可视作富平之战的余绪，但却是以战胜来接续富平之败。绍兴元年，兀朮乘胜自陕西南进，三月至五月，金军对和尚原发动三次小规模的攻势，先后遇挫。十月，兀朮率军十余万来攻，吴玠以溃卒数千，鏖战三日，用劲弓强弩分番迭射、出奇兵绝粮道、设伏、夜袭等计，虽是以少击众，却使女真前后诸军不得休息，十损六七，兀朮大营被袭破，身中流矢，狼狈逃离。金人用兵至此，从没尝过如此艰苦的战斗，也从未遭受损失万计的惨败。

绍兴二年冬，金将撒离喝又尽锐来攻。吴玠军先败于饶风关，以清野之策使女真退返，并组织多次伏击，使金军损折万计。其激烈程度以及对金人的杀伤，不下于和尚原之役。

绍兴三年十二月，兀术、撒离喝再率十万众自北路南侵，次年二月底，与吴玠军战于兴州北境川陕要隘仙人关侧杀金平。金军于三日之中冲击二百余次，精疲力尽，准备退师，却连续两日遭袭营，金军主寨被攻破，兀术几乎当场被杀。吴玠事先遣人设伏，于金人归途一路劫杀，将金军逐回凤翔境内。此次是以三万众击破敌十万大军，还有余力设伏、追奔逐北，使女真气焰尽销，自此，再无如此大规模进袭四川之举。

东面淮东、淮西诸将，其能力与功业，远不如吴玠，合十余万人之力，与伪齐军互有攻守，不相上下。建炎四年至绍兴四年之间，正因西面牵制了金军的绝对主力，才容得东面诸军可以犯较多的错误。即如绍兴四年十月金、齐联军南侵，韩世忠于扬州大仪镇袭破金军，与和尚原、杀金平之战同被列入孝宗朝所定"中兴十三处战功"，但南宋史家称，此战不过是"败兀术游骑"。而守御中路京西、湖北的岳飞军，也得以从容击溃李成、平服杨幺，为此后几年真正与金军大举作战做好充分准备。

总之，在建炎元年至绍兴五年这段时期，内外忧患并起之时，宋军在东线无力反击金军，主要依靠西面积极的军事行动，使东南危局得以缓解，争取到时间，建立起稳固的防线。绍兴六年以后短暂的反击，即得益于此前十年东、西两面和内、外两重的苦心经营。

宋与伪齐的战争

绍兴三年之前，相互敌对的宋与伪齐，虽然战事连绵，但称不上全面战争。伪齐几乎将全部兵力，用于平定封域之内为宋而守的孤城，绍兴二年，始克西京河南府，去除了心腹之患，又攻克商州。三年，得顺昌、颍昌府及商、汝州，又会同金军，克邓、随、襄、郢、唐诸州及信阳军。不过，当时金齐联军所面对的是各支分散的力量，其中宋在襄、邓一带的主力部队，是义兵改编而成的李横部。宋的正规军，忙于构筑两淮防线，既无成规模的反击，亦未有效支援河南地区的孤军。

至绍兴四年初，双方都已做好了全面战争的准备。伪齐已占领了河南全境，试图继续南进，获取淮南之地。金已放弃了入川的企图，集中力量攻取了陕西最西面的熙河路，遂有余暇东顾。而宋方已将兵力调整完毕，前沿地区的小股部队已并入五支大军：淮东、淮西张俊、刘光世、韩世忠军，荆湖北路岳飞军，以及四川吴玠军。五月，宋军先发动攻势，岳飞军北出，由伪齐手中夺回邓、随、襄、郢、唐等州，一度向南凹陷的中部防线重又拉平。九月，金、齐联军全面进入两淮。十月初，韩世忠军重挫金军一部于大仪镇。而其东面，楚州失陷，西面，金齐联军大部攻取了光、滁、濠等州，但在庐州、寿春城下受挫。至年底，联军不耐"野无所掠"的胶着状态，逐次放弃新得的淮南诸州，退回北界。

这一年的战果不算辉煌，但至少说明，宋军的防御体系已臻成熟，西路以大散关、中路以襄阳控扼南下通道，而东路则不同，战线在江、淮之间移动，但数支大军的机动作战已能与宋方惯用的守城战结合，利用山脉、河流密布的地形，展开多路线、多层次的阻击战，敌方通常以强势渡淮始，向南推进过程中阻力不断增大，即使能深入到长江北岸，也已疲乏无力，只能废然而返。

这种态势，金军也无力打破，但又怪刘豫无能，当时交予他灭宋

开封铁塔。建于仁宗皇祐元年（1049），远看呈赤铁色，故俗称铁塔，原名开宝寺塔。

的责任，立国四年，全无实现的迹象。刘豫也体味到金的不满，金军退回不久，金太宗崩（宋绍兴五年正月），政局更新，刘豫请求立其子刘麟为太子，想试探金方是否会支持伪齐长久存在。金方提出要求：伐宋有功，则立之。刘豫明白，现在必须证明本政权存在的价值。阜昌七年（宋绍兴六年），刘豫签乡兵三十万，命刘麟亲率，以十月渡淮，分三路南侵，刘麟由中路攻寿春府（今安徽寿县），孔彦舟趋光州（今河南潢川县），刘豫侄刘猊趋定远县濠州（今安徽定远县）。但空巢而来的伪齐军，其战斗力却与宋的两淮大军相去甚远。孔彦舟围光州不能下，东路刘猊军更是大败于定远县藕塘。刘麟自将十万人攻宋寿春府不克，进犯庐州，闻刘猊之败，也率军北逃。宋军衔尾穷追，过淮而止。

此次，伪齐是尽力而为。然而，这个政权先天不足，遑论其统治的合法性和治术的合理性。政权匆匆而立，在兵制上，便无法有适当的规划，既未新建一套完整的征兵制，亦未能像宋政权一样，有成熟的募兵制，其常备军由各种来源的军队拼合而成。金军攻占陕西后，虽也旋即交予伪齐，但战斗力较强的原陕西宋军，却一直未被用于淮河前线。构成伪齐军队主力的，应是投诚的北宋河南地区的地方部队，以及被逐到淮河以北的流寇若李成、孔彦舟部。地方部队的战斗力显然无法高估，所以军事行动中，李成等人扮演了重要角色。让他们渡淮南下，与成功驱逐他们的部队去作战，难度相当高。而在此之外，便需通过"签兵"亦即临时由民间抽取壮丁充数。在这种体制之下，伪齐军队显然无法与宋军匹敌，也就难以完成金托付它的重任。

刘豫认识到，继续把金拉到与宋的战争中，既是达成灭宋目标的唯一方式，也是强化金宋对立、从而使金始终坚定支持它的最佳方法。阜昌八年，刘豫强力要求派遣金军相助，再次发动攻势。正在此时，发生了一件大事，对宋、齐双方的实力对比产生重大影响——淮西兵变。

富平败后，张浚仍在四川留了很长时间。当他认为川陕边境的形势已然安全，他终于响应数月前即已发布的召他回京的诏命，迤逦东行。绍兴四年二月，张浚抵达临安，次月，吴玠大捷于仙人关。即便如此，众口铄金之下，仍未能使张浚免于被罢职的命运。然而，高宗不改对他的眷顾，绍兴五年二月，重新召回他，命为右相兼知枢密院。绍兴六年二月，张浚赴江淮巡视，统筹前线事务，伺机组织反攻。他总结巡视所见及多年以来的经验，认为前线大军兵力分散是最大的问题，江淮三位大将互不统属，每逢用兵，相互举措乖异，配合失宜，时常影响战局。故而他强烈建议，应对江淮、京襄大军进行重组，并且，直接将矛头指向刘光世。当年九月，他陛见高宗时提到，刘光世"握兵数万，无复纪律，沉酣酒色，不恤国事，语以恢复，意气怫然，宜赐罢斥，用警将帅"。皇帝对刘光世有看法，也不是一天两天了，当然会欣然同意罢免刘光世。问题在于，他家世代为将，在军方有深厚的人脉，这支部队又是由他亲手将各方乌合之众统合起来，罢免他之后，谁有足够的威望镇服部众。张浚原先推荐岳飞、韩世忠忠勇，可谋大事。高宗本已定议将刘光世的淮西军合入岳飞军，不料枢密使秦桧"以合兵为疑"，事遂中止。张浚为难良久，最终决定由刘光世旧部王德为都统制，而另一势力更大的部将郦琼为副都统。郦琼与王德素来不和，又不甘居其下，"与其下八人列状诉御史台"。朝廷又调杨沂中、刘锜往庐州，命郦琼率所部从庐州还行在。自任命王德之后，郦琼一直心中游移，听到调防之命，觉得前途叵测，八月，率其部三四万人，并挟持淮南百姓十余万，叛投伪齐。

这顿时加重了刘豫的砝码。他即刻遣使，再求金军出师相助。但是金方已决定废黜伪齐，数万降军未能扳回其决心。郦琼北投之后仅三月，金军突然执刘豫、刘麟，废齐而置汴京行台，以统山东、河南、陕西之地。

伪齐之废，使局势突生转机，也迫使宋迅速转变对北方的策略。宋、齐对峙期间，宋赴金之使节不绝于道，此或可视作缓兵之计。而于伪齐，则一直力求保持攻势。然金废伪齐，准备充分，行动果断迅捷，接管伪齐之地，几无波澜。瞬息之间，金兵已分驻伪齐之境。故在十一月之后,宋所面对的已是金军。这也正是绍兴七年宋何以放弃进攻的行动和谋划,转而全力自守、求和之原因。而和议一度变得非常有可能成功。废伪齐次月,宋使王伦带回"金许还梓宫及皇太后,又许还河南州军"之消息。对宋来说,若有望实现靖康元年底金人提出的划河为界的状态,较之绍兴初年的情况,无疑是一大进展。

和战之间

议和还地之事,此后有条不紊地进行。绍兴八年(金天眷元年)十二月,金使来宋,同意"尽割河南、陕西故地"。次年正月开始交割。至五月,宋之官、将已完成河南、陕西各州、县的交割,或即将到达应交割地区。这一过程可与此前类似之交割历程相较。北宋末宋、金之间仅仅交割燕属一府六州,自金人入燕至交割燕京,尚历时近半年。金、宋自绍兴七年底和谈开始至九年中交割河南、陕西地,仅仅一年半,其进程并不慢。然而,恰在这段时间,金廷形势大变。主张还地与宋的完颜昌(挞懒)、完颜宗隽、完颜宗磐,于政争中败于对宋强硬的兀术。挞懒被杀,兀术主政,力主夺还所割之地。金遂于绍兴十年五月再度入侵河南、陕西。

对于金人的权诈多变,宋人已习知之。故绍兴七年底交涉还地伊始,宋廷便议论纷纷,以反对议和之意见居多。或以为金人士马物故颇多,宿将死亡略尽,故以和议来款宋师。或以为金人已无力强攻南宋,乃割予残弊之河南,使宋聚物力于河南,而后一举夺之,以此困宋,进而以为金人向"欲钓中原,前以燕蓟为大饵""今将举前策，复割中原为一大饵，以钓江南"，即诱"江南"聚兵财于残弊之河南，然后一举并"江南"下之。在"太后"、徽宗"梓宫"与河南皆得归还的重利之前，高宗仍力主和议。但是，当交割过程中金人叛盟之际，宋人并未表现得手足无措。或许群臣的警告并非全然无用，尤其是，前线的武将对于金之变诈，有充分的心理准备。西路宋师出川接管陕西之前，吴璘提出："金人反覆难信，惧有他变。今我移军陕右，蜀口空虚，敌若自南山要我陕右军，直捣蜀口，我不战自屈矣。"又称："今日分兵，当使陕、蜀相接，近兵官贺仔谍知撒离喝密谋曰：'要入蜀不难，弃陕西不顾，三五岁南兵必来主之，道路吾已熟知，一发取蜀必矣。'敌情如是，万一果然，则我当为伐谋之备。"四川宣抚司采其说，仅以极有限的兵力赴秦州交接，将主力留在阶州、成州一带，持戈以待。故而，最有可能将军力散入广大区域的四川大军，得以保存实力，倚川图秦，在此后年余做出有效的反击。而就河南的情况来看，亦可察知宋廷对于大军被诱至河南消灭的可能性极为警惕。故州、县官先出，尽早完成交割，而大军缓进，务使声气相接。过淮者，声势最盛者仅是刘锜所率八字军三万余人。至于京襄、两淮所驻岳飞、韩世忠、张俊三支大军，直至金人叛盟，未尝北进。可见，宋廷虽接受和议，但并未忘记徽宗末年得燕京而撤河北之防的严重后果，于交割之际，江淮四川仍布防甚严。金人叛盟之当月，已完成交割的河南、陕西州、县，又纷纷陷落，官吏陷敌甚众，然而在这一表像之后，宋之大军，却未尝有损。若说金廷确以河南、陕西为饵以"钓"江南，那么，这个策略全未成功。宋人受地之后，留下了退还的余地。

《金史》记载：金军出兵当月，"河南平"；次月，"陕西平"。此说实在过于张大金之军威。金军迅速"平"定的，不过是宋接管未久，未遣重兵镇守之地。至于南面近淮、近川之地，战事在五、六月间方兴未艾，远未见终止之迹象。在河南，刘锜以二万人重挫金军于顺昌城下，即在六月中旬。六月至七月间，岳飞先后克复蔡州、颍昌府、陈州、郑州，入河南府，胜于郾城。七月，宋廷诏令诸军班师，中路各军遂弃河南而归。陕西战事持续更久，六月拔扶风、克醴州，绍兴十一年正月克商州，八月复秦、虢州，九月入陇、华州，十月得陕州。惟东路宋军无大收获，再次任由金军攻入淮南，作逐城的争夺。总之，此次宋金之间的炽热战事，从绍兴十年中，延续至十一年底。

鏖战之时，宋已遣使往金探问消息。金人虽得河南，已遂一半愿望，但两军又在陕西缠战不休，金军并无明显优势。宋人既有主动求和之议，疲惫不堪的金人，也希望终结战事，而通过谈判取回"旧地"。至绍兴十一年十一月，宋使魏良臣带回兀术同意议和的讯息，同时也带来了金国使节。次年正月，双方再次缔结和议。西路宋军亦逐次由陕西退回四川。

和议确定之时，宋金实际控制线，与天会九年伪齐、宋之控制线几无区别。或许是绍兴十年至十一年之间的防御虽然成功，反攻却告失败——东线一旦渡过淮河，便被击退，西线血战累年之后，所占之地，亦被逐步夺去，中线得不到友军配合，孤军奋进，终须退还——重蹈绍兴四年至六年反攻之覆辙，终使高宗失去了收复故土之信心，以致绍兴十二年所定界线，竟较此前对抗时期长期稳定的控制线更为南退。宋长期保有的唐、邓、泗州，划入金境，又割商、秦大半，"弃和尚、方山二原，以大散关为界"。这条界线，大致维持至金末而少有变动。

和议与收兵权

绍兴十二年和议条款很苛刻，具体为：一、称臣，宋主由金册封；二、割淮北唐邓二州及陕西大部，宋陕西故地，仅存阶、成、凤、西和州，以及商、秦州之半；三、岁贡银绢二十五万两匹。令后人大惑不解：绍兴十一年宋金的实力对比既然大不同于绍兴四年，怎么提出来的条件甚至还不如绍兴四年呢？绍兴四年因宋人欲金归还河南地，而金人则要宋交出江北地，故和议不果，而绍兴八年，河南地一度竟然还给了宋，十二年和议却最终将它排除在外，宋方让步之大，简直是不可想象。

揆诸高宗所虑，大约以为绍兴八年的条件既被兀朮推翻，现在仍是兀朮当权，同样的条件，恐怕不足以达成和议，故退而求其次。但这也更能说明高宗求和之心的迫切。除了高宗声称的"梓宫"和"太后"（即迎回徽宗灵柩及亲母）之外，尚有极现实的政治目的。即收回兵权，重新建立一个文治政府。

自北宋开国，一项最根本的原则就是攘外必先安内，逐渐地，安内就成为首要的立国之本。而安内，首先是防范武将。建炎与绍兴初局势还恶劣的时候，高宗作为一个毫无准备就上台的皇帝，对于北宋诸帝的御将之术，是不那么坚守的——在内外四处用兵之时，也无法坚守。正因如此，武将得以施展手脚。但在此过程中，武将跋扈成为普遍现象，而在国内寇盗完全平定，对外局势有所好转之后，高宗就开始讲求恢复太宗对武将的防制之术了。那些中兴大将的地位越来越高，威望越来越重，公家的军队，被称为"刘家军"、"张家军"、"岳家军"而不遵朝廷节制的现象,也多了起来。比起南渡最初几年,内乱已平,外患已非致命,形势明显好转,高宗就有余暇思索问题所在及应对之策:北宋的武将何尝如此骄横?又怎会如此兵将一体?若再纵容,是启武人干政甚至篡权之渐,故必须加强控御。在建炎及绍兴初,基于兵事第一的现实,高宗对武将不得不含容,武将有过,很少施以惩罚。大概从绍兴五年开始,高宗和他的朝廷,态度开始变化。当年,更因"韩、岳统治权重,方欲置副贰,又恐启其之疑",在赵鼎的策划下,朝廷设置了淮东、淮西、湖广三总领,除供馈军需外,"专切报发御前兵马文字,盖欲阴察之"。对大将的控制忽然加强了。而绍兴六、七年间,罢刘光世兵柄,最终又不打算将他的兵员并给其他将领,此举又何尝不是朝廷意向的反映。但对刘光世部的处理,只是第一步,高宗要达到的目的,是彻底收回前线所有大将的兵权,作重新配置,强化朝廷对主力部队的控制力。收兵权一事,不仅是秦桧和高宗的一致想法,且在形势改善的绍兴四年之后,历任宰相的想法,皆无不同,无论是赵鼎,还是张浚,无不持此立场。而收兵权的前提,是和议的订立,使前线连续、大规模的用兵不再成为必要。做出这个重要决定之后,刘光世的命运,后来又落到张、韩、岳三大将身上,并导致岳飞之死。

关于岳飞之死,是出于高宗的意图而非由秦桧做主,后人对这一点有较一致的看法。但何以非置之死地而后已?却有多种解释。比较激烈的解释来自明清之际的王夫之,他以为,岳飞过于完美,能力、品格无不出类拔萃,声望甚至盖过皇帝,又过于外露,故引来杀身之祸。亦即高宗因妒贤嫉能而杀岳飞。不过,这个解释中间,缺了一个环节,即这位强人,对高宗产生威胁,才至于遭受如此不公正的对待。

在高宗眼中,但凡武将会有的不良习性,在岳飞身上都具备了。

自事业的初始阶段,岳飞就显示出他勇于担当的个性。建炎元年上书责让宰相、要求高宗北征,实在是骇人听闻之事。在宋代,一个下级军官上书直言国家大事,恐怕是绝无仅有的,对他所施的惩戒,是免去官职。不知高宗是否亲见这份上书。但绍兴七年论储嗣之事,却是两个人亲面相对。按当时规定,岳飞入对前,事先以密奏的形式将相关话题送交皇帝御览,其中有建议及早立储一事。等正式面见,高宗对此事毫不含糊,直接警告说,此事不是你应当干预的。高宗极少以这种干脆直接的方式斥责臣子。据岳飞的参谋官薛弼说,岳飞下殿时"面如死灰"。以武臣之身份而干预立储之事,有此一举,高宗对岳飞的本心,多多少少要有些怀疑,当月和下月,关于刘光世的部队是不是给岳飞,有一个大的反复,据《宋史·高宗本纪》所载,是秦桧欲议和,以并兵为疑,或正是高宗本人的意思。

岳飞个性之高傲与固执,行为之不合流俗,当时恐怕是有目共睹。正史多载其对下属态度的偏执,比如对牛皋、对养子岳云的严苛,当然,还有对上司的毫不讳言,比如张浚。甚至对皇命,有时也敢违抗。像绍兴十年六月,李若虚奉高宗之命,嘱其班师,而当时出师之准备已经就绪,时机也是难得,岳飞必欲北进,李若虚慨然许诺,愿意替他担起违抗君命之重责。不过,即或此事尚可以"将在外,君命有所不受"来解释,但早在绍兴七年,欲得刘光世军而不果,又与张浚起争执,一气之下,弃军上庐山终丧,致使军心不稳,此事也可以毫不夸张地说是骇人听闻。遇丧而起复,带丧履职,在宋代多有其例。但岳飞在二月已起复,四月底却重新要求退居终丧,也就是说满三年之期再下山。这是和皇上赌气,是犯忌之事,更何况此事出自一个手握重兵的武将？高宗当时也慌了手脚，命令岳飞的幕僚部将们上庐山去请，如果请不下来，将治将吏以死罪。可以想见，当时他是非常愤怒的。这起事件之严重性，在参议李若虚上庐山去请岳飞时，就已提出来了："相公欲反耶？且相公河北一农夫耳，受天子之委任，付以兵柄，相公谓可与朝廷相抗乎？"此说虽不动听，却是实情。但仍要连劝了六日之后，岳飞始下山赴行在，似乎还不明白事态的严重，要张浚提醒他后，才上书待罪。可是这时待罪又有什么用呢？高宗说"不怒"，但杀气已现。对皇帝来说，岳飞干预立储一事，十之八九是出于野心，而弃军终丧一事，则表明他没有忠心。而事后张浚又弹劾他"积虑专在并兵，奏牍求去，意在要君"。此话对皇帝恐怕也有"启发"。而若皇帝以为，"并兵"便是为了"谋逆"，那便成了岳飞的死症。

关于"谋逆"之事，起于岳飞部下王俊告变，说岳飞副手张宪"谋据襄阳为变"。史家认为，实情是朝廷征岳飞赴朝，其副手张宪恐怕岳飞去而不返，遂妄奏金军入侵，希望朝廷放回岳飞。此事若得坐实，虽本意不是兵变，但实质上却差不多。更何况，引起皇帝疑心的类似事件，以前确是有过的，也正是在绍兴七年岳飞弃军而去之后。当时以张宪暂管军事，仍待朝廷同意，而张浚已用都督府参议张宗元为宣抚判官，代替岳飞的职事。于是，其部下群情激愤，几至于哗变，经薛弼再三申说，才得抚平。军中不愿岳飞离去，一旦离去，又不愿外人来领军，岂不是坐实了"某家军"的传言？这是郦琼叛降前一个多月的事。而绍兴十一年，已经有过郦琼的前车之鉴了，类似的事件，必然更令朝廷心寒。而由王俊出首的事件，其目的、谋划过程以及可能的后果，在高宗看来，恐怕是证据确凿的郦琼事件第二了，而以岳飞部的实力，或许比郦琼事件更严重些。罢三大帅兵权，这也是朝廷已经决定的事，高宗心中未免有鬼，照岳飞向来表现的那样，希望所统部属多多益善，他的心腹也非岳侯就不接受，那岳飞部的叛变、降金，绝非不可能的事。其以张浚迅速分化和压服岳飞军，并对岳飞、岳云等施以雷霆手段，当然是心里已有了成见。

当南方政权已趋稳固，高宗确定自己不会成为孙皓或陈后主，于是，他需要思考如何使自己的皇位足够牢固，不至出现刘裕或侯景。他回顾太宗以来的种种防制武将的手段，这种假设是必有的前提。当他一旦自以为看到武将谋变的萌蘖之时，便果断地作了决定，将杀岳作为收兵权的重要一步，同时坚定地寻求和议。

达成和议的外部环境——"恢复"的困境

和议的好处，高宗看得非常清楚。而和议带来的重大问题，他也必然要考虑到，亦即放弃对失地的诉求，这自然会严重影响他的威望。和谈过程中，反对的声音遍布朝野，后世会对他有何评价，也是不难想象的。他何以宁可背负恶名，坚定地谋求这样一个协议呢？

在半壁江山之上重建太宗朝的体制，这无疑是推动高宗实施和议的主要动力之一，是其内因。"恢复"与"和议"，是两难问题，两者将导致完全不同的军事体制。若欲恢复，即需维持现状甚至继续给某些大将增兵，则大将的隐患，可能导致不可收拾的结果。而和议以及"收兵权"，又相当于放弃宋对金争取主动权的努力。"收"兵权的实质，是免使少数大将掌控过大的力量，重要军政，朝廷须有主导权。在形式上，就是要割裂各支大军原有的整体性，将兵员交由更多将领来统率，使各部相互牵制，而无力与朝廷相抗衡。但这个结果，与高宗和张浚一度表示的集中兵力北伐的主张，明显相悖，若就对外战争的角度看，显然非常不利。内、外之间，仅能择其一端。

但"恢复"尚有其他难处，有军事体制以外的因素使之难以实现：马匹的缺乏导致军队守御有余而缺乏攻击力；募兵体制之下，兵力难以扩张。

自从骑兵成为突击的主要兵种之后，平原作战骑胜于步，这一点始终没有改变。像契丹、女真等，从各种记载看来，完全是依靠骑兵作为取胜的主要凭恃。契丹"利于骑斗，钝于步战"，其长处在于机动性。女真军队作战，先以步军当先，这步军，几乎全是两河征发的"签军"，主要用于冲乱敌阵，而不顾及其自身损失；至于女真兵，则为精骑，金人自称，"不能攻打一百余个回合，何以谓马军"，战败也不溃散，收队徐徐退却。若金军南侵，宋军可凭关隘、坚城、水路予以阻遏，并逐渐消磨其兵力。南渡之后十年，宋军的战斗力有百十倍的提升，固然为南、北实力接近均衡，提供了主要条件，但充分借助淮河以南的复杂地形，使敌方骑兵难以展开阵势，亦为百试不爽的守御良策。但是，若宋军北上，不但天然屏障不能再为所用，还须攻打敌方的坚城。更有甚者，宋军骑兵少而步兵多，渡过淮河之后，必然要在

《侍从牵马图》中的精良马具 (金代壁画)

大片的平原之上进行会战，则步兵大多不能当金军精骑百余合之冲击，故平原作战，很难取胜。即使人力足以当其冲突，马却是太少了，小胜后，欲扩大战果，却无法追击，这几乎是一味地挨打。举国上下耐战的马匹有限，故兵种的配置，整体上受到限制，这是北伐所遇的主要物质障碍。

早在北宋，"马"的问题就长期困扰着朝廷。就马政而言，比起幽云之无法收复，更严重的是夏州一带由割据而独立，以及宋、夏对立，唐代的主要产马区域，在宋代失去一半（即河套的灵、夏等州），另一半（即秦、陇、泾、原等州）则过于近边且人口繁庶，也无法提供安全、充足的牧地。因此，北宋前期主要在河东、陕西向蕃部买马。随着西夏的崛起，仁宗中期以后，西北买马越来越困难，马源不足，质量日下，促使神宗在熙宁七年 (1074) 改革买马方式，设立专门机构茶马司，有两个总部，一个在四川成都，一个在陕西秦州。从四川获得大量蕃部不可或缺的茶叶，在陕西向他们换取马匹，这样，对马源的吸引力增加。再加上开熙河路，或多或少有助于获得马匹，情况有所好转。到了南宋，马政之困境进一步突出。由于陕西陷落，向蕃部买马之路不通，茶马司川、秦两个总部当然也合而为一，驻于成都。西部，仍然是马匹的主要来源，但现在，主要是向川西的西南夷买马了。川马的质量远不如西北马，这在当时是人所共知的事，买来的马很难用于作战，而且从西部往东运输的途中大半死亡，南宋政府甚至无可奈何地把它当成是羁縻西南少数族的一种手段。为广开马源，甚至尝试从广西买入经大理转运而来的吐蕃马，马匹质量虽高，价格却贵，且数量有限，盛时不过每岁千匹。入境的马匹，根本不足以建立一支强大的骑军。

北宋时，也曾尝试由民间买马，以补入境马匹之不足，但民马不耐战阵，故此法并无实际效果。李纲于建炎元年任宰相时，复推行此政，括民间马匹输军，除了扰民外，很难有别的结果。

马的问题成了一个死结，自始至终，未能解决。绍兴元年，刘光世"发现"了"枯秸生穗"之祥瑞，借以恭维皇帝圣政。高宗认为这样做很无聊，指出："岁丰人不乏食，朝得贤辅佐，军有十万铁骑，乃可为瑞。"高宗此言，并不是说当时南宋总兵力不到十万，而是为缺乏精锐骑兵而烦恼。绍兴九年，韩世忠献给皇帝一匹良马，皇帝再次就马的问题发了感慨：和议虽成，战守之备却不可松懈。若再得数万匹西马，分拨诸将，趁此闲暇，勤讲武备，足以应付强敌。若非提升自身实力，"和议岂足深恃乎"？可见，骑兵——也就是马匹的问题，成了无法去除的心病。若是恢复了北方，甚至打到燕云，马匹自然不成问题。可是要恢复北方，首先需要马匹的支持。这个圈无法自圆。反映到宋金问题上，马匹的缺乏造成一个难以破开缝隙的僵局，金固然没有南下灭宋的力量，宋却也无力北上恢复故土。

财政问题也非南宋首次面对，北宋时即已如此。宋代从未进行全国范围的土地重新分配，也就不便重建征兵制，而实行全员召募。募兵制之下，兵力与财力直接相关，数十万、上百万的军队，其耗费一直占政府岁入的一半以上。最困难的仁宗庆历以后、英宗朝，养兵的费用，要占去岁入的五分之四左右。南渡之初，兵力远不及北宋之多，但南境疮痍之余，能提供的赋税也极有限。随着经济与财政状况不断改善，兵员数也持续提高，供军的压力始终难以缓解。绍兴初，全国军队十九万四千。高宗虽不是个俭朴的人，但总算是节衣缩食，临安的宫室，也没有一口气修起来，长期住在北宋的杭州官署里。靠当时的财政收入,勉强养得起兵。在此后的长期战争中,兵员持续增长,至绍兴十二年和议成,复调整至二十一万四千,虽经缩编,还是比绍兴初多了两万,自然难以遏制支出的增长趋势。

更大的问题是,南宋时每兵的平均耗费也较北宋有了大幅提高。南渡以后战争第一,建炎中,将领带兵四处作战,责成地方供应军需。绍兴以后,基本上是各成军区,并配备专门官员负责供馈,皇帝学习北宋制度,逐渐剥夺了大将们管理后勤的权力。但形势却不容朝廷恢复北宋另一项制度,即兵、将两分,所以,将领得以致力于扩张军队的开销,提高士气,也加深军队和自己的感情。朝廷对军事服务的迫切需要,使将领们可以理直气壮地向朝廷求取补给,可以强势地要求后勤官员绝对服从。至于财政是不是供应得上,与他们的职责无关。绍兴八年,吴玠为川陕宣抚使,后方的军士家属没有及时领到俸米,拦在吴玠马头鼓噪,吴玠大怒,执意要杀负责供军的利州路转运副使,制置使胡世将苦劝之下,"械(四川)诸路漕司吏,斩于市",以平其愤。绍兴初年,诸将致力于扩张本部的开支,绝非个案,韩世忠、刘光世、张俊三军在待遇上互相攀比,竞相要求朝廷增加补给的记载,不乏其例,甚至发生了以更优厚的给养引诱友军来投的事件。北宋仁宗朝,百万禁军花去了全国岁入六千余万之中的五千万缗,平均下来,养一兵年费五十缗。而到了南宋绍兴中,约每兵二百缗。

大将们如此体谅下情,首先为难的是后勤官员,比如总领、转运使,最终苦的是百姓和朝廷。南宋初不但继承北宋后期的各税种,还不断创立新税种,后来又发行大量会子(纸币),通过通货膨胀以掠夺民间财富,可是,大部分的税收被军队吞食,财政上仍然是捉襟见肘。可是负担增长的首要因素正在于兵费之人均水平在不断提高,财政收入的增长，仍然被军队吸走。高宗末年，皇帝提到，岁入的十分之八，耗于养兵。

当时的兵员，已经增长到三十一万八千。到乾道年间，又增长到四十一万八千人，一年耗费已达八千万缗。供养军队，已竭天下之力。若说要稍减兵士之花销，那必定有损士气。朝廷也曾想过其他方法，如绍兴二年，朝廷要求诸大将广兴营田，欲以屯垦补民赋养兵之不足。然屯田终无显效。养兵既厚，士兵骄惰，驱之耕垦极难。若招徕平民，绍兴初经兵火之劫，地广人稀，荒田颇多，平民不愿忍受士兵欺压，应募开垦屯田的极少。屯田之事，起始就困难重重，时日既久，就愈发难以讲求了。

所以，在兵种上的不利之外，南宋在兵力上又无优势。绍兴初不到二十万，能用在前线的不过十余万，而金军南侵时，其主力也常有十余万。孝宗朝增至四十余万兵员，然稍前几年完颜亮南侵，共发兵六十万，更非宋军所及。此后，为应对从未缓和的形势，宋竭力增兵，多敛一分赋税，便多增一分兵，中期，其兵力已超过五十万。即便如此，仍未能超越对方。金末贞祐二年，金为蒙古所迫，徙都开封，将河东、河北兵三十万迁至河南。河朔战兵且三十万，那么东北、陕西加起来，至少不下五十万。于是，在军事相关的所有方面，宋都不具备对金的优势，其"恢复"大业，成功的可能性无法高估。

秦桧专权

虽有"偏安"之讥，毕竟"弭兵"的首要目的达成了。绍兴十二年之后，对高宗来说，内外关系已经理顺，他的政治生活，按理应当步上正常的轨道。但出乎意料的是,此后,却进入了长达十几年的"秦桧专权"时代。

秦桧为徽宗政和中进士,靖康元年任殿中侍御史,慷慨激昂地反对割让三镇。次年金军占领开封,欲立张邦昌,秦桧时为御史大夫,向金人进状痛斥张邦昌,乞立赵氏。金人将他扣留军前,后又胁之北归,为金将挞懒私属。建炎四年,阖家归宋。关于秦桧南行之事,据其自言,是"杀金人监己者"而逃回,时人质疑,自燕京穿越金占区逃回宋地,二千余里,怎么可能一路通行? 后世认为应是挞懒故意纵还,其说应可信。但挞懒的行为,是否金廷的一致意见? 秦桧是否金派来的"奸细"? 此可存疑。

围城中"乞存赵氏"的大胆吁请,成为秦桧回归之后的最大政治资本,高宗酬之以礼部尚书之职,且因一力主张和议,次年升任宰相。不过,他所谓"南人归南,北人归北",趁早划定两国界线,放弃收复的主张,遭到金人的漠视。金军仍在积极策划侵入四川,这一消息传来后,他黯然去位。

绍兴七年正月,仍负忠义美名的秦桧,竟获主战的宰相张浚之荐,任枢密使。张浚旋即"觉其妄",但自身相位不保,淮西兵变之后,于当年九月罢相远谪。当时挞懒一派在金得势,隐露与宋议和之意。向来主和且与挞懒有特殊关系的秦桧,再次受高宗的信用,于绍兴八年三月复相。十年五月,金人叛盟,再次侵取已还宋的河南、陕西地,在时人看来,这证明秦桧的政策是失当的。而此时的高宗,求和之心比八年前更热切,反击的同时,已在筹划下一个和议,故而秦桧竟得以仍然留在相位,且站在前台,杀岳及绍兴十二年和议的缔结,都由其一手办成。酬功报庸,他继续任宰相,也是应然之事。

不正常的是，他在相位上继续待了十三年，至死方休。自绍兴八年算起，连续十七年，且是独相。这一记录远远超过开国元勋赵普，在宋代可称空前。并且绍兴十二年之后，竟然出现秦桧控制朝政的现象，他在各类政务中——尤其是人事权——起着决定性作用，而高宗几乎成为"虚君"。

对于这一现象，后人的解释是，秦桧用了一些特殊的手段以达到"专权"的效果。如勾结高宗宠臣、内侍以固位，任用私人，控制台谏，同僚不使久任，迫害绍兴初重臣，绝其复出之路。久之，朝廷布满秦党，而高宗则无真正的可信赖之人。

秦桧所结交的高宗宠臣，以王继先为首。王继先为医官，随侍高宗三十年，深受信任。秦桧令其妻王氏与之结为兄妹，每每建请升迁继先亲属官职，从而与之深相结纳，宫中动向，无不悉知。且倚继先与众内侍，助其屏蔽外廷信息，据说地方上报的事务，高宗一无所知。秦桧遂得以独自裁处朝廷政事。

对于外廷大臣，秦桧通过三种手段来控制。一是多用柔佞易制之人，凡事惟其意是从，循默而无所发明，甚至事先揣摩，曲意逢迎。桧孙秦埙试于礼部，考官魏师逊、汤思退等事先定为状元，未发榜时，便急不可耐地赴秦府报喜。秦桧喜进用的，便是此类官员。但对他们的擢拔，至执政（副宰相）而止，迎合再力，也无法破除秦桧独相的局面。

二是控制台谏，任用亲信为言官。秦桧不满之人，即纵台谏交击，必使罢去而后已。即使是阿附取容者，也易受到弹击。因为秦桧不希望任何党羽在重要职位上停留过长时间，以致影响和势力渐大，威胁自己在朝政裁断权上的独尊地位。最常用的手段，是唆使台谏官首脑御史中丞、谏议大夫力攻执政，执政罢去，由台谏官据有其位。不久，又使台谏官攻去新任执政而代之。如此反复之下，秦桧独相十七年之中，执政凡二十八名，有十二位由中丞、谏议升任。但这些多为秦党的执政，却无人久任。可以说，除了少数共进退的人物如王继先辈，以及少数亲党如郑亿年之流，其他所谓"秦党"，并非有固定范围的、封闭的派系，而是开放的，以利益为旨归，以个人的立场和秦桧的需要而定，看不出有明显的阶层或派系的痕迹。而秦桧的需要，在绍兴十二年之后，不外乎是长久维持其"专权"。

绍兴初的重臣，大多曾与秦桧同台竞争，且在共事之时，有过严重的分歧。不过，报怨事小，免除潜在的威胁更为重要。高宗对某些旧人，情分不浅，其中如李光、赵鼎、张浚等，即便不在相位，也有相当

《女孝经图》善事舅姑章（北京故宫博物院藏）。图中除以敬谨侍立或跪拜的妇女，与端坐的尊长者相对，阐明彼此相处的伦常秩序，也有织布缝衣的生活场景，大多承续班昭的《女诫》内容。标名为马和之（南宋高宗、孝宗时期著名院画家）教化题材绘画的作品。

高的威望，一旦复出，较难压制。故而秦桧对于绍兴初的故相，分外关注，不遗余力地动用台谏倾陷之，先后将之远谪蛮荒，且欲置之死地。赵鼎即被迫自裁。桧又于晚岁兴大狱，诬张浚谋大逆，恰逢秦桧死，张浚才得以幸免。

欲收兵权，方有和议，故而抑武是秦桧专权的立足点。罢兵权之时，先将韩世忠、张俊、岳飞三人任命为枢密使、副使，调至临安。此后岳飞被杀，韩世忠旋即罢职，但张俊留在枢密使位上逾一年半，毫无去意。秦桧遂使御史攻逐之。对那些被怀疑有"好战"倾向的武将，用的手段更为直接。如岳飞部将牛皋、镇守商州十年的名将邵隆，据说皆为秦桧所毒杀。这些对付武将的手段，也是确保和议与维持秦桧本人权威的应有之义。

秦桧在世之时，如此强势。然在其最后一刻，"专权"的崩溃竟如此迅速、彻底，这却令人疑惑不解。

绍兴二十五年十月二十一日，秦桧处于弥留之际，高宗去秦府探望。秦桧家谋以其子秦熺代为宰相。二十二日，高宗出宸翰，命秦桧、秦熺致仕。是夜，秦桧卒。二十三、二十四日，高宗清洗了秦党主要成员，将他们驱出朝廷。次月，因秦桧迫害的重要官员，纷纷复官或自贬谪地放归。这一过程中，这些举措未引来任何反击。此后，虽有旧日秦党中人仍被重用，如汤思退、万俟卨、程克俊等，但他们都是作为高宗所信任者，而非秦桧旧人而进用。可以说，秦桧一死，高宗就完全控制了形势。这就令人奇怪：高宗与秦桧之间的关系，究竟如何？

据说秦桧的强势，已令皇帝感到恐惧。后来高宗说，我身边，也尽是秦桧的人，很怕他突然想对付我，所以靴筒里始终藏着一把短刀。是什么导致了这种太阿倒持的不正常现象？最易理解的就是他控制了人事，其次，高宗借秦桧达成了和议，以相位酬庸，且将和议带来的种种困扰，让站在前台的秦桧承担责任。也有人认为，是因为宋与金有秘密协定，如果秦桧下台了，那么和议作废。

但所有这些见解，仍未能充分解释秦桧之专权。秦桧确实控制了人事，但若皇帝愿意，他尽可将控制权夺回，就像他在秦桧的最后时刻所做的那样。至于说需由宰相替皇帝背负和议之恶名，和议在当时却未必为人所不齿。否则，高宗也不会在秦桧死后宣称，和议是朕所亲定，岂是秦桧能做主的！那么，秦桧又是以何种力量挟制着他，如他自己所说，需要带短刀以防不测？然而，秦桧一死，高宗将其势力清扫一空，也未见什么秦桧的党羽有丝毫异动。若说是因为出于金的要挟而必须保住秦桧的相位，又与金方政局发展不符。和议签订九年后，金最强势的大臣宗弼死后，金熙宗被刺身亡，金的政策按惯例发生断裂时，还有谁会一以贯之地支持秦桧？

绍兴二十五年前，高宗的形势堪忧，大权旁落是一个真实的现象，不过，绍兴二十五年接近政变的这次改变，既说明高宗能力很强，手段高明，又让人非常怀疑，此前的局面又岂有高宗宣称的那样险恶？但若非如此，高宗任由秦党活跃近二十年，又作何解释？尽管对高宗与秦桧的关系，已有许多解释，但仍不足以打破这个谜团，至今只能存疑。

完颜亮南侵与高宗之退位

秦桧死后，高宗立即回到前台，且朝政的运作也回复到较正常的状态，正士逐渐回到朝中，台谏终于可以据公论奏，皇帝与宰相，也处于一种稳定、正常的合作状态。但仍有一个秦桧专权时期的原则，在绍兴二十六年以后保留下来：不许攻击和议。当然，更不许破坏和议。秦桧死后数十年，尚有人以为，其当政时期"卧鼓灭烽逾二十年"，"功不可掩"，绍兴末年，朝野上下长期鼓吹和议之正当性，更不至于以和议为非。

但是，和约既然是由双方共同缔结的，当然需要双方共同维护。高宗虽然很有自制力，却无法制止对方违约。绍兴三十一年（金正隆六年），金国皇帝完颜亮（金熙宗完颜亶堂弟，死后被降封为"海陵王"）举全国之力，率军六十万南侵。

完颜亮于金境内频繁调动兵粮，自然不能尽蔽人之耳目。南侵之前，宋已逐渐探知金的动向，高宗起初疑惑不定，至绍兴三十年春，已确信南侵之讯无误，不得已在北境紧张布防。宋军在短期内进入战备状态。绍兴初的名将，当时仅刘锜尚存，遂命为东路主帅（江、淮、浙西制置使）。

金军将主力安排在东路，渡淮南进，江淮之间诸军面对敌方的绝对优势兵力，大多未作抵抗，弃城而遁。年迈的刘锜尽管尚有余勇，然属下乏善战之将，兵力又远不足与金军相匹，略作抵抗之后，主力退往江南。金军相继攻克滁州、蒋州、安丰军、庐州、楚州、真州、和州、扬州、无为军、泰州，淮南江北之地，金军据有大半。假以时日，两淮其他州、军也很难坚守。

金世宗（完颜雍）大定通宝

宋军也不是全无收获。当东面的两淮充斥金军之时，宋军在中、西两路发动反攻。中路宋军以信阳军、金州为基地，攻入河南，取唐、邓、商、蔡、虢、陕、嵩州及顺昌府。西路军进据秦、洮、兰、陇、华州。即使在金军占绝对优势的东路，宋军也由侧翼攻取海、泗二州。当然，这些成果并不起关键的作用。只有东路的战局，才能决定两个政权的最终胜负。

宋方危在旦夕。宋军无法阻挡金军强攻，放弃了长江北岸的瓜洲渡，二十万大军全线退往江南，驻于建康至池州（今安徽贵池县）一带。刘锜忧急成疾，属下大将王权一路引军逃遁，时知枢密院叶义问代朝廷"督视"江淮军马，急调成闵由襄阳来代刘锜、李显忠由池州来代王权，而召锜、权二人归临安。但王权已赴朝而李显忠未至之际，完颜亮已准备率众渡江。十一月八日，金兵预定渡江之日，"督视"府参谋军事虞允文至东采石（今安徽马鞍山市西南）前线犒师，发现无人统辖的宋军士气低迷，全无斗志，遂临时担起重任，召集诸将，准备于江上迎击敌军。

当东路宋军划江而守之后，完颜亮的困局出现了。他的水军，无论是舰船、军士的训练还是战法，都与宋军相去甚远。这个弱项，在他南下之初，似乎全未考虑。十月二十七日，当他正全力侵据淮南之时，宋将李宝率水师由海州东海县奇袭胶西陈家岛，将即将出海侵宋的金水师彻底击溃。显然，两军在水战能力上，相差悬殊。而十一月初，顿师于长江北岸的完颜亮，更对这一劣势有切身体会。优势的步骑，在长江防线面前全无用武之地。宋军在虞允文稍作整顿之下，略略恢复士气，便在采石击溃金水师，杀四千余人。次日金军于上游杨林渡（今安徽和县东）潜师渡江，又为事先设伏的宋水师夹击。完颜亮不得不率师向东,集于扬州,欲改由瓜洲渡济江。

完颜亮此时的形势极其不利。这并非由采石之败直接引起,但却有相当大的关系。十月八日,堂弟完颜雍称帝于辽阳,此事他策划渡江之前已得悉。采石一败之后,四十万士卒顿师于江边,一无所用,这种局势本来就很容易出事。而后方之不稳,更使军心日乱。形势容不得半点拖沓,他只有迅速战胜宋军——甚至灭宋——而后乘胜北归,否则就极难平定内乱。若置宋于不顾,骤然回头,宋军又跟在他后面,前后受敌,难有胜望。所以,唯一的出路,就是立即南渡,以征宋之战功,确立新的声望,那么对于完颜雍,他还有明显优势。此时,海陵只求孤注一掷能成功。

十一月二十六日,完颜亮向诸将施令,三日之内必须渡江,若不成功,"尽行诛斩"。但金军在水战方面的劣势,不会因为这一命令而改变。诸将前有败死之忧,后有诛斩之惧,遂决意谋叛。二十八日凌晨,在预定渡江之日,万余金军在扬州东南射杀完颜亮,整队北归。

当时宋军并未察觉敌方退师。直至数日后,一名被金军虏获的宋卒带回金军将帅致宋方的信,才知晓金军南侵突然终结。高宗顿感舒缓。然而,前线的战争却并未中断。因金军主动退却,半月之内,宋军尽复淮南州军,随后迅速分路进击,攻取河南、山东诸州。而陕西之战事尤为激烈。至次年闰二月,宋方形势颇为乐观,"京西、淮北、陕西新复近二十郡",仅在京西,宋已得陈、蔡、唐、许、颖、嵩、洛、唐、邓州,极为接近开封。但三月之后,势复转衰。完颜雍收拾北归之金军,于南境全面反击,河南、陕西诸州,于宋、金之间反复易手,宋方所占领的淮河、大散关以北之地渐少。不过,战局终结的前景,尚未出现。此时,高宗突然退位,将天下交与养子,移居"德寿宫"颐养天年。

三十五年的高宗朝,以宋金战争开始,中间以一个和议为转折,最后复以战争状态而结束。这样的循环,成为此后宋金关系及宋的政治史的主要特征。

07

僵持：孝宗、光宗、宁宗朝

孝宗赵昚（1127年生，1162—1189年在位，1194年卒）以奋发有为之姿态，登基伊始，锐意恢复。一旦受挫之后，锐气丧其大半，是后虽念念不忘"恢复"，却再未付诸实施，而是在一个新和议的框架下度其余生。他无从改变对金弱势。他的治国之道，较高宗要积极一些。他频繁更易宰相，以维持自己的强势，为后世留下"独断"之名。但他的时代，朝政也只能算是"正常"而已。没有出现"权相"，但出现了宠任近习的迹象，他与朝士之间所起的风波，多由于此。而他所选择的继承人，更使他晚景凄凉，且引起朝政的巨大动荡。

光宗赵惇（1147年生，1189—1194年在位，1200年卒）虽是孝宗亲子，却远不如身为高宗养子的孝宗那样尽孝。正因不孝，光宗终被群臣所逐，而立其子宁宗赵扩（1168年生，1194—1224年在位）。但宁宗秉赋素弱，不任繁重的政事，其当政之初，便严重依赖扶持其上台的韩侂胄。侂胄出身外戚，但却强干，志满意得之余，主动对金发动攻击。当绍兴以后唯一一次主动的"北伐"失败之后，宋以侂胄的首级为条件之一，再次获得了和平，并由此进入史弥远专权的时代。皇帝自始至终，未起过主导作用。可以说，在光宗朝，重新进入了臣强君弱、太阿倒持的时代，且较秦桧时代更为彻底、更难扭转。光宗被大臣所废，以及权臣政治一直持续至南宋将亡之时，都是皇权不振的后果。

不过，孝宗至宁宗朝，是宋政权相对安全的时期。宋固然无力振作，金也逐渐呈现疲态，再无初期的迫人气势。两国相互虽有攻伐，终不能打破僵局，在平淡的对峙状态中，共同走向衰颓。

隆兴北伐与和议

高宗唯一的亲子赵旉，在苗刘兵变中受了惊吓，旋即病死。自此，高宗再无后嗣。赵旉死后仅三天，便有人上书，要求高宗"择宗室之贤者"立为后嗣。此后，立养子之说不绝于耳，甚至对高宗有重大影响的哲宗孟皇后，也建议立太祖之后为嗣——事实上，太宗之后在靖康之难中几乎被金军一网打尽。绍兴二年，高宗选择了燕王德芳之后伯琮（后改名瑗），育于宫中。过了两年，又选了秦王德昭的后代伯玖（后改名璩）养起来。

宋孝宗赵昚像

年龄较长的瑗，在长期的竞争中不占优势。他曾获得赵鼎的支持，从而引来秦桧的反对，而太后韦氏、皇后吴氏都偏向璩。瑗早熟，胜在端厚凝重，在秦党的监视下，战战兢兢地度日。秦桧末年，瑗主动卷入了斗争。他向高宗报告，秦桧已病重，只是瞒着皇帝。于是有了高宗夜访秦府的一幕。高宗是始终倾向于瑗的，但也只有在反对的力量消失之后，他才做出决定。他后来回顾说，早有立瑗之意，只是怕母亲不高兴。绍兴二十七年韦氏卒，三年后，瑗进封建王，改名玮，获得了"皇子"的名分，而璩确定了"皇侄"的身份，安置到绍兴府去了。两人地位立即有了差别，形势基本明朗。

绍兴三十二年五月，高宗出诏，立玮为太子，更名眘。六月，传位于太子。此后，他以"太上皇"的身份，安享二十五年晚景。关于高宗何以退位，据他宣称，是"老且病"，想退闲休养。最后这两年多，高宗的皇帝生涯确实不好过。自闻完颜亮有意南侵，他始终处于高度紧张之中，又要竭力抵挡，又觉得守也是守不住的，不如"迁都"以避。后来被大臣推着，勉强到建康前线去巡视，年近六十的皇帝不免感到身心疲惫。不过，最令他深受打击的是完颜亮毁盟之事。绍兴十二年的和议，他已经退到底线，如此条约尚不可保，那么，和议有什么意义？凭借和议以保境安民的目的不能实现，他当初为和议所作的努力和牺牲，又有何价值？高宗主动退位，出于羞愧，恐是主因。但他也没有立即抛下重担，而是等金军北退、宋军全面越过边

宋光宗赵惇像

境反击之时，才完成传位之事。一方面，可以让自己比较体面地退到后台；另一方面，孝宗从他手中接过的，看上去是一个不坏的局面，即所谓"边事浸宁，国威益振"。不过，这局面实际上绝对算不上好。

从金军北退到宋高宗退位之间的半年，是金最为艰苦之时。金师一路北退，人心惶惶，未能在本国境内沿途诸州有效布防。而完颜雍正竭力调集兵力，平定契丹人撒八、窝斡在北方的叛乱。宋军顺势在原边界以北占领了一列州县。这本来是大好时机。但分散的进击很难有持久的效果，四处都在进行一城一地的争夺，这是一种动态的僵持，无法以这种方法打破双方的均势。总须有全局性的谋划和进击，才可能获得突破性的进展。

在金方形势最困难的五月，高宗才正式确定以复出的张浚"专一措置两淮事务"，但还未决定基本动向应当是攻还是守。六月，孝宗登基，但仍是循着这条游移不定的路线。九月，朝内开始讨论攻守问题，张浚欲守淮，开始在淮北构筑工事，史浩建议守江，争执不下。同时，张浚门下被陆续召集至临安，这显示，皇帝逐渐倾向于张浚的意见。但是，金军此时已于北境取胜，擒窝斡，乱事被敉平。至十一月，北境重兵大体都开始向南转移。隆兴元年正月，向南境转移的金军已陆续到位。宋方在陕西的形势也已恶化，宋军主动放弃已得之地，退军途中为金军邀击，丧师数万。此时，张浚进枢密使、都督江淮东西路军马，开始策划北伐。

导致时机被浪费，或是因为皇帝缺乏反击的决心，或是寻找一位作全盘筹划的人才太不容易，或是宋军的整顿和动员效率过低，或是三者兼而有之。但更关键的是，高宗退位引起的皇位更替，导致了朝政的暂时混乱。孝宗于危难之际突然站到前台，对于自己担当的新角色，很难立即适应。老少更代，对于基本国策的理解也全然不同，人事方面也必须有所变动。于是，本就因为议政充分而施政迟缓的宋廷政治，更因核心层的不大不小的震动，进一步拖沓。跨高宗、孝宗两朝的一年之间，宋方几乎没有任何有组织的进攻。当金军已经完成军力的南移之后，张浚终于回到了权力核心。对他来说，绍兴三十一年十一月到隆兴元年正月，不过十四个月时间，他的回归非常迅速，然而对于宋金对抗的格局来说，十四个月太长了，这两个时间点之间，形势发生了逆转。宋方也不是不知道这一点，张浚麾下的武锋军都统制陈敏就意识到："闻金重兵皆在大梁，必有严备。"岂止是严备，且有进一步的动作。又拖延一段时间，终于做出北伐的决定，又显得仓促和不妥。

北伐的适宜时机已经过去了。但是，张浚之锐意进取，至老不改。宰相史浩以下，给他忠告的同事、友人，不知凡几，大体都劝告他，对形势的判断不要过于乐观。但张浚觉得，自己已年近七十，苦等三十余年才有再图恢复的机会，绝不能空掷。孝宗皇帝对北伐大事予以绝对支持。适逢主管侍卫马军司李显忠、建康都统制邵宏渊献策攻取女真屯驻重兵的虹县与灵璧，张浚主张二人分帅大军北伐。不幸得很，继富平之役、淮西之叛，张浚主持的隆兴北伐，再次出现惨剧。二人顺利攻下虹县和灵璧，接着，李显忠又攻下重镇宿州（治符离，今安徽宿州市）。可是待女真大军到宿州城下，李显忠轻敌取败，邵宏渊坐视不救，两军遂一同溃还。郑重其事的北伐，出师仅一月就轻易地结束了，时在隆兴元年五月。

至此，宋仍然占着两年以来占领的商、秦、唐、邓等州，形势看来比以前还要好点。当金世宗提出议和时，宋仍然犹豫着。但拖延了一年多之后，金军突然跨过淮河，迅速攻陷江北淮南一半州县，这时，宋才意识到，貌似改善的形势，实在是经不起一击的，终于再次接受了和议。隆兴二年十二月，和议成。

较之绍兴和议，隆兴和议有两处重要变化：两国关系，由君臣改为叔侄；岁币由银、绢各二十五万，减为各二十万。宋获得了较前优厚的待遇。尽管宋不可能满足于经过改良的弱势地位，尤其不能满足于原封不动的边界。可是反击的尝试遇挫之后，锐气复丧，无力打破僵局。

金的政局动荡

在宋人看来，金人是不可靠的。绍兴十年、三十一年两次叛盟，说明它不具备信守和议的品质，但却无法因此判断金人是一以贯之地守约或不守约。双方实力对比当然会影响和约能否维持。然而还有一个极为重要的因素是人事，就是哪一个、哪一批强人在控制时局。若人事稳定的话，是和是战，在金一方，倒也是得到贯彻的。但金的政局总是在不同派系之间突然转移，故而对宋政策的不稳定，是其多次人事变端及由此导致的政策不连续所致。比如绍兴九年的和议被金方撕毁，是因为当初推行和平政策的挞懒、宗隽、宗磐集团的失势。挞懒是太祖阿骨打的堂弟，是金熙宗的祖父辈；宗隽是阿骨打之子，是熙宗叔父；宗磐是太宗之子，熙宗堂叔。这批跋扈的老人全体被杀，他们所力主的和议也就随势被推翻。绍兴十一年，由熙宗亲自主持的和议签定之后，他也是坚守的。只是九年之后，他本人被堂弟完颜亮所杀。完颜亮登台，又有新的对外方针。他的方针，是要以北统南，混一宇内。其末年遂有南侵之事。

不过，完颜亮与被他所杀的金熙宗完颜亶，有一点是一脉相承的，即汉化的倾向。史家称，金熙宗自幼受汉人文官影响，举止类汉家少年。即位伊始，他就将政治制度向汉制的方向推进，如建立都城制度，以学自中原的三省制替代女真传统的勃极烈之制，并且通过清洗开国勋旧来建立皇帝专制。完颜亮篡位之后，承其余绪，完成官制改革。他大杀宗室、权贵，与金熙宗清除勋旧，也是出于同样的目的，只是手段尤有过之。他的汉化，使他自命为中原文化之正统，自以为南北力量对比，已到了"统一"的时机，故急于将宋地收入疆域。

金末名士刘祁对完颜亮的评价是，虽然残暴，却有宏才远略，多方面的制度创设，为后世所沿用。这个评价可能过高。他在制度建设上的成就，多是在金熙宗改制的基础上略作推进。唯一称得上是"创举"的，不过是将首都由金的内地"上京"（今黑龙江哈尔滨市阿城区）迁至"中都"（今北京），以及将三省制整理为有序的一省制。但迁都之举使金政权与其发源地的关系疏离，有妨其力量的统合。一省制的"创建"则将决策、审核、执行之权重新合一，取消了三省制下的分权制衡，相当于消除了唐宋数百年为政治权力达到平衡所作的种种努力，这促使他的政权"发生了政治过程的残暴化"。他试图灭宋，在刘祁看来，正是所谓"宏才远略"之表现。但由此事却反而可以证明，他对于本国形势和周边形势，都缺乏深刻认识。他以绝对暴力所压服的朝内的反对者，当压力消除时，会发生反弹。完颜雍自立于辽阳，即得益于此。他将举国之人力物力收括无遗，用以灭宋，然而宋固非一举可灭，疆域的其他部分却几乎被抽成军事真空，这直接导致契丹部族反于西北。堂兄留给他一个强盛的政权，而他留给

白地铁绘褐彩虎形枕（金代，磁州窑瓷）

堂弟的是一片凋残：南面与宋军纠缠不休，北面的契丹，迅速接近金的政治中心，更是迫在眉睫的大患。

　　金灭辽之后，原辽境内的各游牧族，被编制为部族、纥与群牧（亦有部分猛安谋克，即女真族的军事和社会组织单位），为金政权守边，其中又以契丹人为多。他们在旧辽已有相当成熟的应付蒙古高原游牧族之经验，在金代仍被置于西北防线，可谓是人得其用。他们在较广阔的空间逐水草而居，在最近边之处，构筑起一个防御"面"，以其经验与实力，为金政权负起直接遏制境外游牧族的职责。而沿边各路核心地区，则驻有以女真人为主的猛安谋克军，形成一系列兵力集中的"点"。由此形成一个点面结合、动静互补、唇齿相依的立体防御布局，只要人尽其用，便是一种很稳固的格局。

　　但这个立体防御布局，在正隆南侵之后崩塌了。完颜亮勒令沿边契丹丁壮，必须全体入伍，参与南征。契丹人世代守边，与鞑靼为敌，深恐丁壮尽去，则老弱将为鞑靼所残，请求征兵使者为之求情。但使者畏惧，不敢传话，征兵令仍得到贯彻。正隆六年二月，海陵为筹划南侵，由中都向河南"巡游"，差不多同时，契丹人撒八于北境起事。不久，西北路契丹尽反，东北路、西南路群牧与纥军也群起响应。六月，完颜亮遣去的军队，连败于契丹军。乱军横扫北境，至十二月，继撒八率领契丹军的窝斡称帝，众至五万，活跃于临潢、泰州、懿州等西北重镇，兵锋几及于古北口。

完颜雍当时已在辽阳府称帝（即金世宗），改正隆六年为大定元年。早先他曾经挡住了契丹军对辽阳的一次冲击。但是，乱事之平息，遥不可期，因为金在北方剩下的兵员太有限。海陵已在前线被杀，但南征大军

金国白釉执壶（金代陶瓷）

的返回需要时间，海陵旧人要为他所用，也非顷刻能办。他勉力阻止契丹军继续南下，急调部分兵力，于大定二年四月与窝斡激战于中京一带（今锦州以北辽西之地），进入僵持状态。五月，世宗纠合五路重兵，共数万人，会师北征。六月，大败窝斡，但契丹余军势力仍盛。越来越多的将领为世宗收服，并立即将相应军队开往北方。至九月，金军在关键的会战中获胜，擒窝斡，契丹叛军十余万，多被平服，余部向西逾沙漠投西辽。

北境乱事首尾逾一年半，平息之后，金世宗才得以将军队重新向南调动，于大定四年重获对宋优势，再立和约。但是它给金政权带来的，不仅仅是短期之内的巨大创伤，北部的立体防御布局崩溃之后，自此再难重新构建，金末的亡国之祸，肇基于此。

"独断"与"近习"用事

北伐暂时失败，宋孝宗转而内顾。他潜心于治国，牢牢抓住政权，在他的时代，皇帝的权威非绍兴十二年之后的宋高宗可比。对于一个英明的皇帝应如何处理政事，他的理解是"兼听、独断"。"兼听"是让朝臣不相党附，而是互相牵制，各听命于他；"独断"则可表述为"躬揽权纲，不以责任臣下"。

在时人眼中，他在位时期所任命的宰相、执政，多是君子，其中不乏享有重名厚望者，如史浩、陈俊卿、虞允文等，而无能或立身不正者很少见。但是，孝宗对他们无所假借，一言不合，便即罢去。其在位二十七年间，任宰相者前后十七人，参知政事三十四人。秦桧专政，给予他深刻的教训，也给他启发。孝宗频繁易置宰执，与秦桧不令执政长期在位是同样的道理。秦桧是为了自己"独相"，而对孝宗来说，如此手法，有利于他"独断"。但他对宰相的态度，无从表现"兼听"的原则，有些宰相正因与他意见不同而被罢免。如史浩以帝师之尊，隆兴初因反对北伐而罢。北伐失败，孝宗对于他的异见仍耿耿于怀，并未即时召还他。乾道中，甚至有两年多时间，不置宰相，而令参知政事暂摄宰相职事。这显示皇帝在刻意拉开他与宰相的地位差距。

对宰相的不信任，使皇帝常常绕开正常程序，绕开三省或枢密院，直接出"密旨"办理大小事务。他借口说，宫中一饮一食，都要等着走程序，那事情什么时候才能办完？事实上，他直接插手的事当然不是一饮一食，而是"三衙发兵户部取财"等国家大事。皇帝也绕过宰相，直接决定人事、司法事务，"进人皆以中批行之，脏吏已经结勘，而内批改正"。这些复杂的政事，若不借助政府，就必须借重"近习"，后者往往是宦官，有时是外戚，也可能是长期服务于皇帝身侧的特殊人员，比如"从龙"之臣，跟着他从建王府走入朝廷的侍从。这些人在外廷被接受的程度相当有限，但对皇帝绝对服从，比起宰相以下诸大臣，他们更受信任，和皇帝更为接近。再多疑的皇帝，也须有人与他议政，更须有人为他不循常规地办事。孝宗的多疑、急躁，使得他的时代，政事又出现"外廷事务内廷化"的倾向。而这种倾向，在北宋真、仁时期的制度建设中，正是要力斥的。高宗在这方面尤为审慎，极少由皇帝本人做出决断或不按常规渠道处理政事。孝宗的新裁，自然受到外廷士大夫的抵制。

士大夫的攻击目标，集中于权势最盛的几名近习。难得一见的是，孝宗甫即位，便着力提拔他的从龙之臣。同样难得一见的是，大臣的抵制自始便很激烈。中书舍人张震与给事中金安节、周必大先后驳回敕命，台谏官先后论列，参知政事张焘也极力劝阻。结果是：台谏"夺言职"，给事中、中书舍人罢职，参知政事"辞去"。而两位从龙之臣，曾觌与龙大渊，仍如孝宗之愿迁官。

此事警告朝臣：新皇帝是一个强势的人。但群臣并不因此退缩。对抗近习，实际针对的正是他们背后的皇帝。皇帝参决朝政，必须维持在一定的限度，不可事事插手，以致扰乱正常程序、令朝政充满随意性。孝宗初即位，数次亲自过问户部出纳细节，户部侍郎周葵进言：这么小的事您也关心，真是出人意表！一定是曾觌、龙大渊辈想从中图利谋私吧？"孝宗色为动"。孝宗何至于为了近习来探问户部细事？总是为了本人更了解户部运作详情。周葵矛头直指孝宗宋孝宗赵昚草书苏轼《后赤壁赋》(局部)。《后赤壁赋》抒发了作者自己超然物外、道化升仙的人生哲学,同时也描写了长江月夜的优美景色。宋孝宗所欣赏的也许就在于此。

近习,然其本意,却正在抵制孝宗过于"亲庶务"。

北宋以来士大夫一直谋求建立皇帝、朝廷之间的权力平衡,这种平衡时常因为皇帝(如徽宗)、宰相(如秦桧)的个人因素被打破,但它在具体操作中,却还是可以通过规范的程序来体现,是有章可循的。孝宗屡次试图打破它,但群臣只要有可能,是不会不奋起维护的。故而终孝宗一朝,朝臣与近习的斗争贯穿始终,其实质却是力争将皇帝的权力限制在既有的框架内,维持"士大夫政治"。那些名公卿,如陈俊卿、虞允文、周必大、龚茂良、史浩,先后都曾与近习针锋相对,朱熹也曾为此进谏。但近习却始终有其重要地位,曾觌、龙大渊之后有张说,其后又有王抃,最后又有宦官甘昪。与他们相对抗的结果,是大臣不断被罢免,这也反过来加剧了孝宗朝宰相、执政的更替速度。孝宗通过对近习的支持,来表达他对于君权的理解,而朝臣也并未屈服。尽管自始便有"士大夫之寡耻者潜附丽"近习,但高官、名士大多以交往近习为耻。如张栻、陈亮,皆有羞辱近习的事迹。

孝宗之"独断",以及由此宠任近习,某种程度上,也是出于他对士大夫的能力有所不满。他始终以恢复为念,但此事却无从与士大夫谋划。他们鼓吹持重,坚持"寻隙而动",以此否定他的主动进取。唯有虞允文尚可与言恢复,但最终也是将时间耗费于漫长的备战中,迄其亡故,仍无作为,也白白消耗了他的政治生命。士大夫固然不能不用,但要作大有为之君,许多事要亲自过问才好。

青白釉人形瓷注子(北宋景德镇窑制品,安徽怀宁县文物管理局所藏)

这种心态,养成了一个强势的君主,无意中摧折了士大夫,同时也开启了近习用事之门。到孝宗朝后期,皇帝也知道北方无隙可乘,只能满足于平淡度日。在他身后,倒有一位近习身份的权臣,秉承他的遗志,作了一次北伐的尝试。

两宫不睦与光宗"禅位"

孝宗勤勉多年,始终未等到令他振作的时机,看着高宗在德寿宫逍遥,未免羡慕。高宗的明智之举,自己或也可模仿,乘在世时让儿子登基熟习政事，若有不妥，自己尚在后台，可予支持。淳熙十四年高宗崩，孝宗或者感到震动：余下的岁月不多了。此后他坚持为高宗执三年之丧，不肯按惯例"以日代月"草草了事。他离政事越来越远，确乎算是"倦勤"。淳熙十六年，孝宗终于决定，传位给年逾四十岁、在东宫等了十八年的太子惇——是为光宗。

据说孝宗对光宗很满意，以为"英武类己"。不过对于儿媳却相当不满。当他就禅位问题征求知枢密院事黄洽的意见，黄洽直言：太子不错，太子妃恐怕不足以母仪天下。孝宗深有同感，但在太子即将成为皇帝之时，废了太子妃，却是一件大事，孝宗无法下定决心。匆匆决定传位之时，无暇多作考虑。光宗顺利登上皇位，孝宗搬进德寿宫（改名重华宫），专心执丧。

宋光宗李皇后像

光宗皇后李氏，出身将门，似乎高宗为其择配之时，又欲恢复北宋皇室与将门联姻的传统。但李氏的父亲李道，与北宋诸后家不同，是南渡之初"群盗"出身，先后属宗泽、桑仲、岳飞，积功至承宣使、知荆南府，实在算不上望族。高宗信了术士皇甫坦的相术，以为李氏有贵相，遂为皇孙纳之，事后深感懊悔。孝宗成为"太上"以后，李氏数度不敬，孝宗尝欲废之，谋及史浩，为所劝阻。自己在位时没有行动，等做了太上，却要废皇后，这对皇帝的干涉太大，有失禅位本意。再说光宗惟一存活的儿子扩，即是李氏亲生。孝宗终于英雄气短。而后，李氏便在两宫煽起愈来愈大的风波。

绍熙二年（1191）十一月，光宗初次祭天，李氏乘他出行，

宋光宗赵惇书法

将其宠妃黄氏置于死地，光宗不胜骇愤。祭祀时，正值大风雨，不能成礼而归。光宗以为天谴，忧惧不宁，遂致"心疾"。自此，他的举动便不太正常，而政事也无从理会，"多取决于后"。

李氏干涉的还不止于政事，光宗与父亲的关系，也在她的掌控之中。皇帝有疾，次年正月"理所当然"地不去朝拜太上。此后，原定的每月一"过宫"，间隔被大大拉长。二十个月去了四次，终于不肯再去。绍熙四年九月，光宗已有半年不到重华宫，群臣趁他生辰之际，坚请"过宫"。光宗犹豫将行之际，被皇后拉回。中书舍人陈傅良扯住皇帝衣裾，皇后怒骂，傅良大哭，宫中乱成一团。宰相以下，百官纷纷祈请，太学生二百余人上书，闹了两个月，皇帝终于拗不过众人，往重华宫定省，于是"都人大悦"。

形势的和缓只是暂时现象，绍熙五年正月初一，皇帝最后一次去了重华宫，此后便再不出门，无论群臣如何苦谏，一概不理。三月，太

上皇重病，皇帝仍然没有反应。如此有悖常理的反应，终于将舆论引向了最激烈的地步。宰相以下，"廷臣多论谏者"，仅兵部尚书罗点，即"与侍从列奏谏请帝过宫者凡三十五疏，自上奏者又十六章"。朝野上下，充满各种谣言，"中外忧危"，"人情汹然"，"道路流言，汹汹日甚"，"朝论益震汹"。皇帝却受到皇后的强力控制，群臣进谏，皇帝"闻其语则悟"，但一见到皇后，"辄复疑"。群臣无奈，说动皇子扩赴重华宫探视弥留之际的太上皇。拖到六月九日，太上驾崩，终于没有等来皇帝。

舆论本已愤愤至极，而太上皇大殓之时，皇帝仍不至，无以成服。宰执请出高宗皇后吴氏，代皇帝行礼。内外更是一片惶然。宰相留正劝皇帝立皇子扩为太子，以安人心。多次上奏之后，皇帝从宫内批答，同意立储，旋即又批出，说自己做皇帝厌了，想"退闲"。留正自以为得罪了皇帝，急忙上疏辞职，又赶到城外"待罪"，等候贬黜。

但立朝之人，也不乏刚决者。工部尚书赵彦逾劝说知枢密院赵汝愚：皇帝既然有此一说，那不如仰体圣意，更立新君。然而，以臣立君，有何正当性可

宋高宗皇后吴氏像

言？若被人冠以"篡逆"之名，其危殆难以想象。关键的环节，一是要获得军方的支持，免除即时的危险；二是请出皇帝的长辈，赋予合法性。赵彦逾策动了殿前都指挥使郭杲、知阁门事韩侂胄说服了太皇太后吴氏主持大局。

七月四日，太上皇崩后二十六日，重华宫中行禅除之礼，郭杲事先在皇宫与重华宫布兵以防不虞，群臣在太皇太后主持下，扶立太子为皇帝（即宁宗），"尊"光宗为太上皇。次日，韩侂胄陪同新皇帝去见毫不知情的新"太上皇"，令他知晓这个事实，并奉劝他移往新建的泰安宫。太上皇、太上皇后坚不肯迁。皇帝遂改太上皇所居福宁殿为泰安宫，自己在宫内另建福宁殿居住。太上通过这种方式表达了愤慨，但对于失去皇位的事实，却是无力扭转了。

光宗过宫的事，到底关涉什么根本的问题，以至于宰相以下全体一致，以捍卫太上皇的利益？显而易见，所有人都感觉到，事情这么进展下去，将会发生大事件，会有不可测之事，会使皇朝的根本动摇。最直接的危机，便是"久亏子道，众口谤讟"，因违背基本的人伦而导致皇帝在人间的影响力丧失，削弱他的权威。而后，种种"天变"被联系到皇帝的行为。据说"太白昼见犯天关，荧惑、勾芒行入太微"，预示着"乱兵入宫"；重臣接连死亡，也是预警。更进一步，皇帝的行径很可能成为军、民反对他的理由，或有传檄声讨、起兵作乱的可能。

不过，从天变到民变的连线，并不是唯一有决定性的指向，甚至它还不算是很直接的。更有可能的祸事，是内变。光宗的怪异行径，可以解释为他精神失常。但当他有时回归正常之时，也仍然不敢去探视父亲："疾平，犹疑畏不朝重华宫"。这"疑"与"畏"，来自何处？唯一的来源，就是一直控制着他的李后。大臣上书指出："今日迁延某事、明日阻节某人，即有奸险乘时为利，则内外之情不接，威福之柄下移。"谁有能力迁延、阻节重要政务？谁有可能导致"内外之情不接"？当然只有皇后。宰相以下，都与皇帝不融洽，为过宫之事几乎反目，"威福之柄下移"到何处？当然只有皇后手中。官民在朝内朝外、都内都外乱传谣言，表面上不外乎是一个有病的皇帝，管不住一个国家。但值得担忧的仍是核心层发生什么重大变故。何等的变故呢？不外乎是将宋光宗与唐高宗、中宗建立联系，直接想到"武韦之乱"。而李氏也确实处处霸道，光宗得疾之后，李氏封三代为王，家庙之制逾于太庙，亲属推恩者二百人，门客亦得补官，在宋朝，这是从未有过的大胆举动，本身即为文官集团所无法容忍，任其发展，恐怕更有不可测之事。各种常规的方法用尽之后，文官集团被迫釜底抽薪，强行剥夺了她的权力。此次突发事件，朝廷内外出奇地一致，少数与她同一立场的，主要是几个内侍。

光宗退位与宁宗之立，是宋代政治中的一个极端案例。它展示的是，在这个文官政治非常成熟的时代，当内廷与外廷对立之时，文官集团的反应。在强势皇权之前，文官集团还是在寻找限制皇权的方式，这就是他们鼓吹的"与士大夫共天下"的表现。限制的方式，在日常的政治运作中，即是按程序行事，以此限定皇帝对政事的参与度。孝宗关心出纳细节而被质疑，就是因为臣僚对皇帝应该关心哪一类、哪一层面的事务，有一定共识。遇到越出常轨的事，限制的方式也就显得特殊了。在谏光宗过宫的过程中，这些方式得到全面体现：大臣和台谏苦谏、太学生伏阙上书，挑动民间舆论，宰相逃避职守而跑到城外待罪，还有人当堂大哭。最后两种，已是很不正常、很严重了。但仍不奏效。于是群臣共谋，用了一种极不寻常的方式：

逼皇帝退位。此事在徽宗朝末年发生过一次，但当时因急于逃离开封，皇帝本人尚有一定的退位意愿。在光宗朝末重演时，却完全是群臣在策划和实行了。这种共谋，与个别权臣决定皇位更替自然有全然不同的性质，表达了文官集团的集体意志。

不过，文官集团仍然需要从皇宫中进一步获取正当性。当嘉王——后来的宁宗——受师傅和朝臣的怂恿到北内参见祖父的时候，他已经站在父母的对立面了。一个年轻、正常的当然继承人，号召力可能要远远超过他那位已届老迈的父皇，所以嘉王是文官们的首要资本。可是，在孝宗充分阐扬的孝道大旗下，这么挑动父子对立当然是所有参与者德行的污点。但他们还有可以弥补这一缺陷的环节，即高了两辈的高宗吴皇后。文官们动用一切力量把她请出来，使皇位完成了顺利交接。皇宫最年长和最尊贵的女性，作为皇室利益的代表，站到了前台。这个过程中，太皇太后是被动的，赵汝愚、赵彦逾为首的文臣集团动用"传统"与"礼法"的名义，苦劝她出面。由是出现了奇怪的一幕：太皇太后在儿子的灵位前，宣布她替孙子执儿子之丧，

宋神宗向皇后像

并将皇位由孙子交到曾孙手中。但她又是有清醒意识的,她也认同"天下可忧"的看法,愿意出来为皇室尽力。当天垂帘,执行了这一重大使命之后,第二天就撤帘,把一切权力交给宁宗,也交还给文官集团,政变确立其合法性,文官政治暂时回归了正常。

这不是没有先例可循的,明显是借用了高宗以来大力鼓吹的元祐故事——太皇太后高氏垂帘之事。此外有一种历史资源,即元祐孟皇后对于高宗稳固其地位的不可或缺的作用。神宗向皇后之于初政的徽宗、仁宗曹皇后之于病中的英宗,都曾有类似作用。更往上溯,真宗刘皇后在仁宗少年时,垂帘十一年。不难理出一条太后在非常时期代皇帝行使权力的脉络。刘后垂帘时期,是宋代文官集团与太后的第一次磨合,尚显得不太成熟。此后,手法逐渐圆熟。英宗病中由曹太后垂帘,一旦疾愈,宰相韩琦立即命人"撤帘",迫得太后仓皇退走。年迈的高太后长期代哲宗执政,是作为反变法派的一位忠实盟友来推翻新法,哲宗亲政,立即全面推翻祖母成纲,适可见当时在朝文官拥护高氏,也正是保护自己。总之,自仁宗亲政直至宁宗登基,一旦有太后临朝之事,主动权一般在士大夫一方。他们为维护皇统和政权的稳定,屡屡借用宫中尊眷,但一旦恢复正常,又希望她立即退居后台,回到士大夫与皇帝共治的状态。宁宗登基之时,情形之特殊,超过此前历次,因为不仅是立一位新皇帝,还牵涉到更严重的事件——废黜在位皇帝。而文官集团借用惯例,还是那么圆满地化解了危机,体现其强大的力量,当真足以自满了。

但是,皇位的危机解除以后,新的危机立即出现了。废立之举,被作为借口,使文官集团本身遭受了打击。而它所引发的君弱臣强的局面,又成为此后几乎是连续的权臣政治之发端。

庆元党禁

新皇登基，既要体现与前朝的延续性，又要表现新意。所谓延续性，就是留用前朝大臣，也正是他们，扶立了宁宗；所谓新意，就是更加增重这些大臣的地位，以示酬庸。赵汝愚由知枢密院升任右相，一同谋划此事的陈骙、余端礼各有酬奖，与留正、赵汝愚同任宰、执。赵汝愚又推荐朱熹任侍讲，召来杨简、吕祖俭等道学名士，朝中正士充盈，文官集团的地位似乎更稳固了。

然而，报功酬庸却有不公之讥。争取郭杲，是赵彦逾之功；获得太皇太后的支持，是韩侂胄办成的。赵汝愚对彦逾说：你我都是宗室，扶持皇室是本分，难道还要求报偿么？对韩侂胄说：我是宗室，你是外戚，不要居功！然而，汝愚本人推辞一番之后，还是升任宰相了。而赵彦逾本来离执政仅一步之遥，立下定策之功，却未予升迁，反被遣去四川任宣抚使。临走时给宁宗递了一封名录，将一干道学名士指为汝愚同党。宁宗由是起疑。

朱熹像

韩侂胄的官位提高不止一级，职务也由知阁门事迁为枢密都承旨，但是没有得到他想望的节度使，更未能实现干预朝政的目标。

他倒是想亲近士大夫——当初士大夫一筹莫展之际正是他主动请缨，太皇太后才答应出面扶立宁宗。但是事过境迁，士大夫复以普通的"近习"待之。他几次在宰相公堂出没，被留正严词训斥：此地并非知阁每日往来处！侂胄被当头浇了冷水。赵汝愚更是视之蔑如，朱熹劝汝愚尽早着手对付韩侂胄，他却不以为意，认定侂胄掀不起大风浪。但是，侂胄不是普通的外戚，其曾祖为北宋名臣韩琦，母为高宗吴后之妹，妻为吴后侄女，其侄女又是宁宗皇后。其家族固然极有根底，与宫中的关系，更是深厚。赵汝愚既以处事不公而开罪他，又轻视他的力量。但汝愚旋即发现，侂胄反击之凌厉，完全出乎他的意料。汝愚当初借重他的力量，后来却不下力气统合他，露出排斥他的意思，但又没有予以全力打击，直接结果就是给自己树了劲敌。

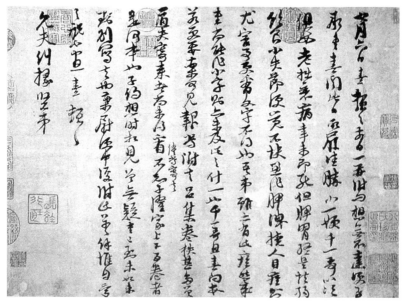

朱熹行书文稿卷。这是朱熹写给程洵的信。

留正在光宗朝末，因抵制皇帝不过宫，"待罪"于城外。宁宗即位后，此举被攻击为"弃国"。宁宗本就对此不满，而留正又未参与扶立之事，皇帝不必顾惜他。韩侂胄略施离间之术，留正就被罢职外放，而汝愚因此势单力孤。汝愚本人是参与定策的，并且在道学家群体中享有崇高声誉，可视作当时舆论领袖，其地位不易动摇，但其性格中粗疏的一面自始至终影响着他。当他成功将宁宗推上帝位后，向人宣称，曾"梦孝宗授以汤鼎，背负白龙升天"，意思是孝宗转托他立了宁宗。遂有人以"伊、周、霍光"恭维他。但自魏晋以来，"行伊霍之事"绝非可以自夸的话，向来被视作篡位的前兆。更何况"梦孝宗授以汤鼎"，可以有更不堪的解释。与这个梦相配合，有太学生上书，要求皇帝"尊汝愚为伯父"，甚至外间传闻，军民要推戴汝愚。凡此种种，都证明汝愚本身已处在危机边缘。这给韩侂胄彻底击倒他，提供了机会。

若止于向皇帝施加影响，还是不够的。一个尚未坐稳宝座的皇帝无理由地罢免深孚众望的宰相，这是不寻常的事。即使有理由，最好也是由其他人提出来。易言之，仅控制皇帝是不够的，在外廷也需培植势力。韩侂胄充分利用一种特殊的人事制度：皇帝任免台谏官可以出自"圣裁"，毋须经由外廷。这是皇帝用以制衡外廷实务部门的重要权力。侂胄也借用此道，先鼓动皇帝更换了几位台谏，将他的党羽安插其中，而后由他们以密集的弹章进行攻击。入手之处，便是汝愚"倡引伪徒、谋为不轨、乘龙授鼎、假梦为符"，"欲行周公故事"。

在宋代，时常有类似情景：不止一位台谏弹劾宰相，通常宰相觉得无颜再居此位，会提出辞职，且通常辞职会获得批准。汝愚被控以如此严重的罪行，也循常规请辞，并至城外浙江亭"待罪"。皇帝立即俯允其请。汝愚一派的在朝道学家，群起为之辩护。然而他们恰好正在赵彦逾递给皇帝的名录中，正应了"倡引伪徒"、结党而谋不轨的指控。于是辩护者也受到猛攻，纷纷远谪。而汝愚在韩党连续的弹击之下，受到进一步的惩处，被流放到靠近南岭的永州（今湖南永州市），途中病死于衡州（今湖南衡阳市）。

赵汝愚死后，韩侂胄为清除其支持者，复令台谏以"伪学"之名攻击道学名流。至庆元三年十二月，立"伪学"之籍，入籍者五十九人。次年五月，"禁伪学"。遂由科考不用"伪学"，在京之官不用"伪学"之徒，发展至禁止"伪学"之传播。朱熹仍在建阳考亭讲学，从者甚众，亦未被强行驱散。故而，所谓"禁伪学"主要在于将道学的影响驱出官场，这对道学的传播当然有很大影响。

好在这一场迫害来去如潮，涨得快消得也快。颁布禁令后不久，与道学有点牵连的，已在朝廷销声匿迹，韩侂胄知足地放松了禁令，以和缓政治气氛。此时，他的势力已是如日中天，一般道学家者流，根本无法撼动他。他要将精力集中于更重要的事业，使本人的功业与地位相配。道学这才得到喘息之机，并于不久之后复振。

宁宗登基之初看似如此强大的文人政治，怎么会突然分崩离析，立即发生韩侂胄的专政呢？文人政治是一种以文官统合其他力量的政治，但实际上未必是他们在掌控一切，至少皇帝的独立性始终无法排除，与文官格格不入但以皇帝心腹的身份起作用的近臣，有时会成为一股危险的力量。真宗朝以后，文臣尚能成功压制这股力量，但南宋初皇帝与文官集团不太正常的关系，尤其是孝宗朝以近臣助他掌控朝政，抬升了他们的势力，韩侂胄便是孝宗朝的曾觌、龙大渊、张说和光宗朝的姜特立的后辈。不过韩侂胄与皇帝的关系更为紧密，又是扶立皇帝的大功臣，非一般从龙之臣可比。特殊的机遇造就了特别强有力的近臣。当他带着宫廷的所有支持强势来临之时，文官集团便难以排斥他。

当然，另一方面，文官集团自身也远非立场一致，赵汝愚所荐拔、且与他唇齿相依的，主要是无功受禄的道学中人。至如赵彦逾等有功的文臣，却被排斥。政场剧变引起的利益分配，反而导致文官集团的内部分裂，赵彦逾之类的大臣，也参与到韩侂胄的密谋中，而一群文官受韩侂胄抬举被安插到台谏的位置，开始对赵汝愚的猛烈攻击之时，文官的分化便完全表面化了。文官的分化不是一种新现象，至少在秦桧当权时期也曾发生过。不过这次不同的是，近臣获得皇帝的坚决支持，前所未有地占据了主动地位。它标志着弱势的皇帝对不同集团之间的关系无法应付裕如。然后，这或者也是非道学立场的专业官僚，依附于一位强势人物，与道学集团的交攻。这一点，在朱熹于宁宗面前攻击韩侂胄，惹得宁宗大怒之时，就正式开始了。而韩侂胄掌权以后，他所用的，主体不还是文官吗？他只是打破了文官政治的排他性。但他与他的党羽，确乎持有一种进取心且愿意付诸实施，这倒成了他与道学家们比较不同的地方。而在他失败之后，这种进取心，就成了不合时宜。

开禧北伐

庆元元年之后，韩侂胄与外廷处于友好合作的状态，其地位已巩固。之后位望日尊，至庆元五年封郡王，开禧元年 (1205) 又"平章军国重事"，位丞相之上，甚至有丞相出其门下者。他的身份极其特殊：出自内廷，却已控制了外廷，至可任命丞相以下的外廷官员，相当于代皇帝行使职责。他的功名已到达顶点，但毕竟身份有些尴尬。出身近臣者，尚无专权的先例，不得视为名正言顺。故而，他有意"立盖世功名以自固"。所谓"盖世功名"，除了"恢复"之外，别无他途。

对北方边情作长期关注之后，他得到令人振奋的消息：金在北境陷入长期、艰苦的战争，境内发生饥荒，形势岌岌可危。他的心腹淮西转运判官邓友龙是主要的信息来源。宋、金边境的淮河两岸，有一个在两边越境犯罪的团伙，一边来剿，就跳到淮河另一边，故称"跳河子"。他们积累了一定的实力，希望有更大的作为，故而随两国形势变化而决定立场。孝宗朝之初，他们曾因金朝的招诱，对宋有所不利。而到了嘉泰中，他们又来向宋"陈说利害"，告以金朝政局不稳，欲与宋人合作谋取利益。友龙获知此信，居为奇货，向韩侂胄献上。淮西前线的安丰军守臣厉仲方，也传来讯息，淮北流民希望过淮投靠，以此为金境内大乱之证据。此外，金暂时关闭了两国之间置于襄阳的榷场贸易，又于边境屯粮增戍，这也显示其国内有危机，故而增强南面守御，以防宋军乘隙进袭。邓友龙还殚思竭虑，撰了一份用兵纲要递上，而且关心备至，连某路用某大将也考虑得很周全。多个渠道都证明北方有大好机会，韩侂胄的进取心迸发，看到友龙深具可行性的报告，更增信心。

很有意思的是，最后令他下定决心的，是道学家的友人辛弃疾。后者自绍兴三十二年归宋之后，一直密切关注北方的时局。他日夜不忘恢复，但四十年来，郁郁不得志。韩侂胄对他的遭遇和抱负了然于胸。嘉泰四年（1204）正月，辛弃疾从知绍兴府任上被召到临安垂询，当时断言金国必乱必亡，本朝应该有所行动。辛弃疾以权威的身份直白地阐明了他的见解，让韩侂胄深为信服。不久，弃疾被起用为枢密都承旨，未受命而终。《宋史》讥讽他久不得志，为规取功名而晚节不保，显然未体谅他暮年未伸壮志的处境。年逾六旬，还未尝为"恢复"大业作过什么贡献，以后尚有多少机会等着他？

韩侂胄也同样有这种时不我待的心态。嘉泰四年，邓友龙从淮西回京，受命出使金国"贺正旦"。与往常一样，使节肩负收集情报的使命，而因为韩侂胄有用兵的念头，友龙此次的使命尤显重要。因一次巧合，他有了丰盛的收获。途中居停于驿馆之时，有人夜半求见，告以"金为蒙古困，饥馑连年，民不聊生，王师若来，势如拉朽"。此正如童贯遇见马植，随后便是挑起南朝的北伐之心。

俟邓友龙奉使归来，韩侂胄确定了北伐计划，从开禧元年至二年上半年，三项工作同时进行。一是统帅和将领的安排，一是军队的布置，一是在金境内联结抗金武装。在开禧二年三月中，先派程松宣抚四川，薛叔似宣谕京西，邓友龙宣谕两淮。次月，薛、邓二人改宣谕为宣抚，由中央的代理人改为前线的统帅。将领的安排，除了东、中、西三线的互调，还有沿江的部队向沿淮推进，力求为即将到来的以东线为主的攻势做出最有利的部署。最后，以郭倪兼山东、京东路招抚使，统两淮兵；鄂州都统赵淳兼京西北路招抚使、皇甫斌兼京西北路招抚副使，统荆襄兵；吴曦为四川宣抚副使兼陕西、河东路招抚使，统四川兵。东、中、西三路主帅与主将安排停当。淮河以南的沿江部队和中央的三衙军大部分调至两淮前线。

开禧二年四月，在正式进攻开始之时，中路已由"忠义人"收复蔡州褒信县。五月，东线的战局全面开始，"忠义人"朱裕结涟水县弓手李全，焚海州涟水县。但是，"忠义人"即宋所策反的金国的平民或游寇，起的作用很有限，仅限于经过突袭暂时占领一两个县而已。所以，关键还是宋自己的大军迅速跟进。

五月，北伐正式开始，其过程异乎寻常地简单。先复泗州（今江苏盱眙县西南），又复虹县（今安徽泗县），复新息县（今河南息县）、褒信县（今河南息县东北包信镇），仅一州三县之地。紧接着就是一系列的败绩，中路军败于河南南部的蔡州、唐州之役，西路军溃于城固县。最关键的东路战役，败势更是惊人。东路的三支军队，田俊迈的濠州军，郭倪之弟郭倬的池州军和李汝翼的建康行马司军，出发时不带辎重，攻打泗州时，宋军就四处搜集民户店铺寺庙的竹竿木竿，绑成长梯，因为泗州城是很低的土墙，又缺人防守，轻易攻了下来。攻占泗州后休整很长时间，又以同样的方式攻打宿州。但宋军休整过程中，金军主帅仆散揆已调拨援军赴宿州。宋军到达之后，先选了一块寸草不生的平地立营，恰好在泄洪区中。当夜开始下雨，次晨，营地水淹及膝，宋军惊慌四走。正逢金方援骑两千人到达，城内也遣两千人夹击，宋军几万人立即溃散，连夜南逃，躲入蕲县（今安徽宿州市南蕲县镇）城中。清晨宋军欲出门再走，已被金军围堵。作为放行条件，郭倬、李汝翼献出了金军痛恨的边将田俊迈，才得以窜归。随着东路军的溃回，北伐的主要战事，在出师同月就结束了。次月宋军攻克寿春府，然而主力既然退走，在淮河以北占领一个突出部实属不必，故旋即放弃。中路军本想进攻蔡州，闻东路败讯，也放弃了计划。

主攻的东路宋军，从六月开始全线撤退，攻势已不可为。现在主动权在金一边。接下来四个月时间，是金军的准备期，将各地军队向南面集中。宋军仍在淮北发动零星的攻势，但主要的态势是等待受攻，因为之前的北进，主力被击溃，新的攻势无法迅速组织起来。到了十月，金军先完成调遣，在东、中、西三线以九路大军同时推进。

十一月，东、中两路军先后进入宋境，攻城略地，进展迅速。东面淮北之地几乎尽丧，中路襄阳被围。长江以北诸州也大多沦陷。此时的韩侂胄，已是急于求和了。但和议只是停留在双方边帅的层面，无法在短期内完成，金军继续忙着占领江北淮南的剩余土地。

自绍兴和议缔结之后，每逢用兵，西路都不是主攻方向，但西路并非不重要。它不仅可以牵制敌方大量兵力，且位居长江上游，对中、下游起着遮蔽的作用。绍兴九年吴玠去世后，宋廷将四川兵力割与几位都统制分领，其后又将吴氏子弟调至中、下游任职。但韩侂胄为了利用吴氏的威望统合西线的力量，将吴璘之孙吴曦，由临安调任四川宣抚副使，实为四川军队的最高统帅。吴曦早有预谋，返川之后，即刻策划叛宋。在东、中两路发动攻势之时，他按兵不动，暗中联络金人，将宋在陕西仅存的阶（治今甘肃陇南市武都区东）、成（治今甘肃成县）、凤（治今陕西凤县东北）、西和（治今甘肃西和县）四州献与金人，换得其支持，以倚金自立。在最危急的开禧二年十二月，吴曦僭位于兴州，受金册封，称蜀王。

三路形势全部失控，对韩侂胄打击极大。为阻止吴曦引入金军，他一度准备承认吴曦的自立，去信告知，承认吴曦为蜀王的正式文件马上就颁下。不过文件还没有发出，开禧三年二月，吴曦为部下安丙、杨巨源所诛。同月，金军主力因为"方春地湿，不可久留，且欲休养士马，遂振旅而还"，主帅仆散揆卒于归途之中。危机暂时全面解除，韩侂胄得以大大松了口气。但是，淮南之地还是金军占着，为了取回失地，接下来的主要事务，就是不得不重新缔结一个和议。

金军固然因猝不及防，在西线被安丙等收回四州，但仍占着大散关和两淮之地，气势迫人，提出的诸多条件中，最苛刻的一条是，要韩侂胄首级。侂胄大怒之下，当即拒绝了和议。但是，朝中有意于和议的，大有人在。

不过，金方的要求只是提供了一个契机，让韩侂胄的反对者下定决心的契机。对侂胄的首级造成根本威胁的关键，还是外廷、内廷的环境变了，而侂胄却不自知。侂胄在北伐一事上虽然轻疏，但北伐失败之后，却力求赏罚严明，尽管是亲信，也都为前线的失误付出沉重代价。他查明了郭倬执卖田俊迈之事，将郭倬斩于镇江。郭倪也因接连指挥失当，被罢职远谪。而他留下的残局，则交由侂胄的合作者郭杲去收拾。郭杲以"主管殿前司公事"的身份巡边，他掌管的京城和皇宫的安全事务，则交由"殿前司中军统制"夏震暂时管理。郭倪、郭倬兄弟，皆是郭杲子侄，郭氏一门本来在首都与地方掌有相当大的兵权，经北伐一役，销蚀殆尽。军方以外，他多年以来提拔的要人，也因为跟着他开边，最终一个个被他秉公办理了，朝中重臣如苏师旦等，地方要员如程松、邓友龙等皆然。故而不得不用上跟他的关系不近不远的人物，如宰相钱象祖，参知政事卫泾、李壁，同知枢密院史弥远（史浩之子），都远非同心同德。他在朝中的主要支持者也几乎全体沦没。侂胄之周边，亦不再安全。

更严重的不安全因素，来自宫中的变化。庆元三年太皇太后吴氏薨，侂胄失去了最有权威的支持者。庆元六年韩皇后薨，他又失去了离皇帝最近的支持者。为皇帝续弦之事，侂胄费尽心思。有二人有资格争夺皇后之位，一是柔婉的曹美人，另一位是有权术的杨贵妃。侂胄支持曹氏，俾利于他照旧控制宫廷形势。然而懦弱的宁宗这一次却是百折不回，非杨氏不可。最后杨氏正位，侂胄在宫中为自己树一大敌。

侂胄声势煊赫之时，宫廷内外这些潜在的反对者隐忍不发。但当侂胄的力量零落之后，他们便暗中通同合作。金方的议和条件提供了重要的动机。除侂胄亲信陈自强之外，所有的宰执都参与谋划，杨皇后与太子，以及太子之师、礼部尚书史弥远起了关键作用。开禧三年十一月，史弥远以杨后伪造的密旨授夏震，夏震遂诛侂胄于上朝途中。经过大臣公决，次年（嘉定元年，1208）正月，宋函送侂胄首级与金，两国才得以再度缔结和议。而宋也进入下一位权臣的时代。

史弥远专权与理宗之立

　　在当时参与诛韩的大臣中，史弥远的地位不高，但是太子师的身份，使他得益不少。诛韩之后，史弥远升为参知政事，同为执政的卫泾以其过于强势，复谋驱逐之。而正因太子将宫内探知的讯息转告他，史弥远才得以用手段逐走卫泾。杨后无子，与宁宗所领养的太子赵询互为倚靠，而弥远遂由此与杨后缔为同盟。史弥远作为外廷文官集团的人物，沿用韩侂胄的故习，结宫廷中的重要人物以自固，这已非寻常的文官政治了。

　　在外廷，史弥远的自固之术也颇堪称道。虽不免任用私人，但很注重所用者的资历和才具，尽量符合文官体系的秩序，示人以公。他也很擅长收拾人心，求得舆论的谅解。他取代韩侂胄之后，立即为道学正名，侂胄专权时期受到迫害的，予以复官、追赠。朝中又立即起用道学名流。终其一生，道学传人若忤其意，仍会受到打击压制，但多由个别的人、具体的事所引起，即使其执政后期与理学家群体发生重大冲突，也未尝发生过韩侂胄那样的清洗。对于当时很活跃的太学生，时或纵容、时或打压，针对具体事件有不同态度。总之，史弥远深悉引导与打击并用的手法，使不同立场的官员，能为他所用，在种种纠葛中，仍能令政事朝着他所希望的方向发展。其强硬实不下于韩侂胄，然其姿态之曲尽其妙，其手段之变幻莫测，却远非侂胄所能及。

早在嘉定元年底，与史弥远共同参与诛韩的宰执，已尽遭弥远排挤，自此便开始了弥远独相的时代。持续到嘉定十三年，他的地位未遇到挑战。但在这一年，太子去世。他面临诛韩之后第一次真正危机。

高宗以后，诸帝子嗣自来不旺。宁宗收养赵询，也为堂弟沂王赵抦收养赵贵和为嗣。次年，询卒后，贵和与皇帝关系最近，遂改名竑，以为皇子，将以继宁宗之统。弥远旋又觅宗室与莒为赵抦之后，改名贵诚。弥远与故太子是熟悉的，但对竑却无了解。竑好鼓琴，弥远购得一名善鼓琴之美人，使侍竑，且厚赡其家。由是竑之动息，弥远知之无遗。竑痛恨弥远之专权，常暗自切齿，称以后即位，要将弥远"决配八千里"，流放至广南路新、恩、琼、崖等州。弥远尝试着修复关系，曾于七夕节进奇巧之具，竑乘醉碎之于地。弥远深知晚景堪忧，遂以其心腹郑清之全力培植贵诚，欲以之取代竑。而竑自以为地位稳固，丝毫不觉。

嘉定十七年八月，素来体弱的宁宗终于到了弥留之际，史弥远如开禧三年那样，再次投入紧张的密谋之中。他请杨皇后之侄杨谷兄弟，再三哀恳杨后助他改易皇位继承人。竑与杨后亦不睦，对她与史弥远的关系颇有微词。但毕竟是废立之事，干涉太大，令杨后犹豫再三。出于自身安全的原因，也考虑到维持她与史弥远的坚固同盟的好处，杨后终于勉强同意。于是，又一份借用宁宗名义的诏书被炮制出来。

闰八月，宁宗崩，竑翘首企盼皇位自然降临，而史弥远由宫禁之中遣人宣召的，却不是他。他从墙隙中窥见人来人往，却是过其府而不入。天明后，终于有人召其入宫，引至宁宗枢前行礼毕，至殿中听宣遗诏。竑很惊讶自己仍站在殿下，更惊讶殿上御座已有人

宋理宗赵昀楷书联句

占据。直至百官下拜贺新皇即位，才醒悟过来，大呼大叫，不肯叩拜，被夏震摔首下拜，听杨后读完"遗诏"，是贵诚（改名昀）即位，而他被封为济王，安置到湖州。

这是与光宗被黜、宁宗继立同等性质的事，由史弥远一手策划完成，则较之赵汝愚等人三十年前所为，更不正常。这本身就说明臣强君弱的格局已难以挽回，而理宗出身久已平民化的宗室之家，莫名其妙被捧上帝位，对史弥远的感戴之情，伴其终身。而弥远遂得以在理宗朝掌权九年。其独相、专权达二十五年，宋代无有其匹。

蒙古侵金与宋金混战

后人或为韩侂胄感到惋惜，认为北伐不见得是错事，但选择的时机不对。若推迟数年发动，应当便能成功。此说有理。仅仅三年以

后，金军便遭受蒙古的全面攻击，至于二十余年后亡国，北境战事未尝中辍，对宋来说自然是极好的机会。当然韩侂胄未必能掌握确凿的信息，且久不习战的宋军，胜率也未必高。

其实早在金世宗朝，危机已伏于北境。大定初年制服叛乱的契丹人之后，北境契丹人离心之倾向愈强，而金廷也不再信任契丹，殚思竭虑者，在于边境契丹人如何不至于为患。由此，完颜亮对金国西北防线的破坏始终无法恢复，原先的立体防御格局无法重建。金世宗被迫寻求一种新方式来保护国境安全，即以大量屯兵配合边堡、边壕，构筑以一条缺乏弹性的防线来保护国境安全。自大定五年增加西北边境屯戍军，渐增至十余万人。大定二十一年起，大举增筑边堡。可知世宗朝北境并不宁定，只是，当时尚不至于威胁金的生存。

进入章宗朝 (1189—1208)，蒙古高原的部落，已成了首要的外患。金廷与广吉剌、山只昆、合底忻、阻䋠 (塔塔儿) 各部的冲突已达到关乎国运的地步。明昌六年 (1195) 至承安三年 (1198) 金在北境与合底忻等部的三次大战，暂时止住了诸部的强势发展，使边境之危机稍得缓解。但蒙古高原的风云变幻，远非金所能控制。于是，增筑边堡又成为最稳妥的办法，直至边堡密布，并以边壕将它们连接起来。但是，金以边墙自限其足，是任由北境诸部自由离合，以强并弱，直至最终出现一支最强大的力量统一蒙古高原为止。至泰和六年 (1206)，铁木真击败各部，统一蒙古高原，而金对其统一的趋势，丝毫无法阻遏。这正是韩侂胄北伐之前一年的事。开禧北伐失败，章宗对宋的"惩戒"不算严厉，恐怕正是因为金北境的危机，已使其不敢对宋施予太大压力。而当蒙古势力崛起之后，这条容易被风沙填平的边壕，以及散布于漫长防线上的兵力，根本无力阻止蒙古军的入侵。

章宗崩，其叔父完颜永济（被弑后追贬为卫王，史称卫绍王）即位方两年，蒙古军便全面入侵。大安三年（1211），蒙军横扫金境，向南至河东北部而止，东、东南两个方面，则直抵辽东、河北南部，已深入金之腹地，前锋直抵中都而还。这还算是试探性的进攻。至宁元年（1213），蒙军又大举南下，直冲中都。金将纥石烈胡沙虎未能守住居庸关，为免于追责，杀卫绍王，迎立章宗庶兄完颜珣，是为金宣宗。

此次蒙军攻势更胜两年之前，除河南、陕西之外，金境各地普遍沦陷，甚至山东亦是遍地烽火。宣宗即位仅半年，蒙军便围困了中都，在订立苛刻的城下之盟后，才暂时解围。宣宗稍得舒缓，立即逃离中都，迁都至汴京了。而铁木真便认定这是不友好行为，重新点燃战火。贞祐三年（1215），中都陷落，河北、河东陷入混战之中，金龟缩河南，与其发源地东北相互隔绝，其力量被一分为二、各个击破。

宋、金再次交恶，正因蒙古攻金而起。嘉定四年（1211，即金大安三年）六月，宋遣余嵘赴金中都贺卫绍王生辰，行至涿州，得知中都被围，中道折返。宋由是得知金为蒙古所侵，至有亡国之危。嘉定七年，金迁都汴京，宋更知其势弱难支，开始考虑新环境下本国应如何自处。当时，放在史弥远面前的，从最保守到最强硬的主张，无不备具。或以为应一切维持原状，

金宣宗完颜珣时期的贞祐通宝

持此说者提出"唇亡齿寒"之论,认为金在蒙古的攻击下焦头烂额,对宋已无致命威胁,应如旧予岁币,以支持其作战,令它在宋、蒙之间长期保持屏障的作用。或以为应减岁币而维持和平关系,此说是为未来的宋、蒙关系考虑。在金灭亡之后,蒙古人很可能按照原先宋金的关系来设计宋蒙关系,故要先向金争取尽量有利的地位。或以为金灭亡在即,应尽早组织北伐,以期获得其部分领土,免致中原尽沦为蒙境。凡此种种,尽管大异其趣,但都已看到金的窘境,且已着眼于将来的宋、蒙关系。史弥远虽然一向持重,却也不愿在剧变的形势之前,一无所为。他支持较为折中的策略,遣使金廷,要求将岁币减为隆兴和议的数额,即由银、绢各三十万降为各二十万。但金宣宗觉得此事无可商议,照和约办理便是。宋使带回此讯,宋廷决定,自翌年起,暂停岁币的交纳,给出的理由,是运河水浅,漕运阻滞。宋人本

1211年蒙金战争,蒙古军于野狐岭战役消灭金军四十万,金朝至此无力反击。本图出自《史集》。

以为，金方因四处作战，遍地烽火，财政极为拮据，应会在此压力之下做出让步。但金没有退让，而是在两年之后，发动南侵。

金兴定元年（1217）四月，金以主力进攻宋之两淮。是年冬，又由陕西攻宋四川。战争进行得拖沓冗长。至该年底，仅西路破宋天水军、白环堡、大散关。次年三月破西和州，四月破成州，随弃二州而去。伐宋二年，迄无所成。

兴定三年正月，再兴师伐宋。疲惫乏力的南征军忽然有了些进展。同月焚成州、破凤州；二月，进取兴元府（今陕西汉中市）、大安军（今陕西宁强县西北）、洋州（今陕西洋县）。然同月大败于大安军，遂弃兴元府、洋州而去。闰三月，仍未见建功，遂班师。

兴定五年，金又出师南下。此次更是三鼓而竭，仅陷蕲、黄而退。由蕲州守城战参与者留下的记录来看，宋于调兵救援方面，固然极显拙劣，而金军的战斗力和士气也极堪忧。然宣宗南征之意犹不息，元光元年（1222），复以三路军马伐宋。不久渡淮，略有小胜而退。还师时再三遭宋军追袭，覆军于淮水之滨。

兴定之五载及元光元年，金几乎年年兴师伐宋，双方各丧师数万，而金迄无寸土之入。不惟如此，金南侵之时，宋固然反击不力，然而金之内乱，却是宋可以大加利用的。史弥远仍然持重，未以宋之正规军进行大规模的反击，但他希望借助金境内的反金力量，由侧翼对金形成威胁。正是在兴定元年金宣宗初次兴师南伐之际，宋以楚州为基地，为山东境内的反金武装红袄军提供支持，吸引山东"豪杰"来投，组成"忠义军"反攻山东。初战告捷，兴定二年忠义军将领李全围海州、下密州，金之东路在宋、蒙夹击中，其势日蹙。至兴定三年宣宗再下诏伐宋之后，李全在山东发起全面攻势，而新近割据山东北

金宣宗为了与蒙古和谈以解中都之围，1214年将前帝完颜永济的女儿岐国公主（图中左边马上的人物）送给成吉思汗和亲，而后蒙古退回漠北地区。本图出自《史集》。

部的张林亦附宋，除济南为蒙军所据，山东东路其他诸州，大多被投宋的山东地方武装所占领。

金哀宗即位后，于正大元年（1224，宋嘉定十七年）向宋方宣布，此后不再南侵。然而宋、金的关系，已根本不可能恢复到和约状态。僵局已打破，但有很长时间，宋、金关系处于混乱状态中，由于蒙古的介入，乱局更形扩大，直至金灭亡之时，局势才得以清晰起来。不过无论是混乱或是廓清，宋方都无利可图。

08

沉沦：理宗、度宗、恭帝朝

　　除了孝宗这一例外，南宋皇帝大多弱势，理宗赵昀（1205年生，1224—1264年在位）亦然。不过他不比宁宗那样，身体与心气俱弱，理宗因为出身的问题，总是无法自信。他对史弥远的顺从与感恩，显示他在位前期，仍笼罩在旧身份的阴影之下。但他努力想摆脱这个阴影，史弥远尚在之时，理宗已表示对理学的服膺及与理学家的亲近，希望展示他与历代帝王很不一样的"圣哲"的一面，求得完全的正统性。史弥远卒后，他力图振作，出师河南，收复故土，亦是适应新身份之一端。但两事皆不成功。理学家赞叹他的上进心，但总是将他与史弥远、济王联系在一起，无意之中，不断地质疑他获取皇位的正当性。而宋的最后一次"恢复"之举不仅未获成功，并且将政权拖入了无休止的战争状态。而他所器重的理学家们，对于保卫社稷的事业，几无所用。其后期，除了与理学家们就哲思相互唱和之外，他不得不借助他认为有军事特长的人物，这又导致了贾似道的专权。而贾似道所谓的"军事特长"实在相当有限，他根本无力扭转宋军对蒙军的弱势。理宗在位晚期，蒙军已全面占据优势。度宗赵禥（1240年生，1264—1274年在位）继位九年，襄阳的陷落，使得宋的抵抗完全崩溃，度宗亦在忧患中辞世。德祐二年 (1276)，蒙军至临安城下，恭帝赵㬎 (1271 年生，1274—1276 年在位) 出降。宋的残余力量拥戴事先出逃的恭帝的两位兄弟赵昰与赵昺，继续抵抗了三年，在广东厓山一役，以全军沦没的方式，使宋朝得以悲壮地结束。

理宗的身份危机

理宗即位不到半年，就遭遇了身份危机。

住在湖州城西的济王，被当地土豪潘甫、潘壬、潘丙兄弟视为奇货。宝庆元年 (1225) 正月，潘壬等纠合亡命之徒数十人，夜半逾城而入，闯进济王邸。济王微服躲入水洞中，许久后被搜出。众人以黄袍加其身，逼令"登基"，拘了州官前来观礼，并以李全的名义揭榜于州门，声讨史弥远擅自废立，且称将亲率二十万精兵，前来问罪。然而至天明，济王发现拥戴他的"义士"，不过是些太湖渔民及县尉、巡检司的弓兵，人数不满百，深知这些乌合之众不足以成事，遂与知州密议，亲自平定乱事以自保。州兵一出，乱党顷刻瓦解，潘壬逃逸。不足一日，一场风波过去了。但大祸还在后头。乱事乍起，寄居于湖州的官员王元春以轻舟一叶，急赴临安告变。朝廷即刻派大军

宋理宗赵昀像

前来，史弥远也派了心腹余天锡入城，来视济王之"疾"。济王遂自缢。湖州有雪溪流经，雅称"雪川"。故济王遭遇变故而遇害之事，称"雪川之变"。

对理宗和史弥远来说，除去了一个极重要的不安定因素，心中大定。然而，外界无人不知，先帝之子横死是出于何人之手。于是，立朝的一班道学家，群起攻击皇帝与宰相，意谓济王无罪而被杀，当事人有悖人伦、有干天和等等，真德秀、魏了翁、洪咨夔等当世名流都加入声讨的行列。史弥远虽然专权多年，却和理学家相处得比较和睦，偶有龃龉，皆能弥缝。然而牵扯到废立之事，却是他不能忍受的。面对声讨者越来越高昂的姿态，他的对策，仍是使用手中的台谏力量，将理学家们一个个逐出朝廷。态度最激烈的，至于远窜南荒，病殁于贬所。自此，他与理学家的冲突开始了。终其一生，这种对立状态迄未缓和，"一时之君子贬窜斥逐，不遗余力"。尽管他卒前半年，已为济王改葬、追复王爵，但丝毫未能挽回声名。在他身后，方大琮在奏疏中称他为"老妖"、"奸孽"。正是济王之事，使史弥远与理学家群体最后决裂，理学家对他的攻击不断，也集中于济王之事。或说，理学家对史弥远恶感有限，不如对韩侂胄的态度，故而，理学后人撰《宋史》，未将他列入《奸臣传》。但在理宗朝，他们之间的对立

宋度宗赵禥像

极明显。弥远未入《奸臣传》，应是宋代官方一直未否定他，元人修前朝史多沿前朝史官之说故尔。

史弥远卒后，理宗仍不断为其辩护、肯定其地位、泽被其后人，这除了与性格相关，也因自己皇位的获取与史弥远直接相关，否定了史弥远，皇帝来路也就不正，那是何等重大的危机？但皇帝较忠厚，他不用史弥远曾用过的压制、贬斥等手段，而是力求以其善意，抚平理学家的愤怒。史弥远时代告终之后，在理宗的安排下理学家纷纷回到朝廷，皇帝身边的文学侍从之士，多用理学门人，皇帝也努力表现他一心向善，勤于钻研与探讨理学，并从根源上确定理学的优势地位：排斥王安石陪祀孔庙之位，以理学家认可的周敦颐、二程为正统，表彰朱熹《四书章句集注》。或者在其真心喜好之外，尚有向掌控舆论的理学家集团"赎买"之意，指望后者不再就皇位与济王之事与他纠缠不休。

但他未能如愿。他为史弥远所迫害的理学家平反，却不为济王立嗣，理学家就不放过他，不断以晋惠公、汉武帝比之，触及他的旧伤，指斥他待兄弟"如待深仇"。有天灾人祸，皆指为济王戾气作祟、上天警示——如端平三年 (1236) 明堂祭天，"大雷电雨雹"，嘉熙元年 (1237) 临安火灾，都作如此解释。最受他器重的词臣刘克庄，在端平二年皇帝与理学家关系最好的时候，就非常直接地提出指责：皇帝视皇位为私产，故而在皇位上行事不公。意外获得这个私产，所以非常感谢予他私产的权相，"遂失君道"。君王刻意保护这个私产，所以对于同样有可能得到王权的兄弟，非常猜忌，"遂失家道"。理学家大约觉得理宗纳谏如流，故而直言无忌。但没有一位皇帝有如此强大的心理，可以永远忍受臣下直斥他"不公"、"失道"。端平间一度出现的和谐，支撑不住理学家反复的质问。皇帝冷然应对责难，既不争辩，也不接受，直至熬过他四十年的统治生涯。度宗继位之初，有人再度提议为济王立嗣，但新皇仍坚持大行皇帝的立场以示对他的尊重。直至德祐元年，才终于为济王立嗣，经过半个世纪的不懈斗争，理学家获得胜利。这是宋灭亡的前一年的事。

　　理宗处于政局瞬息万变的时代，要恢复、要守成，责任重大。但这些只会空谈的理学家们，长期和他纠缠这个问题，他们和不堪其扰的皇帝，只能逐渐疏远。到了淳祐（1241—1252）以后，已届中年的理宗，一面仍有志于进取，逐渐重视对军事家的任用；一面任由理学家充斥着朝堂，很谦和地容忍甚至酬答他们的唠叨；一边又在他们

爱莲堂外景。北宋理学家周敦颐一生最爱莲花，"出淤泥而不染"。他把莲花比成君子。周敦颐后裔便以"爱莲堂"为堂号，以此来纪念先人。

的喧闹声中尽情享乐——甚至将妓女召进宫中，对于群臣的劝谏不加理会。后世主要还是看到他"荒淫"的一面，但实际上他的行为是多种非常矛盾的现象的共存。他在某些场合表现了志向，不过得位的合法性问题，让他一生焦躁不安，他一面用极端的谦抑来赎他的原罪，一面用不理不睬来抵制那些道德高尚的人。理宗后期理学家重新在政坛中失去影响力，正与他们通过追究济王事件从而持续质疑理宗皇位的合法性，有直接关系。

李全之叛及宋失山东

韩侂胄弄兵而亡身，是深刻的教训。金连年发兵南征，复铩羽而归，不难发现其国力已经衰颓。史弥远也期望有所作为，但他老谋深算，不愿意将宋的力量直接投入前景未卜的事业。他密切关注着北境，寻找可乘之隙。机会并不难找，难题是，怎么利用机会。

山东地区自来有很强的反金倾向，比如完颜亮南侵之时，李宝率水军袭击山东，就得到当地许多民众的武力支持。在大安三年蒙古全面侵入后，金的统治秩序被彻底击碎，潜在的反金情绪更得到彻底释放，红袄军等民间反金武装由胶东扩展到整个山东，贞祐二年底（1214）和三年初，金军先后擒杀了胶东和鲁西的红袄军首领杨安儿、刘二祖，但其余党仍遍布山东，在金军的强大压力下，散在偏僻地区艰难生存。兴定元年（宋嘉定十年，1217）金军开始兴师伐宋之后，宋立即由此入手，从此涉入山东的混战中。

这正是史弥远所希望的不太费力的方式。红袄军人数众多，且有丰富的对金作战经验。他们缺一个稳定的基地，尤其缺乏粮食——"宝货山委而不得食，相率食人"。宋方通过在边界两面走私的商人，深入山东，招徕反金武装。以嘉定十二年为高峰，山东的武装一支支地开过淮河，宋称之为"忠义军"。忠义军在宋境的楚州休养生息，养足精神之后，立即率军重返山东。与此相反，山东金军在兴定以后却被极大削弱。金宣宗迁都汴京之后，不仅任由河北、河东陷入混乱，连山东的军队也大部撤守黄河以西，仅剩蒙古纲、燕宁两支军队分守山东东、西路。兴定五年燕宁战死之后，蒙古纲由东平退守邳州。忠义军遂以宋的名义，进据山东大部。

除了清除山东剩余的金军，以及牢牢牵制着龟缩在黄河以西徐州一带的金军，忠义军也在金连续的南侵过程中，与宋军协作行动，参与宋正规军在东线与中线的战事。在宋有限的反攻、夺取对方城池时，忠义军体现了强大的攻击力。而元光元年南侵金军几乎全军覆没于淮河，南来武装也起到重要的作用。

元光之后，金不再有向南发展的余力，同时也无力重夺山东。不过，宋廷要借助他们来收拾旧河山，却也是不可能的。此时忠义军在完成整合之后，又进入分裂的阶段。他们在势弱之时，极需宋的支助。等到在山东站稳了脚跟，在楚州的队伍也同步壮大起来，宋对他们的控制就越来越难。其中几个最强大的忠义军将领，在自己强势之后，慢慢就有了反客为主的念头。

宋廷倒不是没想过这一点，预先作了许多防备，但策略虽然周全，靠文官来控制这些身经百战的人，谈何容易。经过多场火并，鲁西刘二祖的余部、忠于宋的彭义斌被迫北上。嘉定十七年至宝庆元年，义斌攻克东平，逼降附蒙的严实，又继续北进，跨过黄河，攻克大名府，进入蒙古控制区，一路上攻城略地，逼近河北西北部的真定府。这是绍

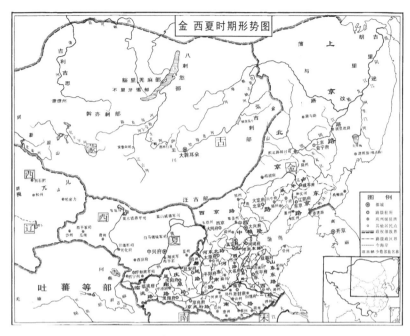

金、西夏时期形势图

兴以后宋军名义上走得最远的一次——已经到了北宋疆域的北界了。但宝庆元年与蒙军对垒之时，因严实阵前倒戈，义斌战死疆场，西路军就这样消失了。彭义斌拼出来的美好景象，只是昙花一现。

　　来自胶东的李全，与杨安儿之妹杨妙真联姻后，成为忠义军中实力最强的将领，在楚州数年，又吞并了大部分友军。同时，李全又占领了山东的大部分，与南宋东北境的楚州连为一体，在这片地区，他是最有实力的人物，南宋派驻楚州的制置使，倒像托庇于他的客卿。先是小不如意则劫掠，此后至于两次攻逐制置使。这支客军是在史弥远的支持下壮大的，而当它势力膨胀且日渐不服管制之时，史弥远却一筹莫展，不知如何是好。宝庆元年"霅川之变"，潘甫兄弟用李全之名以壮声势，据说是事先与李全沟通，获得李全赞成，实际上李全未提供任何帮助。乱事敉平之后，潘壬潜逃至楚州，将越境往山东之时被擒，此事与李全脱不了干系。然则朝廷不想激起更大的变乱，暂时只能有会于心而无法宣之于口。

李全的好景不长，宝庆二年，当他回到山东时，被蒙军困于益都，苦守经年而降，成为中原诸多附蒙武装中占地最广的一支。但就在他受围于益都之时，楚州也发生了巨变。李全部下不服的诸将，发动内变，杀李全兄、子，报功于宋。宝庆三年，李全求得蒙古恩准，复率军回楚州，杀诸叛将，自此自居楚州之主，且扩军造船，急谋攻宋。绍定三年（1230年，金正大七年），李全举全齐之师南下，直至扬州，与宋将赵范、赵葵兄弟对峙于扬州城下，血战累月。次年正月十六日，李全携蒙古使者，置酒高会于扬州郊外，为宋军袭破，李全战死，余军北窜，奉其妻杨妙真、子李璮，继续割据山东，受蒙古之封为益都行省。

宋招徕北军，奉养十余年，虽曾于最初数年见功于抗金之役，又在形式上得到了山东。然不久之后，这支力量变作疮痍两淮的祸患。付出无数钱粮，最终调动京湖数万部队，才算在两淮恢复原样，终无一寸土地之进益。但通过招徕北军，宋于金，则制造了困境，助成山东脱离金境，削弱其实力。苦心经营十五年，得到最大好处的还是李全一家，成长为一个强大的割据者。李全虽然被击杀于战阵，他的儿子又割据了许久，直至元世祖中统三年（1262），才叛蒙被诛。父子两人，一入《宋史·叛臣传》，一入《元史·叛臣传》，成为绝无仅有的千古奇事。在宋、金，后来是宋、蒙之间制造出这样一支力量，大概可以说是宋、金关系恶化之后，多方作为的最易观察到的一个结果。

宋蒙联合灭金

金于贞祐二年（1214）南迁汴京，并同步将河东、河北猛安谋克全体南迁以凭河自固，确实加强了河南的防御，金宣宗的目标实现了。但退缩政策的无穷后患，是他南迁时无暇顾及的。疆域的绝大部分几乎是任其自生自灭，黄河以北，名义上还是金的领土，诏书倒是一封封地送去，号召官民抵抗。可是精锐的猛安谋克军撤过黄河，奉命一直龟缩不出，仅凭自发的地方武装，终究无力与蒙军长期对峙。因此金方在黄河以北的实际控制区持续缩小。尽管如此，边界线仍是太长。西、北两面受到蒙古势力的直接压迫，东、南面与宋接壤，两条线都是数以千里计。局处河南、陕西，仅仅数十万平方公里的土地，却是四面受敌，四境都需布防，军事压力非常大。且既失东北，失去近半猛安谋克及主要的马匹产地，军队的战斗力也难以维持。一旦南迁到汴京，金就只能是苟延残喘，只是拖到什么时候亡国的问题，劣势是无法扳回了。可是，在金方如此拙劣的退让政策下，蒙金战争怎么还会持续那么久呢？这与蒙古的策略有关。

除了初期经常亲征的四年，在攻金的过程中，铁木真的主要力量，其实不在金这个方向。早在成吉思汗十二年（1217，金兴定元年），他已将经营中原之事托付木华黎："丁丑八月，诏封太师、国王、都行省承制行事，……分弘吉剌、亦乞烈思、兀鲁兀、忙兀等十军，及吾也而契丹、蕃、汉等军，并属麾下。且谕曰：'太行之北，朕自经略，太行以南，卿其勉之。'"这一委托一直持续到1223年木华黎病死。而铁木真本人则忙于征服其他地区。十三年（金兴定二年）伐夏，十四年至十九年（金兴定三年至正大元年）征西域，二十一年复征西域，至二十二年（金正大四年）亲自率军伐西夏，入陕西，殂于途。所以这段时间，蒙古与金的战争，就是木华黎和他的子孙，领着一支数量很少的人马在担当。

这支军队的规模，不足以担当灭金之重任。于是这位"太师国王"最主要的任务，就是挟贞祐南下之余威，以美官高爵、裂地分封相诱，不断收编汉地的各种地方武装，这些武装，是此前蒙军南侵对华北社会的破坏所催生的。对于蒙廷来说，汉地的"名器"并不是稀缺之物，节度使、元帅，甚至行省，都不吝惜。而分封之地，更是受封者自力经营而来，于蒙廷不损分毫，却使金政权受到极大的损害。这些割据者大多在投蒙之前已有其势力范围，入蒙之后，更无后顾之忧，一意侵取金境，扩大封域。至于蒙军，其强大的战斗力足以确保摧毁反叛者，但有限的蒙军，难以承受长期对金战争造成的人员损失。木华黎体现了强大的控御能力，令这些归附者按照蒙军的意图与金军作战而不是相互争夺地盘。这些势力大小不等的归附者遍布河北、山东，甚至在蒙军用力较多的河东，也活跃着大量附蒙者的身影。但是，由民间武装成长起来的附蒙军队，其实力与能力，使他们常常面临险境。当他们在木华黎及后继者的居中调控下成长起来之前，攻金的进程显得漫长拖沓。木华黎死后，后继者谋略又远不及他。故而，直至宣宗末，金勉强守住了黄河以北一列府、州，以维持沿河防御线。

继位的金哀宗利用这一形势，立即调整战略，以主力出河东，于正大元年（1224）发动正面强攻。自南部的泽州（今山西晋城市），逐城攻取，正大六年达到顶峰，直至收复太原府北面的忻州（今山西忻

窝阔台即位图

《成吉思汗追击西亚军队图》(波斯人为拉施特撰写的《史集》手稿所绘插图,引自山东画报出版社《剑桥插图中国史》)

州市)。这证明,金军直至末年,仍非不堪一战。但想扳回对蒙军的劣势,为时已晚。其他方向的主要战事已结束,窝阔台继位之事也尘埃落定,蒙军再次投入大量实力,加大反击力度。一年之内,金军又失去了此前五年的成果。并且,窝阔台此时下了决心,要一气呵成,灭亡金国。

正大八年,蒙军定下三路合攻河南之策。由拖雷率一军向宋借道,由陕西入四川,再由京西进入河南西南;由窝阔台率一军由河东渡河南下;由铁木真妻舅斡陈那颜率一军由山东西进。拖雷不顾宋方的拒绝,挥四万大军突入四川,而后在宋军的"护送"下迅速绕入金境,"河南大震",金急调潼关守军十五万前来堵截。次年正月,两军战于钧州(今河南禹州市)三峰山,金师大溃。稍前,窝阔台亦由河南府(今河南洛阳市)白坡渡河,蒙军遂得迅速围攻汴京,并招宋军同来灭金。哀宗自京城南逃,开封苦守逾年,不支而降,河南北面诸州,陆续为蒙军所下。哀宗终于无处可去，南逃蔡州，困守一隅。

这是最后一击了，金已是必亡无疑，而且是祸在旦夕之间。此时，史弥远决定为即将到来的宋蒙的全面接触作点准备了。当前最必要的准备，就是从金剩下的土地中，取回一块，若不然，以后想从蒙古手中取回来，岂不是难得多。所以，到绍定六年（金天兴二年，1233），宋顺势答允了蒙军联合灭金的要求，一面从东线、中线各地分路进军，获得了河南南部八州，大体在淮河以北形成了一个缓冲区。一面遣名将孟珙率精锐北上，于十月与蒙军合围蔡州。次年正月，更有攻城经验的宋军先破南门而入，蔡州失陷，金哀宗自缢，金灭亡。

对宋来说，绍定六年非常特殊，八月出师，次年初克蔡州灭金，而在其间的十一月，史弥远卒于宰相任上。他的专政时期，几乎与蒙古侵金至金之亡国过程相始终。此后，摆在宋理宗面前的是一个全新的局面：宋要独力应对蒙古了，而他本人必须从后台走出来，在变幻莫测、充满危机的时刻，直接指导宋的走向。

端平入洛与宋蒙战争的爆发

金之灭亡绝不意味着战争的结束，宋、蒙之间的冲突必不可免，至于始于何时，则难以猜度，任何一方的不慎举动，就可能立即点燃战火。但一味退让，又绝不是正确的对蒙战略。临安对此后两国关系的走势捉摸不定，抓住这难得的机遇收回部分失地，似是当时仅有的增强自身实力的方式。但如何付诸实施，却颇费踌躇，关键在于，蒙古对黄河与淮河之间的土地，如何看待。是愿意通过和约出让给宋呢，还是会毫不让步？或者是，蒙军尚未进驻之地，先到先得？当时宋廷很多大臣都持保守态度，但有武将跃跃欲试。曾于扬州城下击杀李全的赵范兄弟，尤有进取之心。而朝廷的气氛，也较此前活泼。取代史弥远的，是一位有强硬倾向的宰相——理宗的老师郑清之。而理宗从史弥远时代的沉闷气氛中摆脱出来，受了灭金之事的鼓舞，同样意气风发，帝相意见一致，很快定议，作一次认真的尝试，举兵"据关守河"。

用兵之初，赵范等人从京西、淮西、淮东三路西北行，出乎意料的顺利。蒙古主力北缩，任命的河南官吏，大部分是旧金之臣，他们不愿为蒙古效命，宋军入境，河南诸州纷纷归顺，并没有遇到有力的阻碍。北上仅两月，即已进入开封、洛阳，兵不血刃地占领河南大部分府、州。此即所谓"端平入洛"。

在临安一片欢腾之际，北上的宋军却因给养不足而困窘。蒙古灭金战争极其残酷，中原赤地千里，连汴京都已是废墟一片，这是最

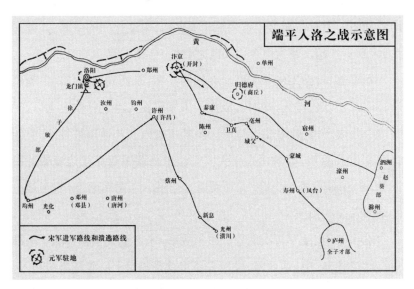

端平入洛之战示意图

彻底的清野。宋师出境,饩食不继。又因蒙军决开黄河南岸寸金堤,赴汴之路,水深及腰,行军至为困难。宋军急于建功,将运粮队远远抛在后面,仅仅是行军到河南腹地,就已饥疲交加。据守汴京的是降蒙的金军,宋军尚未抵城下,立即迎降。宋军驻汴半月,复以万余人携五日粮往洛阳,欲实现"据守关河"的目标。入城次日,军粮已尽。三日后与蒙军遭遇,激战于洛水畔,杀伤蒙军甚众。但此时宋军已四日不食,无力再战,遂夺路南还,为蒙军衔尾痛击,十死八九。一群疲饿之众且行且战,才得以避免全军覆没。驻汴宋军一听到洛阳战讯,即刻退师,"端平入洛"就此告终。

早在嘉定十五年,附宋的李全即曾与蒙古的附庸军作战。嘉定十七年至宝庆元年的彭义斌北伐军,也曾与蒙军对垒。至于宋的正规军与蒙军作战,也已在嘉定十五年发生。宝庆三年、正大八年,蒙军又曾三次攻入宋境,造成严重破坏。但对蒙军来说,这是灭金过程中的插曲。只有在端平元年宋军北上之后,宋蒙之间的全面、连续对抗,才真正开始。蒙古以灭宋为既定目标,自此不移。

端平二年,蒙军忙于将华北各地的汉军,全面向南线移动。当年秋,即分兵两路,侵入宋四川、京湖。宋军已在入洛之师败退之后,于北境全线戒严,此次是戮力以赴。虽然关外入川的通道被打开,但西路蒙军甫入四川,即被阻击于大安军。中路蒙军攻克了边境要地枣阳军,却在襄阳城下受挫,无功而返。端平二年蒙军南下,权当是一次全面入侵的预演。

端平三年,蒙军再次南攻。该年战事,宋方遭受重创。除了两淮守得比较坚牢,中、西两路,蒙军差不多就是沿着上一年的路线进入,去年没有攻克的重镇,经过连月剧战,先后得手,然后一路打进四川与京湖腹地，烧杀之后退去。以成都为中心的四川，大部残破，以襄阳为中心的京湖北部，沃壤丘墟，城防尽毁。尤其是四川，从关外入川之沿途，以及四川盆地诸州，残毁甚为彻底，此后一直难以恢复元气。在此前百余年的宋金对峙中，除了南渡之初，金军从未能如此深入宋境。而宋、蒙全面冲突刚开始，仅端平三年的战争，便使北境一半土地，几成废墟，开局极为不利。所幸者，自金末大乱以来，宋便一直极力经营东线，希望由两淮、山东一路往北，能有所得。这一企图虽然落空，但南宋初相对较弱的两淮防线，已变为较为强固的一段，所以蒙军欲从东线突破，重重碰壁，故而宋一时不至陷入濒临亡国的窘境。

理宗朝的宋蒙战争

端平年间，是宋方的适应期。惯于应付金军疲沓攻势的宋军，突然遭遇蒙军的强大攻击，原先的防御体系顿时失效。蒙军不仅横扫四川的关外四州、襄阳周围京西诸州，并且深入四川、荆湖，逐城攻陷，掠杀殆尽。创残之余，宋方终于适应了长期、全面的残酷战争。从嘉熙元年 (1237) 起，直至开庆元年 (1259)，终于勉强与蒙军相持，偶尔尚能反攻。

蒙军的攻击在东、中、西三路同时或交错发动。故而对宋来说守御的形势是一直紧张的。西线战事最密集，反复遭受破坏。嘉熙元年、二年，蒙军向西袭扰邛 (今四川邛崃市)、黎 (今四川汉源县北)、雅州 (今四川雅安)，中部突进至遂宁府 (今四川遂宁市)、普州 (今四川安岳县)、资州 (今四川资中县)，向东一度进至巫峡。经过两年规模有限的"浅攻"，嘉熙三年之后，突然加强攻击力度。该年蒙军主力大举东进,攻破夔州(今重庆奉节县),进至夔峡、巫峡,大有顺流而下之势。宋孟珙军由京湖出师,于归州数次成功阻遏蒙军,迫其退去。淳祐元年(1241),蒙军主力进犯川西,再次攻克宋军重建的成都、汉州(今四川广汉市),蹂躏嘉定府(今四川乐山市)、泸州(今四川泸州市)、叙州(今四川宜宾市东)。至此,长江以北四川诸州皆已残破,每次蒙军退出之后兵民生聚,又在蒙军新一次攻击之下失守,重遭一番劫难,故而原有的收复—防御模式过于被动。淳祐三年始,新任安抚制置使余玠在四川推行山城防御体系,于诸州择山势险峻近于水道交汇处、山顶宽平有可耕之地者筑城,聚兵民于其上。大约构筑了二十余座山城之后,四川的防御体系得以简化,兵力集中于险要之地,宋军便于水、陆协同防御,而蒙军的骑兵难有施展的空间。又民众既集于山城附近,蒙军便野无所掠,即便长驱直入,亦难以长久。而宋军反择机向北反击,试图夺回川北重镇兴元府、利州(今四川广元市)。

蒙军的目标是占据长江沿岸诸州,以便于向中游进攻。受扼于江北诸山城,遂尝试另开辟战线。1253年,忽必烈率师进攻大理,次年灭大理,其后蒙军遂由四川西南叙州一带东进,试图实现南、北两路对沿江诸州的夹击。其南路军虽然受到叙、泸州宋军的阻截,但从侧翼对长江沿线诸州形成威胁,大大增加了四川宋军的防御压力。

由于蒙军一直试图由上流突破,中路荆襄地区的防御形势相对和缓。而荆襄的又一优势在于,军事统辖体系较为稳定,不像四川那样防御线漫长、军区划分复杂。端平三年制置使赵范统御无方,引发南、北军内斗而致襄阳附近诸州失守,此后,长期由名将孟珙总制防区事务,便显得较有余裕。嘉熙三年至四年,孟珙出师收复襄、郢州

(今湖北钟祥市)、荆门(今湖北荆门市)、信阳军(今河南信阳市),重新将防线由长江推进到汉水。淳祐六年孟珙去世后,贾似道、李曾伯先后主政荆襄,继续强固襄阳防御,且在西面紧扼归、峡州,防止蒙军由上游突破。在巩固本区之时,中路曾多次出兵至东、西两区助战。如嘉熙元年、二年,孟珙亲自率军助守淮西黄州(今湖北黄冈市),重创蒙军;三年由归州西上,将蒙军逐出夔州。中路长期维持汉、江两线的巩固防御,使下游不致立即陷入窘境。

东面的两淮,端平入洛之时,已将首都驻防部队大量调向北面,构筑江、淮两道防线。这种"守外虚内"的新格局此后一直得以保持,两淮的布防兵力也最为充裕。故宋、蒙战争开始后,宋军的战略不再是宋、金对峙时那样,时常弃淮守江,而是将主要的抗击集中于江淮之间。蒙军对两淮的首次大举攻击,在嘉熙元年,攻陷两淮最西面的光州(今河南潢川县),并分兵四出,其主力指向长江北岸的黄州。在京湖军队的支持下,宋军在江面与黄州城下激战弥月,终将蒙军驱退。另一支蒙军由史天泽率领进攻安丰军(今安徽寿县),被宋方守将杜杲多次挫败攻势,围城三月,损失万余而退。在滁(今安徽滁州)、泗等州,蒙军也遇到坚决抵抗,无功而退。淳祐年间,蒙军连年进犯,两淮遭受严重破坏,但宋军防御严整,淮河以南之州县,大多失而复得,且一度北进,占领了淮河北岸寿春府。宋之坚守两淮,远较四川成功。

嘉熙年间三段防线的激战之后,宋方稳住了局面,其中四川形势最为不利,但总算守住了长江。而在荆襄、两淮,蒙军始终只能停留在攻掠战的层面上,所能攻陷的城池很少,淮、汉防线尚难攻破,毋论长江防线。可以说,在严酷环境的考验下,宋方体现了较强的军事潜力。这与端平之后一改旧貌，以武帅或曾在战争中建功的有军事才能的文臣统领军务，且各军区统帅能够久任，有直接关系。而在主攻的蒙方，虽然在三路皆未中断南侵，但并无整体的规划，进攻的重点也不突出，这当然延长了战争的时间。在十几年的战争中，窝阔台汗、贵由汗先后过世。至淳祐十一年 (1251) 蒙哥即位，始定下全力灭宋的决策，其由大理绕道进攻泸、叙州，行"斡腹"之谋，即是全面入侵的准备工作。

宝祐六年 (1258)，蒙哥汗亲率四万大军，由利、阆 (今四川阆中市) 州一线南进，偏师由巴州 (今四川巴中市) 南进，锋锐指向重庆。复遣其弟忽必烈由河南进击荆襄，兀良合台由大理入广西，三路期会于鄂州 (今湖北省武汉市)。蒙哥此次用兵，步步受阻，自该年九月由汉中

夔门，又名瞿塘峡、瞿塘关，瞿塘峡之西门。雄踞长江三峡之首，峡中水深流急，江面最窄处不及五十米，波涛汹涌，呼啸奔腾，令人心悸，素有"夔门天下雄"之称。

南下，次年二月，至合州钓鱼城下，肃清外围之后，全力攻击孤城。但宋将王坚凭恃天险，坚壁不下。其间京湖吕文德军来援，被蒙军击退，不过钓鱼城兵精粮足，外援断绝并未对守军有直接影响。蒙军苦攻五个月，损折甚众，始终无法破城。时已入夏，蒙军疫疬流行，蒙哥汗也染疾死于军中（一说毙于飞石）。蒙军遂护丧归国，钓鱼城解围。

正当忽必烈率军渡淮之时，由战俘口中得知蒙哥死于军前的消息，但忽必烈不予置信，仍依原计划进军，由黄州渡江，进围鄂州。当时鄂军主力西进援蜀，鄂州空虚，然仍能借水军之协防长期坚守。不久，宋将高达自襄阳来援，右丞相贾似道亦自汉阳率军来战。蒙军围鄂三月，蒙哥死讯已经确认，忽必烈急于回国争位，遂匆匆撤军。兀良合台军由大理穿越广西，宋军无力阻击，直至潭州（今湖南长沙市）城下，才遇到坚决抵抗，归州守将向土璧调防潭州，守至忽必烈北归争位，召兀良合台由鄂州渡江北去，方摆脱"斡腹"的危机。

蒙军最有威胁的一次进攻，至此草草收场。宋暂时摆脱了危机，获得喘息的时间，但并不能扭转整个局势。只要攻守之势无法转易，那么在关键节点被突破，从而导致防御全线崩溃，就只是时间的问题。

贾似道的时代

史弥远之后，宋有长达二十五年的"正常"时期——皇帝正常行使着职权，没有所谓"权相"把持朝政。即便是他的老师郑清之在相位之时，皇帝也掌握着主动权。而十余年任用的宰执，大多有贤名，其中大部分与理学家有较深的关系。朝中大臣，也多用理学中人。

被称为"小元祐"的"端平更化"，在时人看来，确有元祐时期的盛况：贤士当国、舆论开放、朝政清明。在前线战火连绵的时代出现此类承平景象，殊属不易。后期，则有转变，如丁大全这样的奸佞之人登上相位，意味着理宗治国能力的下降。但即使如此，仍不能与韩、史专权时代相比。丁大全当国不过一年半，为患有限。而随即出现的贾似道专权，在后人的评价中，似要严重得多。这又与当时的特殊背景，与理宗中期命相的新特点有关：战火绵延，将领的地位日显重要，而一些文官出身的优秀统帅尤受眷顾，几位优秀的将领最终登上宰执之位。先是嘉熙三年史嵩之除右丞相，开其风气，其后赵葵、陈韡先后于淳祐五年、九年同知枢密院，赵葵且于淳祐九年任右丞相，虽未就职，但这一任命，在宋代是前所未有的现象。宝祐二年李曾伯参知政事，而后是贾似道的飞升登顶。

　　贾似道是外戚出身，其姊为理宗最宠爱的妃子，几乎立为皇后，这对似道的前期官宦生涯，有极重要的助力。然而理宗尚未昏庸到仅凭这一层关系即倚重似道的地步，似道亦非无识无能之辈。淳祐元年为湖广总领，锋芒毕露，"刻剥至甚"，大约军需征集不易，故而正需要他这样的能吏。他在边事方面似乎未露峥嵘，淳祐六年在沿江制置副使任上，"措置蕲黄山寨城筑"，亦未见有直接与敌交锋的记录。但是，以"善相"著称的孟珙，却非常赏识他，该年孟珙卒，遗表荐似道以自代。似道立即升任京湖制置使。淳祐十年，调任两淮制置大使，年仅三十三岁。宝祐二年，以制置大使加同知枢密院事，封开国公，威权日甚。由其功业来看，似亦无大可观者，应当是承孟珙之旧，在京湖与淮西继续加固防线，而恰好淳祐至宝祐中，蒙古政权在窝阔台、乃马真后、贵由、蒙哥之间流转，内部略显混乱，大举南侵行动较少，故而似道历任两个战区的最高统帅，竟无大的过失，于是官位与权势迅速上升。

开庆元年，蒙军三路侵宋，嘉熙以后宋的最大危机来临，而贾似道证明自己真正能力的时机也到了。他先以枢密使兼京西湖南北四川宣抚大使，又于军中拜右丞相，率两淮大军西进援鄂，进驻与鄂州隔江相对的汉阳军（今湖北省武汉市汉阳区），十月，亲入鄂州督师，百计固守，终于等到忽必烈退兵。宋方史料对于贾似道在鄂州围城战的作用，大抵无正面评价，认为是高达在实际指挥，似道只是因人成事。反而强调他在围城末期，一度欲向蒙军求和。不过，《元史》却记载，忽必烈对他评价很高，赞曰"吾安得如似道者用之"。或者似道的指挥才能不应过分贬低。

似道凯旋，勋绩卓著，地位牢不可破，遂挤走左丞相吴潜，由此开始其"专权"之时代。

似道为人，颇有可称道处，如用人尚公，喜荐拔才士。其由鄂州入朝之初，远窜丁大全，逐权阉董宋臣、卢允升，"登用故老"，当时大快人心。又令外戚不得出任地方主要官员，"子弟门客敛迹，不敢干朝政"。《宋史》于其本人之传中，将这些举措都视作其"进用群小"的前奏，倾向未免过于明显。而《宋史》对其抨击最为严厉的，莫过于景定四年实行的"公田法"。

公田法之推行，其背景是军粮的开支入不敷出。南宋后期，兵数增加极快，正规军已增至五十五万以上，较之孝宗朝，有十余万的增长。这还要考虑到两个因素：正规军以外，尚有数十万民兵的存在，也是要支取军粮的；蜀地荒残，尽其全力，仅能供五万兵，较之孝宗朝，少去一半，如此，则京湖、两淮增长的兵数更多。这直接导致军粮需求的猛增。以淮西为例,绍兴中,每岁供军粮七十万石,嘉熙中,已升至一百五十万,其来源为:江东、江西路纲运五十万石,大致为两路之田赋;淮西本路诸州和籴六十万石;平江府(今江苏苏州市)百万仓供给四五十万石,其实是由平江一府籴得。此外,淮东也从平江府获得大体相同数量的军粮。仅平江一府,一年所籴之粮即为孝宗朝田赋(苗米)之三倍。而两浙其他诸州,也需大量和籴以供临安官、兵、民所用。这对两浙民间是巨大的压力,故而,和籴极难。以市价籴米,则朝廷需支出大量货币,国库不足供给,便增印楮币(纸币)以济急,遂致物价飞涨。以贱价籴,则百姓不愿,若向细民科配,官方支付不起人力成本,故往往劝谕大户籴与政府,这也成为大户的负担,若遇歉岁或籴量增加,地方官便难足额籴得。和籴的两难处境,是由政府手中掌控的土地太少所致。相反,此时民间的土地集中,却达到很高的程度。贾似道接受属下建议,在两浙西路平江等六个府州推行"回买公田"之制,每户限田百亩,逾限之田,由政府买作公田,公田租入,充作军粮。贾似道率先捐地万亩,又鼓励理宗弟荣王等争相献卖,但官民并不愿积极跟进。而在回买过程中,田价被普遍压低。短期之内,政府又无法支付足够货币,遂仍以惯用之法,增印楮币以偿价。朝野之间,怨声载道。

公田法实有其成效。回买公田毕,和籴之制便不再实行,六州所得公田之租,每岁数百万,足支军粮。这对于政权的延续,实有极大的支持作用。然而,此制劫富济国,损及官户及豪户利益极大,反对的声音,迄宋亡而未绝。

若说公田法之目的在于开源,那么,"打算法"的目的便在于节用。"打算法"行于景定元年,其原意是审计诸大将开支,钱粮若非用于支饷、犒军等制度内的用途，则要追"赃"，甚至入狱、远谪。此制确实有减少军队开支的效果，然而连年激战之下，将帅往往有非正常的支出，贾似道将"打算法"作为陷害政敌的妙计，但凡需要严格审计的对象，则如招募新兵、支给民兵米，都在"追赃"之列。赵葵、李曾伯、史岩之等，较似道更资深，为其所嫉，皆陷法中，责偿不已。向士璧、曹士雄、高达等功勋卓著的将领，素来鄙视似道，亦遭"打算"，向、曹二人至于论死。用兵之际，对将帅用度，本应留有自主的余地，故此举对士气有严重影响，更遑论在至公之面目下，行妒贤嫉能之实。贾似道此计亦为其亲信所效仿。潼川路安抚副使刘整与四川制置使俞兴有隙，俞兴遂遣人来"打算"，刘整有向士璧等人的前车之鉴，遂决意叛宋，景定二年，以泸州等十五州三十万户降蒙，这是"打算法"最严重的后果。

贾似道所行，有出于救国之公心者，亦有出于固权之私心者，且两者未必截然分明。但是固权尚是容易的事，而救国却大为不易。开庆元年鄂州一战之后，忽必烈撤军，全力应付阿里不哥的挑战，宋

宋李唐《采薇图》是以殷末伯夷、叔齐"不食周粟"的故事为题而画的。画面上二贤以野菜充饥而没有被困苦压倒，着力刻画了宁死不屈的人物形象。借以表彰保持气节的人，谴责投降变节的行为，在当时南宋与金国对峙的时候，可谓是"借古讽今"，用心良苦。

的形势得以暂时缓和,中、东两路平静下来,仅在西线,双方在交错的战线上此进彼退,仍有频繁的逐城争夺之战。此时,贾似道还是作了一番努力。

在此前二十余年的宋、蒙战争中,宋在两淮承受的压力,主要来自淮西,尤其是淮西与京湖交界之处,而来自淮东的威胁向来不大。这是因为,进击淮东的任务,蒙古方面向来是交给益都行省李璮的。而李璮一直很注意保存实力,攻击力度不大,报给蒙廷的战功却很夸张。贾似道趁忽必烈专注于西北之际,竟然成功策反了李璮,将山东最东南面的海州献给宋,且于元中统三年(宋景定三年,1262)二月杀境内蒙古戍军,举兵反蒙。但忽必烈在上一年十一月与阿里不哥的会战中,取得胜利,随即掉头东进,召集蒙、汉军队——尤其是河南、河北及山东西部的汉军,围攻李璮。宋方显然已有应援的准备,立即遣夏贵引军北上,攻占泗、宿、亳等州,兵锋已近山东。但碍于山东西部东平、兖州一带蒙军力量较强,无法逼近济南、益都。而由海上应援的宋军,也在沧州、滨州海岸被蒙军击退。李璮自四月被困于济南,一直无法解围,六月,城破被杀。宋方竭力掀起了一次罕见的大规模的军事行动,未能奏效。这预示着它无法改变被动的局面,终将在蒙军的持续进攻下崩溃。

景定五年,理宗崩,其侄赵禥继立,是为度宗。度宗身体与心智都不健康,对贾似道的依赖更重。似道获得了"平章军国重事"的名号,位在宰相之上,国事由其一言而决。然而权势愈盛,皇帝对他的依赖愈重,其能力与魄力愈是不堪负荷。度宗继位之时,时势如前,前线的军事行动不温不火,但那是最后危机的潜伏期。四年之后,蒙军开始围攻襄阳,宋皇朝与贾似道专权,进入了最后阶段。

襄阳失守与宋之灭亡

宋度宗继位的同一年，忽必烈彻底击败了阿里不哥。此后数年，他专注于两件事：削夺汉人世侯权力，修造舰只与编练水军，都是为灭宋做好最后的准备。突破口在于襄阳。

自端平元年起，蒙军攻宋，大约经历了三个阶段。第一阶段为"浅攻"。不以占领敌境为目的。即使是几次深入宋境的军事行动，也是屠杀劫掠毕即撤军，仅在兴元府屯有不多的兵力。这一阶段大约至贵由末年为止。第二阶段是深度攻击。开始在边境屯田、聚重兵，攻占敌方州县，往往倾向于择要害处据有，如川北某些州以及宋京西地区北部，以利于下一次用兵更加深入敌境。第三阶段，则自宋咸淳四年忽必烈困襄阳始，欲以举国之力，自关键节点攻入，席卷而下，直至攻占宋之全境。

以前的蒙军是不分重点的三路南侵，但逐渐形成以上游为重点、打通江路的策略。但宋之叛将刘整向忽必烈建议，由中路进行突破，攻占襄阳，由汉入江。忽必烈豁然开悟，觉得这一主张完全可行。其实由四川突破，东进时仍要遇到京湖的阻击，且上游江道较险，不易利用，舍繁就简，直捣腰脊，似更可取。至于中路突进之地，上、下游宋军共来夹击，也是可以避免的。上游的宋军仅剩数万残部，自守山城不暇，四川的蒙古驻军已足够起牵制作用。对下游两淮，可再出一军，使其无力援襄。当然，要利用江路，唯一的办法是建立强大的水军，使宋方不再能保持水战优势。刘整之降，使蒙军获得大量战舰和强大水军，当忽必烈决定由襄阳入手之后，又命他训练数万水师。至元四年（宋咸淳三年），以阿术和刘整统军，开始围攻襄阳。

蒙军先沿襄阳外围，兴筑堡垒，同时，阿术率大军抄掠襄阳东南的复州（今湖北天门市）、德安（今湖北安陆市），削弱周边宋军实力，使之无力干扰蒙军的筑城计划。次年，忽必烈派史天泽率二万签军来助，襄阳城外，陆续调来十余万大军，列营数十里。史天泽久历战阵，最擅长攻城，他指点蒙军修筑一字城，将诸堡垒连为一体，断宋军来援之路。襄阳守将吕文焕不断遣军出城反击、攻袭长围与其他工事、烧毁攻城器具，尽力破围。但仅凭城中的兵力，不仅难以给攻方造成重大损失，并且难以阻碍蒙军将围城工事修得越来越密。

忽必烈虽遣董文炳在东线发动攻势，牵制宋军，然而两淮是宋军兵力最集中之处，仍有余力进援襄阳。咸淳五年春夏之际，京湖都统张世杰援襄，与蒙军交锋小胜，然根本无力解围。淮西制置副使夏贵

元刘贯道《元世祖出猎图》(局部，台北故宫博物院藏)

亦由水路赍送衣粮至襄阳,旋即南返。至七月,夏贵以舟师五万大举来援,欲攻袭蒙军城寨,击破包围圈,但小挫而返。吕文焕于次年春又集城中万五千人出击,仍是溃败入城。蒙军又在汉水中立栅,配合两岸堡寨,断绝水上交通。围城两年之后,襄阳宋军已被隔绝,仅以汉水一浮桥连接对岸的樊城,互为奥援。

至咸淳八年,蒙军已围城四年,因襄阳原先囤积粮秣极多,故迄未缺粮,但盐、布等物紧缺,汉水下游郢州宋军于该年春汉水暴涨之际,强攻至城下,一度运入物资。又于均、房州招募义军三千,在张顺、张贵兄弟统领下,乘五月雨季,复以小舟载送物资,逐寸杀入城中。此役中张顺战亡。张贵向吕文焕提议,遣人与郢州宋军相约,里应外合,尝试突破重围。当张贵如约出击时,却发现郢州军已失约退走,致张贵部全体战死。宋军最后一次破围战失败。

旷日持久的围城,到咸淳九年进入尾声。蒙军终于设法破坏了襄、樊之间的浮桥,使两城不得相援。忽必烈又专程从西域引入回回炮,打碎樊城城堞、角楼,蒙军蜂拥而上,在激烈的巷战之后,攻克樊城。二月下旬,蒙军总攻襄阳,回回炮一发,击中谯楼,声震天地,百五十斤的炮石陷地七尺。襄阳军民再无斗志,四日之后,吕文焕出降。

南下通道已经打开,此后一年,蒙军继续大举造船,编练水军,且在襄阳及两淮沿边聚边屯田,为最后一击全面做好准备。而宋人固守之心也已崩溃,束手无策,虽尽其所能防守长江下游,在鄂州以东强化防御,但面对蒙军已全然改观的水师,难有起死回生之效。咸淳十年七月,度宗病死,年仅四岁的赵㬎即位 (即宋恭帝),使局面更为混乱。

咸淳十年九月,忽必烈以同知枢密院事伯颜为主帅,统水陆二十万大军,由襄阳南下,绕过坚城郢州,攻克沙洋城、新城、阳逻堡等由汉水通长江的坚垒，逼降复州，遂入长江，鄂州、蕲州（今湖北蕲春县）、江州（今江西九江市）、安庆府（今安徽潜山县）等地，守将多是吕氏子婿、旧部，吕文焕为蒙军前导，诸州应声而降。

德祐元年（1275）正月，蒙军已抵池州（今安徽池州市）。宋王朝的皇帝、太后以至臣、庶，纷纷呼吁贾似道亲自率军抵御，再现鄂州守城的辉煌。贾似道正为自己所信用的吕氏诸将纷纷倒戈而惶惑，不得已亲统诸路调集的十三万人，往长江堵截蒙军。当月，两军共二十余万人战于池州以东的丁家洲江面。贾似道以下，悉乏斗志，在岸上巨炮的轰击下，宋军阵形开始散乱，主将孙虎臣返身而走，十余万人瞬息溃散。贾似道与夏贵逃入扬州，在朝野一片攻击声中，被罢职远谪，杀于途中。

丁家洲之败，加速了长江下游诸州的沦陷。太平州（今安徽当涂县）、无为军（今安徽无为县）、和州（今安徽和县）、镇江府（今江苏镇江市）守臣或逃或降，蒙军尚未到达，建康府（今江苏南京市）守将就遣人献城。宋之淮东部队损失不大，但与淮西夏贵部都受到江、淮两面蒙军部队牵制，难以动弹。夏贵部尝试渡江南来，在巢湖、和州江边两次被击败，只得复回庐州守御。宋廷竭力拼凑数万部队，以枢密都承旨张世杰统之，与蒙军主力战于焦山江面，遭蒙军火攻而败。自此宋再无力组建堪与蒙军相抗的强大兵力。蒙军分三路由建康南下，进军临安。德祐元年十一月，陷独松关。次年正月，蒙军至临安城下。临安降，南宋亡。

厓山海战

在蒙军抵达临安前夕，知临安府文天祥提请，送恭帝的兄弟益王昰、广王昺出城，以保存复兴的希望。临安降蒙后，南走的陈宜中、张世杰、陆秀夫等人与二王会于温州，同向福建进发。德祐二年五月一日，益王昰于福州称帝（即宋端宗），改元景炎，以示效法一百四十九年前同一天即位的高宗，再度中兴宋朝。新朝廷以陈宜中为左丞相，张世杰为枢密副使。由蒙军营中逃出的文天祥也辗转来到福州，被任命为右丞相。

当蒙军由襄阳南下鄂州之后，分军西向攻克江陵府，复出洞庭湖入湖南，沿途岳州（今湖南岳阳市）、常德府（今湖南常德市）、澧州（今湖南澧县）等望风而降，至德祐元年底，攻克潭州（今湖南长沙市），占据两湖大部。由是，宋境东、西部之间已被隔绝。四川蒙军发动全面攻势，逐个攻下山城，清除残存宋军。淮西已在临安陷落时降蒙，李庭芝困守淮东，无法与江南联成一片。宋的原有疆域，被分割为互不相连的几片。其始，陈宜中等对淮东抱有很大希望，那是硕果仅存的一支精锐部队了，若李庭芝部能由扬州突围南下，对于政权重建将有极大作用。但李庭芝在当年七月的突围战中兵败被俘，淮东也全境沦陷。因此，福州的新朝廷，从一开始活动的余地就不大。主要的腹地是尚未为蒙军所下的福建、两广，另有蒙军占领不久、驻兵较少的浙南、江西，尚可争取。

以福建诸州为基地，福州政权立即对浙南展开反攻，收复临安以南诸州，文天祥又于七月亲自北上督师。但到八月，形势已逆转，蒙军组织重兵南下，重新控制两浙诸州。江西的宋军仅一度据有南部的几个县，且旋即败退。九月，蒙军由两浙分三路南下，指向福州。建宁府（今福建建瓯市）、邵武军（今福建邵武市）、南剑州（今福建南平市）相继失守，浙闽通道打开。群臣拥端宗驾船南泛，驶往泉州。控制泉州的是闽广招抚使兼提举泉州市舶司蒲寿庚，因长期经营蕃舶贸易而养成雄厚力量。宋军至泉州，征用市舶司船只，致蒲寿庚闭城不纳，尽杀城内南外宗正司皇族及其他拥宋力量。十二月，蒙军至泉州，蒲寿庚迎降。福建诸州尽为蒙军所下，端宗只得由海上再往广东惠州。而文天祥由江西退至福建汀州之后，也因汀州失守，移屯梅州（今广东梅州市）。蒙军同时由江西、湖南两路逾岭。广西重镇静江府（今广西桂林市）受围三个月之后陷落。两广诸州纷纷降蒙，至景炎二年二月，端宗逼处珠江口的官富场（今广东深圳西南）。

宋军经短时休整之后，于景炎二年五月，兴兵向赣、闽反攻。文天祥领军出梅州，下江西吉、赣州诸县，张世杰袭取潮州，又围攻泉州。然而当元军主力南来，宋军一触即溃。文天祥溃师于空坑（今江西省永丰县东南），率残部退往潮、惠之间。蒙军随后由福州南下，张世杰由泉州撤围，趋珠江口会合端宗。蒙军紧随其后，迫使宋军由珠江口继续西行，欲逃向占城。但在景炎三年，蒙军疾速南进，占领雷州，控扼琼州海峡。宋师遂不得进，停留于碙洲。四月，端宗崩，群臣又拥立其弟昺，改元祥兴。六月，张世杰选择了新会县（今广东江门市新会区）东南海中的厓山作为驻跸之地，于其上筑宫室，

文天祥像

泊船驻兵。蒙军得讯,分水、陆两军来袭。陆路由江西入广东,年底于五坡岭(今广东海丰县北)执文天祥。张弘范率舟师出漳(今福建漳州)、潮(今广东潮州),于祥兴二年(1279)正月围厓山。

对峙于厓山的两支军队,宋军在人数上占优,有二十余万,而蒙军不过数万。但宋军大部分为义兵,少数官兵绝大多数来自东南诸州,很少经历艰苦的战阵。而蒙军自攻襄阳以后经历十年磨炼,水师已非昔比。丁家洲一战,早已显示了实力。张世杰在焦山江面,也同样取败。此次决战,张世杰也未必有必胜的信心,只是觉得,这样四处流亡没有意义,而且沿海渐为蒙军所占,连海南岛也已陷落,二十万人供馈渐难,终有无处可去的一天。此战若取胜,则至少在东南,尚有扩大战果的机会。因此张世杰并未作战败逃离的准备,而是孤注一掷。

二月六日,两军在厓山海面决战。张世杰恐将士甫一接战便四散溃逃,下令将大船相连,构成一座浮城,帝昺居中,将士四周拱卫。如此将士固无可逃,而水城则成为对方矢石的固定目标,水战便演化成攻城战,无法发挥宋军水战的机动性,蒙军的陆战能力则可得到充分发挥。两军自清晨战至傍晚,在蒙军四面围攻下,宋军饥疲不堪。恰值风雨晦暝,蒙军乘机逼近,宋军大乱。陆秀夫见无力回天,负帝昺跳海,后宫、百官、将士随之蹈海者数万。张世杰乘乱解舟逸去,数月后,值飓风溺亡。残宋之力量,再无复振之可能。

自临安陷落至厓山之败,其结果实际上已可以预测,只是忠臣义士不愿残喘于敌方铁蹄之下,遂于极为困敝的环境下求万一之希望。与建炎中相比,南宋末的情形远为恶劣。与当时金军急于求成、在各战区迅速扩大战果不同,蒙军稳步推进,以三年时间逐渐逼近临安，途中以多次会战与围城战，基本耗尽了宋的主力军。因此福州政权拼合南方官军、民兵数十万，大多缺乏在北方边境与蒙军作战的经验，面对蒙军的大部队，不堪一击。蒙军已占领了经济发达的区域，残宋力量在逼仄、贫困的福建、广东，又难有重振的财政基础，且离蒙古占领区极近，守臣动辄迎降或被突然攻下，这个腹地是不可靠的。再则，以全宋之力，尚无法在陆地上与蒙军相抗，残宋的力量，就更不可能通过陆战来逆转局势，所以，他们不能离开海岸，希望可通过较强的海战能力自保。但是蒙军的水战能力已不下于宋军，在广阔的大陆腹地支持下，胜算很大。且宋军没有陆上的基地，近海舰队如何生存？从福州逃出后，残宋的水师一直在闽广沿海徘徊，寻找可以重新回到陆地的机会。但这个机会越往后越渺茫，即无厓山一战，也终究只会在海上耗竭其实力。最后是，南宋善战之将，已在北境之战争中全部消耗——其中大部分降蒙。随行而南的将领，起主要作用的是张世杰。这位由金境南投的将领，勇悍敢战，但在指挥作战方面，实非当时最出众的人才，更不能与建炎南渡之初岳飞、吴玠比肩，此在焦山、厓山两战，以及其间在闽、广沿海的一系列战役中，实不难做出判断。故而，以厓山之战为终点的三年，早已注定会有一个黑暗的结局。战后七日，"浮尸出于海十余万人"，历时三百二十年的宋皇朝，于此留下最后一声沉重的足音。

09 宋代政治体制
概说

今人常以两位大师的话来概括宋对后世的影响。严复说："若论人心政俗之变，则赵宋一代历史最宜究心。中国所以成为今日现象者，为恶为善，姑不具论，而为宋人所造就，什八九可断言也。"陈寅恪以为："华夏民族之文化，历数千载之演进，造极于赵宋之世。后渐衰微，终必复振。由是言之，宋代之史事，乃今日所亟应致力者。"后者所言"文化"，可有极大范畴，而前者所谓"人心政俗"，所涉更广，举凡政权与社会诸种层面，无不在其中。不过严复所谓"今日现象……为宋人所造就"，倒也未必——元以降有不少方面，未必沿袭了宋代的优胜之处。陈寅恪之宋于文化上的"造极"之说，或更切合实际。"中国传统社会中，儒家文化虽然一直占主导地位，但儒学的传承者知识分子作为一个群体在政事活动中起决定性的作用，只是到了十一世纪前后的北宋时代才成为现实。北宋，既是儒学的繁荣时代，也是中国知识分子的黄金时代。"宋亡之后，这种盛况也不再出现。在社会经济方面，其"造极"也有所表现。宋代国家干预较少，没有政府发起的土地调整。但得益于税收方面对弱势群体的保护，其阶层分化的发展趋势较为缓慢。而三百年间商品经济始终繁荣，这又不是任何朝代可以比拟的。城市化程度、识字率诸方面，也冠绝两千余年的皇朝史。宋可以称为全面开放的社会，政治、经济和文化，活跃的程度与连续发展的时间，可说是空前绝后。这是一个在各个层面都向平民社会发展的时代。

先就政治层面而言，一度盛称的宋代皇帝"集权"、"专制"的说法，正在不断被学术界所辨析、纠正——不是说不存在"集权"，而是其集权之强度，实未必胜过其他朝代。难道有宰相的时代，皇帝的集权程度会胜过无宰相的时代？至于"独裁"的极端说法，更可以摒弃。宋的皇帝当然不是可以为所欲为的。以皇帝为中心，层层向外，由决策中心（帝、相）而朝廷（中央政府），而外官，无不受内部或外在力量的制衡。任何政治力量都受其他力量的制约，同时又严重依赖其他力量，所有政治力量勾连成一张紧密的权力网——有时或紧密到呆滞的程度。

"皇帝专制"未必是宋代的特出之处，而宋之"中央集权"倒确实值得强调。众所周知，自中唐至五代二百余年，中央力弱而地方势大，实为肇乱之端，宋代每事必"惩五季之乱"——吸取五代教训，收地方之权而归中央，为至要之务。故自立国之初，便汲汲于削藩镇，加强对州、县的控制。自宋而始，卑如一县尉、丞，亦出自中央之任命。由是中央始有绝对之权威，而割据称乱之事遂不复见，迄其末年，内部仍体现强大凝聚力。

政权建设的成果，与科举制的成熟、兴盛密不可分。真宗朝之后，出身科考者长期占据官场的半壁江山。这不仅造就了皇帝"与士大夫共天下"的文官政治，并且，科举制以才取人的原则，令政权与社会有充分交流，社会也因此拥有最重要的阶层流动、区域间交流的方式。宋之内政稳定，不仅有赖于强有力的官僚制度，也得益于科举制参与创造的较为公平、活跃的社会气氛。当然，在它的推动下，儒家经典被不断汲取出精华部分，形成愈益完善的世界观与道德规范，同样在社会各分子之间，起到黏合剂的作用。

中央的权力架构与权力平衡

皇帝处在权力的最核心，在他稍外围，即刻出现分工、分权。这是一种中国皇朝史的初创期即已存在的分权，即文武分途。宋代的宰相与枢密院长官（枢密使、知枢密院）之分权，正如秦代以丞相领导民政而太尉主军事。国家却只有一个，民事需军队之护持，军事需民政之供给，如此则必须由两方首脑聚议会商。然民政与军事的利益所在，又不重合，若文武对等而无人总其政，会商未必能达成共识，如此则必须有人做出最后的判断。皇帝作为最高领导人的价值，首先就在于，由他把分工以后的权力和责任再汇集起来。

枢密使作为唐代已经出现的中央军事管理部门，在晚唐五代的乱世，极为强势，其权威凌驾于宰相之上。入宋之后，便着手减缩枢密之权，如将枢密院的发兵权与禁军的统兵权分割，枢密的权力弱化之后，仅有军事决策权而与执行不再相关，便易达成宰、枢之间的权力平衡，甚至逐渐地处于对宰相的弱势地位。此外，宋初尚沿用了五代的另一旧制，即另置三司使主管财政，独立于宰、枢之外。如此，中央的权力分割更显彻底。

宋初宰相同于唐代，仍称"同中书门下平章事"，又新创副宰相之职，称"参知政事"。但宋初的三省制延续了晚唐五代中书、门下、尚书三省破碎、变型的格局，三省制框架下的官名，多成为官员的虚衔，而另创各种机构、职官经办具体事务。至神宗元丰年间，皇帝对于这种虚实并存、名实不符的结构很不满，遂下令作全面调整，三省

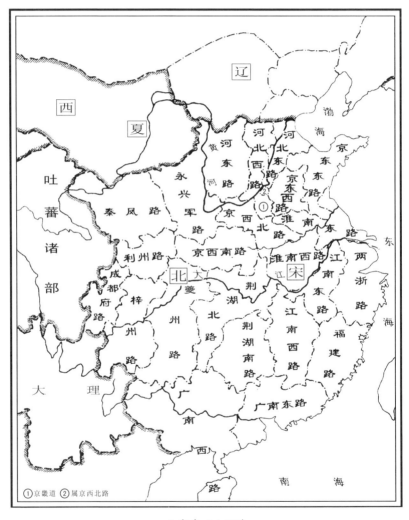

北宋末二十四路

制重新由虚变实,晚唐五代所创的三省制以外的机构,大多并省。调整后的大体框架是,枢密院管军政如旧,民政系统由中书负责决策,门下审核(兼审枢密院文件),而由尚书省负责执行。三司则被取消,其职能并入三省。是后,仅余宰、枢之对治,分权程度有所削弱。而从北宋末开始,因时常处于军务紧急之状态,宰相介入军务越来越频繁,相对于枢密使,宰相越来越强势。至南宋嘉定以后,枢密院官员(签书、同知、知枢密院事)成为参知政事的备选或兼职,而地位最高的枢官使则由宰相兼领。至此,宰、枢之分权名存实亡。

三省内部即自成一个完善的制衡体制,将行政事务分离为决策(中书为主)、审核(门下负责)和执行(尚书实施)。三省分离,权力平衡,程序完善。门下的审核功能是一道防波堤,防止从决策到执行的整个过程中的不合程序、不合理现象之出现,其中起主要作用的是门下省给事中。从北宋仁宗朝开始,中书省的中书舍人,在草拟决策结果"诏旨"的过程中,也获得审核的权力,程序更为严密。孝宗淳熙中,门下省并入中书省,其实仅余"二省",但由于给事中之职未废,对中央政府内部的制衡仍起到一定作用。

大体在北宋末以后,宰相相对于其他官员,其强势越来越明显,权力部门内部,有重新集权的倾向。然而,尚有与它没有利益关涉的机构在制衡它,此即宋代的监察官——台谏。宋御史台以御史中丞为长僚,下有侍御史、殿中侍御史和监察御史,三种职务之间,只有品级的高下,其监察范围,却未有明显分别。谏院是宋朝的另一个最高监察机构,设谏议大夫及补阙、拾遗,各有左、右两员。御史台在秦代已经建立,谏院也是前朝就有的。宋代的创举是,将台、谏的职责合而为一,不管人还是事,台、谏双方都有权论奏。而在宋之前,御史台是负责弹人的,而谏院则负责论事。可是人和事有时确实是难以分开的,大部分错事坏事,都会有应该负责的人。因此这个改革是有道理的。

官僚体系中,一切权力的根源,是人事任免权。任免权掌握在臣子手中,任命者难免会对被任命者有所要胁控制。宋代吸取了前代相权过重、并可随意任免台谏官的教训,剥夺了宰相对台谏官的任免权。宰执在台谏官人选方面的唯一权力,是负责向皇帝拟定台谏官候选人名单,称为"进拟",由皇帝差额选定。但是,也有另一种任命途径,即皇帝不经宰执的进拟,直接挑选合适的人充当台谏官。这样更是把宰执完全跳过,在宋代的行政制度中,像任命台谏官这样程序极其简单的事,是很少的。但这并不是制度的草率,而是为了割断宰执和台谏官的联系,使台谏不受宰相胁制,敢于弹劾宰相以下的所有官员。为保证台谏无顾忌地执行监察权,宋代有"风闻言事"之制,即允许台谏将道听途说之事,拿到朝堂作为弹劾的依据。这一条是以法规形式被确认的,对于权力机构来说,它很有吓阻作用。由于行政官员与监察官员在人数上有天壤之别、权力上有强弱之差,监察力量很难透过行政体系的重重外壳,发掘出核心的问题来。在这种环境下,风闻言事是有力的制度补充。

台谏的作用,最直观的不外乎两条,一是纠正失策,二是按劾腐败。而若放眼自中央的权力结构来看,它是对权力部门的制约,构成了官僚体系的制衡结构中最外的一层。制度的实施,与其设计初衷会有一定偏差,且越往后偏差会越大,这在台谏制度上,表现为南宋之台谏受政府的控制越来越强,至成权相的私器,用以打击不附己者。但一直到南宋末,台谏在清议的支持下,群起弹劾贾似道下野,可见其仍有奋击的余力。

在上述各个层面，都可见皇帝的身影。三省与枢密院的决策，不能不由皇帝作定论，台谏也是皇帝用以牵制群臣的工具。然而，皇帝反过来又受他们的制约。在决策过程中，皇帝是主要参与人，但不应由他独自做出决定。决策过程要受到中书舍人、给事中的审视。决策出台后，台谏又会反复挑剔。在这种体制下，皇帝的集权有其限度，他可以"裁"，但无从"独"。

在民政体系中，三省之间存在分权制衡；在权力部门中，民政与军政体系之间存在分权制衡；在整个官僚体系中，台谏作为专职监察部门，对权力部门进行制衡。这是宋代权力平衡之大要。所有这些分权和制衡的要素，完全由皇帝居中调控，最终对皇帝负责，但同时皇帝也同样受到制约。至南宋，皇帝渐失控制力，原先的复杂制衡体制便有明显的衰落趋势。

地方行政

中央政府的意图，必须通过地方政府贯彻到民间，这是一个皇朝的正常统治方式。地方政府是朝廷伸入民间的触手，行政区划是具体政策最终得以实现的舞台，因此，精心设计一套地方行政体系，是皇朝的日常政治生活得以顺畅运作之必需。

宋代的行政体系——包括政区分划与行政机构设置——沿袭与创新之处各居其半。府、州等统县政区及县的区划，多沿用前代之制，但在府州以上，新增一级高层政区"路"，这是最主要的创举。此外，府、州官员的名目和实质，都有许多具体的变化。

"路"作为中央与府、州的联接枢纽,其重要性是不言而喻的。秦、西汉和初唐,中央政府直接管理统县政区(秦、汉之郡,唐之府、州),地方仅州(郡、府)与县两级。但随着中央对地方控制的深入,直接管理近百甚至数百个统县政区难度很大,在东汉,终于形成了中央与郡之间的一级——州。唐代未尝主动在全国范围内增加新层级,初唐的"道",不过是有区划而无专官的临时监察区,但安史之乱以后,逐渐以藩镇为主体,形成了州以上的一级政区。五代末年,实行的是藩镇—支郡—县的政区统辖模式。宋代创"路"制,事实上是对藩镇体制的一种替换。

中央改造藩镇体制,自太祖朝于所灭南方诸国削去藩镇之支郡开始着手,经太宗太平兴国二年(977)一举削夺所有藩镇之支郡而告一段落。而在此过程中,已有新的高层政区萌发。

唐代始置的转运使,本是财政官员,负责将地方财赋转输到中央。至宋太祖乾德四年(966),转运使已遍置于全境,其主管的机构称"转运司"。它在太祖末年除财赋转运的职能外已兼具监察州县官员的职责,至太宗淳化二年(991),更进一步具有干涉地方司法和行政的合法权力,由是而全面具备管理州、县事务的权力,形成了州以上的一级地方管理机构。

削藩镇支郡与转运使功能的齐全,这两条线索并行发展,至太宗朝淳化中合流,经过二十余年,以转运使替换藩镇的过程方告完成。但路制的演变远未结束。至真宗景德四年(1007),又置提点刑狱司(主管官员称"提点刑狱公事")主管司法事务,成为与转运司并列的高层行政组织。其所对应的路分区划大致同于转运司,仅个别区划不重合。神宗熙宁二年(1069),配合新法的实施,又置提举常

开芳宴图彩绘雕砖（北宋，甘肃省文物考古研究所藏），反映了当时的社会景象。

平司，于新法起伏的北宋后期，数经废罢与重置，至南宋绍兴十五年（1145），建各路"提举常平茶盐司"，管理常平仓与榷茶榷盐事务，其分路大略同于提点刑狱司分路。此外，各路尚有"安抚司"之建制，出于军事目的而置，同时亦兼管民事、监察，但成型过程耗时很长，自仁宗皇祐四年（1052）始置广南东、广南西路安抚司，至孝宗乾道六年（1170）置潼川府路安抚司，才算是在全境各路设置齐备。

　　一路而有转运、提点刑狱、提举常平、安抚司四个机构，这是宋代路制的最大特色。前三个机构合称"监司"，安抚司又称"帅司"。三种监司之间，既有分工，又有多种职责的重合。譬如狱讼，三类监司对州县皆负有司法上的管理之责，不过地方民事诉讼须经其他监司之后方交提点刑狱司处理，提点刑狱司为地方终审机构，起到主要作用。对于地方财政，熙宁以后也令监司共同负起管理之责，但分工明确，转运司只负责两税与禁榷酒税，职少而任重，其他常平息钱、免役宽剩、买扑坊场等新法所创经营收入,则"封桩"于地方,为国家之财政储备,隶提举司。至南宋时,则进一步分化,新创的"无额上供"及"经制钱"、"总制钱"隶于提点刑狱。种种事务,都有类似的分工、合作。令其分工,当然是为便于明确职责。但同一类事务有多个机构参与或在不同阶段介入,则是为了各机构之间能够互相监管、互相牵制。宋代路一级机构"叠床架屋"的表象之下,实有深意焉。

路制的整体形成过程非常长,若算到安抚司的建置稳定下来,则历二百年有余。不过自景德中提点刑狱司与转运司并立,其基干已经出现,宋政权在路一级实行分权体制的本意,也已显露。可以说,宋代对分权制衡的重视,为此前历朝所不能比。甚至州的机构建制的变化,也同样体现了这个用意。

宋代的府、州,承前代之制,其于区划方面,并无新意。但自宋初始,逐渐在各州设立"通判"一职,既作为刺史的副手,更重要的是监察刺史。当州的长官逐渐由刺史(其中很大部分为武人出任)变为知州(多为文官)之后,通判之职却固定下来。这样,分权制衡一直延伸到统县政区。

统县政区的另一个明显变化,是其种类的增加。除唐代旧有的府、州而外,晚唐五代作为军事组织或以军事组织为主而兼管民事的"军",在宋代也发展为一类政区,其规模大者,与州同级。而本来为特殊经济部门所置的"监",因其中部分规模浩大,成长为大量人口聚居的区域,也设置与州性质、等级相同的机构,从而使统县政区又增加了一类,如湖南桂阳监因矿冶铸钱、四川陵井监因煮盐而各成大聚落,遂升为州一级单位。

县一级的政区,除县以外,尚有部分规模稍小的军、监,以及部分设在北方与西南沿边的城、寨、堡，后三类政区以管理军人为主，往往又因其中有服务或依托于军寨的边民，而衍生出民事，从而成为与县性质相近的区划。

所以宋的行政区划，是一个复杂的体系。其复杂性，首先表现在政区类型众多。统县政区四种，县级政区六种，据其政务重点之区别而名目有所不同。其次表现在高层政区虽仅"路"一种，然而路有多重机构，神宗熙宁以后，已多达四种，唯恐其职责不交错，这在历代制度中确属罕见。从这种复杂结构，我们不仅看到宋代制度的灵活，更看到了其将制衡贯彻到底的决心。

财政

政权运作，无一日不开支，财政为国家之命脉，反之，为开支而征取赋税，占了政权日常工作的相当大部分。因此，财政是政治制度中极重要的部分，很能体现政权的特点。

宋代财政之收入部分，其主干沿袭唐制，用两税法，即民众夏秋两次缴纳赋税，"夏税秋粮"，夏税为钱，秋粮为米。大体依民户所拥有的田亩数、肥瘠程度确定税钱缴纳数，但各地标准又颇不同。真宗以后，又以夏税之部分折为绢帛交纳。实物部分，即绢、粮，占了两税的大部分，这也是所有财政收入中，最主要的实物收入的来源。其受政府之极大关注，也是理所当然的。宋代始终未作土地的重新分配，则土地和赋之间的关系，便会发生偏差，且愈往后愈严重。一是豪户隐瞒土地不报，政府便无从征税，导致田赋流失。二是土地交易过程中，田赋未随土地的所有权而交割，造成"产去税存"甚至"无田抱税"的情况,无田贫民既无力纳赋,这也同样导致政府的田赋流失——至少是征税成本增加。故两宋历朝多有整顿田赋之举,即政府准确掌握民户土地的数量、质量情况,以便使民户的田赋数与所拥有的土地情况相合,既保证百姓纳税之均平,又保证政府的正常收入,官民两便。个别地区在某次整顿中或取得良好成效,但全国范围内的统一整顿,投入成本太多,故极少进行。北宋熙宁变法期推行"方田均税法",因急于见功、行法匆遽,官吏趁机增税,且与豪户相结以徇私,故受到广泛抵制,效果不著。南宋初多地版籍失散,田赋严重不均,遂又推行"经界法",大部分地区在绍兴十三年至十七年间完成。此次整顿一定程度上合乎民间均平税赋的期待,经界初步完成后,政府的基本岁入也得到保障,收效较好,对于南宋的立国久长,颇著功效。

两税而外,宋之南方诸路,大体皆收"身丁钱",这是一种人口税。土地是农耕时代最有价值的财产,唐定"两税法",将赋税摊入田亩,这种理念相当先进,是对贫民的保护,至少较之"租庸调制"之下产、丁两线分别计税的方式,更为公道。然而唐末五代,各割据政权因国用之需,先后重新征收人口税,宋灭诸国,虽有形式上的改变及偶一为之的蠲免,大体袭其旧例,仍征人口税。故而反对者认为,这些"伪朝所创"的盘剥贫民的税项,"圣朝"怎么还能沿用呢?不过身丁钱占全国岁入的比例很低,在宋代也未见有增收的趋势,某些路还得以废除。

与人口直接相关的收入,尚有免夫、免行、免役钱等。宋行募兵制,厢、禁军皆由政府招募,支薪供养。禁军为主力军,厢军则以服各种劳役为常事,如此则前朝由平民负担的力役,在宋代大多可免,某些宫室、城防之修筑，亦于农闲时募民任之。唯非常之务，如河工之役与战时军需运输，在短时间内需要数以十万计的劳力，既非召募能集，某一区域内的厢军，其数亦远不敷使用，故而仍需征平民为之。若重大役事，或须在相邻数路、千里之内调集民夫，有不愿远行者，可出钱雇人代行。熙宁以后，官方遂以便民为理由，创出一种"免夫钱"，名义上给平民留下以税代役的余地，而达到创收的真实目的。

免行钱则施之于工商业户。工商业户需入行会，宋初始，即有"行会祗应"一项，即行户需轮流至官府服役一定天数，如同农户之每岁缴纳两税。熙宁中行"市易法"，遂令行户纳钱，官方用以雇佣所需劳力。如同熙宁中其他新法，官府在制度设计时，设定的役钱收入会高于其实际支出，给自己留下余地。其收入每岁为一百万贯左右。此后随着新法的行、废，常有征、罢之变化。至绍兴二十五年，彻底废除。

免役钱即以纳钱代替原先上户轮流为官府服吏役，为熙宁变法的重点之一。对政府来说，每年征收的免役钱，比它雇役所支，节余甚多，从而成为变法新创收入、北宋后期政府岁入中极重要的一块，也是最体现新法精神的一种新制度。

但上述所有收入项目，其货币收入的数额都不能与国家从商业所获的相比。商税、禁榷收入两项，在两宋都远超货币收入的一半。商税以两种方式征收："过税"为贩运途中之过境税，官府于交通要道设税场、税务抽取，原则上税率为百分之二；"住税"为交易时所纳，定为百分之三。有官府所需的货物，则以"抽税"的形式，征收一定比例的实物。也有免税的货物，譬如仁宗朝之后，粮食的贩运交易不再征税，以免抬高民众最基本的生活开支，这也是仁宗获此庙号的

宋周季常、林庭珪
《五百罗汉图》(局部)

重要原因之一。两宋商税最高额出现在北宋仁宗朝，为两千两百万贯，北宋其他年份约近一千万贯。

禁榷就是禁止民间经营，由国家对某些重要生活物资实行专卖，在两宋先后实行专卖的，有盐、茶、酒、矾等。其中盐为最重要的项目，北宋中期仅此一项即高达两千万贯，北宋末政和中达四千万贯。盐的专卖收入，随盐法变化，浮动很大。从这种全民所需的商品中增收，最为便利，故而在敛财最急的时代，如北宋末徽宗朝、南宋后期，榷盐收入也会有突然的大幅增加。其次为榷酒，往往在一千万贯以上。

此外，海外贸易则通过置于重要港口的市舶司抽取实物，由官方变卖，年收上百万贯；坑冶亦征收金、银、铜、锡等实物，每年值数十万贯；僧尼道士需持度牒为合法凭证，官方鬻度牒，在神宗朝之后成为经常项目，每岁收入可达上百万甚至数百万贯。另外以和籴、科籴等形式，名义上向民间购买物资，而事实上却成为税负，也为政府带来数以百万计的收入。

合计诸项收入，宋政府岁入钱、粮、绢布、金银等数千万至上亿贯、石、匹、两，并呈现较为平直的上升趋势。以最主要的钱、粮、纺织品计，真宗末天禧五年（1021），收入七千万贯石匹，英宗治平元年（1064）约七千五百万贯石匹。南宋以半壁江山，淳熙间（1174—1189）尚有八千两百万贯石匹，后期理宗宝祐中（1253—1258）高达一亿两千万。其间两税收入较为固定，而其他以货币为主的项目，则呈现较高的增长速度。较为突然地增加赋入的时间段，一是神宗朝变法时期，创立许多新项目，如市易、青苗、免役钱皆是，货币收入以千万贯的级别增长。熙宁也是财政政策的最大转折期。此后，在增收的大背景下,赋税政策更为灵活、更重视发掘货币形式的税源,如以免役钱代替差役、力役。二是徽宗朝,赋敛到了令人发指的地步,混乱、贪婪、随意,北宋末年甚至卖度牒一项,年入最高时达六百万贯。三是南宋后期,因宋蒙战争长期持续,财政极为紧张(如宝祐中岁入一亿两千万,而岁出至于两亿五千万),除了以纸币贬值达到寅吃卯粮的目的,增加赋敛也是必然之举。

中央管理财政的部门,在元丰官制改革之前,主要是三司,此后则归于尚书户部,二者皆称"计司"。但事实上又存在多条渠道。譬如太祖朝开始便有所谓"御前财赋",即属于皇帝的财赋。所谓属皇帝者,由皇帝另立机构管理,其出入情况不经朝廷,但这笔财赋的去向,主要还是补贴政府用度。那么,何以不直接交由三司管理呢?据太宗所说,是怕三司平时浪费以致急需时无财可用,故而要皇帝替三司掌控。此后,三司、户部经常"借用"皇帝的财赋,三年无力偿还,便免去"债务"。看似与计司亲掌并无不同,但计司不知内藏之数究竟有多少可以借取,故或多或少有抑制其铺张的作用。自神宗朝起,为便于积极推行新法的皇帝和宰相有充分的主动权,又创立所谓"朝廷财赋",由帝、相共同经管,仍与三司、户部的财计相区别。三个系统既分别收、支,又互相通融,但愈往后,所谓"御前财赋"愈为强势。

地方主管财赋的部门,在路一级由监司主管,且随着新的收入项目创立,三类监司都参与财赋管理。府、州一级,则如其他事务,知州(知府)为主,通判为辅,幕职、曹官经办。县级则有"收"的义务,而乏"支"的权力,由州一级统筹。南宋初,又置四总领所,各经管数路钱粮,负责供应前线军队,既代户部行使部分职能,又夺去监司部分权力,成为地方最强势的财政机构。

两宋三百余年，一直在调整中央与地方的岁入分配比例，总的趋势是中央赋敛有所增加，这个过程也可分两步。自宋初削藩镇，中央对地方财赋拥有无可置疑的处置权，一改晚唐五代藩镇时代的旧况。但北宋前期，还是有相当部分赋敛留存在地方，以备不时之需，另一部分"上供"则辇运中央。至熙宁中行新法，一方面收入猛增，另一方面又将大部分财赋输往中央，留与地方作备荒等用度的财赋大减。至徽宗朝，地方储积纷纷纳入经制钱、总制钱名下，也敛归中央。自此，地方愈窘、民间愈贫，而中央愈富。南宋的财赋流向则有转折，州县仍无法摆脱日益困窘的状况，监司也趋于弱势，中央的财政控制力亦未上升，只有总领所的权责日重，用兵愈久，军事行动规模愈大，愈是如此。

　　至于财赋之支出，则如前所述，大部分耗于养兵。北宋中期六分之五的岁入用于军队开支，至南宋也长期维持在十分之八以上。这使得宋代的财政，比起其他时代更受制于军事规模与军事行动。至于与"冗兵"并称的"冗官"，实际上并不具有相提并论的地位，即使南宋冗余官员较北宋明显增加，官员的实际收入较北宋有较大的增长，但这一项所消耗的国家资源，也不过就是在剩余的不到十分之二的岁入中，分去一块。故而，宋代的"冗官"虽然留下不少教训，但对国家财政的影响，亦不必过分夸大。

科举

　　科举自唐初成为固定的取才方式，自此实行近一千三百年，成为我国历史上通行时间最长、作用最大的官僚选取方式。初行科举之时，唐太宗颇为自得说："天下英雄尽入吾彀中。"但此话未免夸张。整个唐代，科举都只是在初创期，这是就它在整个官僚体系中的地位而言。唐代科举，录取人数一直极少，最盛的进士科，太宗时期，平均每年仅十人。武则天加倍拓宽了官僚体系的门面，可是由科举而进入体系的，每年仍不过二十人。唐代对科举制的贡献，是使它成为定期举行的人才选拔方式，从而为它在后世的进一步发展奠定基础。科举制度的发展与成熟的主要时期是在宋代，它也是宋代发达的"文治"的基础。

若仅从科考录取的人数来看，从宋太宗朝开始，由科举获得入仕资格的人数，呈爆炸性增长，个别年份达千人以上。当然宋太宗出于收买人心之需，走上另一个极端，这对于制度的健康发展而言，同样是不利的。一年千人，十年即是一万人，已接近当时的官员总数。故而，对录取人数的限制是完善科举制之首务。到北宋中期仁宗朝时，录取数已经稳定，达到较为健康的水平：平均每年二三百人左右，其中主流的进士科大约百人。科举出身者，必占文官总数之太半。历代传承下来的恩荫，仍据有官员数的较大部分，然而，迁至高层却相当困难。这样一来，中、高层官员中，科举出身者就占了绝大部分。

科目之固定与内容合理化，也是在宋代完成的。宋本来有许多科目，除进士之外，其他各种合称"诸科"，就是各种科的意思。但从北宋中后期开始，专考背诵能力的"诸科"被取缔，全部以进士科取士，此即明、清科举制度的源头，也使我们今天通常以为科举的结果就是进士。但是宋的科目设置，却比明清合理。同是进士科，又有"诗赋进士"与"经义进士"之分。概而言之，考试内容分三块：经义，考察对经典的掌握，这是立国与修身之本，不可放弃；诗赋，考察文学水平，但写诗作赋，多用典故，所以这一项也需以经典为基础；策论，即政论与公文，考察政治理论水平和行政能力。诗赋进士考诗

宋人科举考试图。宋代重视文人，相臣多出自进士。

赋与策论，经义进士考经义与策论。士人可各取所长，而两者互补，治国所需要的学识和技术，也可全部得到。

宋代科考分为三个步骤：州一级举行的"解试"，中央礼部的"省试"，以及由皇帝主持的"殿试"。在仁宗嘉祐二年（1057）以后，通过省试者，殿试也全部录取，其作用仅限于重排名次。各州有"解额"，即由朝廷限定的该州通过解试、有资格参加次年省试的人数，定"解额"主要依据该州以往顺利完成解试（所谓"终场"）的人数，另外尚需参照地区的人口数、省试的登科数，再需考虑地区之间的平衡——"终场"人数高至数万的东南大府、州，需有上限，不过数十名，而数百人"终场"的僻远小州，不可能为零，也需分配几名。各区域在文化方面固然有巨大差异，但从更高层面考虑，国家由许多区域构成，通过科举给予各区域参政权利，正如同科举也给了各阶层参政权利。而"解额"是体现这一权利的首要层面，这和汉代始创的"乡举里选"用意相同。不过，获得"解额"而参加礼部省试的大部分人会被淘汰，故而这种权利无法表现于最后的结果——殿试录取名单。在宋初至熙宁间，东南的福建、两浙路每次省试的录取人数，呈递增趋势，而河北、河东、京东、京西诸路，却日趋减少。这些传统的"中原"路分，为国家的核心区所在，怎能如此被变相排斥？这一问题至神宗朝获得较好解决。熙宁四年（1071），在王安石所从事的科举改革中，为京东、京西、陕西、河北、河东等北方五路特别保留礼部试录取名额，从而维护了北方诸路的参政权利。

科举的规章制度也不断得到完善。唐已经发展出地方与中央两级三次考试，以多次筛选来确保公正，但若无制度保障，人性的弱点却使不公正的事永远在发生。士人平日的名声对考官有重要影响，名声在外者更易被录取。更有考官接受嘱托或贿赂，出卖名额。宋代最重要的技术创新，是"糊名"与"誊录"。"糊名"是指将考卷边缘关于名字、籍贯等考生个人信息部分封起来，阅卷官就只能评价文章的价值而不能评估考生的价格。但这还不够，阅卷官有时可以字体来分辨他想关照的学生，甚至两者以考卷上的某种符记来作暗号。于是又多出"誊录"一步，专派书吏誊抄考卷，进行编号，使字体与暗号不再起作用。等阅卷完毕、录取名额与名次确定，再据誊抄稿寻找原稿，找出相应编号的考生信息。等这些技术在仁宗朝应用之后，考官与考生通同作弊，便基本可以避免了。

另外，由唐至宋，每年开科举变为三年一开。周期的变化，似仅是细节上的调整，却同样不能忽视。由皇朝的疆域来看，无论在唐在宋，边缘地区的人们要到达京师参加科考，都是极为困难之事。比如两广福建的考生到长安，四川考生到临安，无不费时耗力，备历艰险。若每年开考，剑南岭南士人，每年万里远行，几乎是不可能的事。而隔几年来一次，录取数几乎为零，边远之地文士不能与中州相抗，极渺茫的机会，不如放弃了。然每三年开科取士，每次名额大增，机会也大增，对边地考生就很有吸引力。尽管落后的局面长久未改，但是这些考生成为边地与中原唯一往来不绝的人群，是一支不可忽视的维系力量。宋政府也特别看重这些士子，到首都参加过若干次考试，即使不中，也制造机会，让他们担任本地的低级官员。网罗天下英雄的豪言壮语，在唐代还是虚多实少，在宋代却可看作是朝廷最大的政治广告了。

宋代科考录取人数既多，待遇又较唐优厚。唐代士子通过礼部的科考，还要到官员的主管部门吏部去考试，不少士人通不过这一关，前功尽弃。宋代则不同，礼部试一通过，即可授官，这对于天下士子纷纷投身这一事业，有极大的促动作用。宋初承五代乱后，文风不盛，每年应试者寥寥。到了北宋中期以后，每年百余人的水平，背后是上百万的士子，在总人口的百分之一以上，东南地区比例更高。从宋代开始，科举才真正发挥其传播文化与凝聚人心的强大作用。

10 宋代的经济与社会

作为农业社会最重要的经济指标,宋代人口数的变化过程,能反映这个时代的经济发展趋势。统一之初的太平兴国五年 (980),全国人口数约为三千七百多万,经百余年的连续发展,徽宗朝末年的宣和六年 (1124),发展到一亿两千六百万。历代皇朝境内人口,在北宋首次突破一亿。南宋拥有略多于北宋一半的疆域面积,在嘉定十六年 (1223) 达到人口峰值,约略多于八千万,与北方金政权合计,超过一亿两千四百万,而南宋境内的城市人口,较低的估计是总人口的百分之十二。这两个数字,因宋蒙战争而锐减,直至明代后期才重新回复。

总人口数的增长反映土地开发的程度、农耕技术的发展水平,而真宗皇帝亲自经手引入抗旱高产的占城稻,对于南方稻产区的人口增长,也有极重要的作用。政府不抑工商,且允许农业人口自由迁徙,农村人口遂大量流向城市,而城市人口的数量和比例,则与工商业的发展程度直接相关。在中原的中心城市和东南地区各个等级的市镇,商品经济达到前所未有的发达程度,市民阶层形成。政府掌控的物资的大规模流动,带动了水陆商路网络的成熟,全国范围内,商品顺畅流通,促成了官、民经济的全国一体化。在此基础上,世界上最早的纸币——交子和会子诞生。同时，东南地区的海外贸易，也取代了唐以前的丝路贸易，使中国作为世界贸易重要终端的地位继续提升。

宋代的经济和社会的发展，在中国历史的整体发展过程中占据突出地位。二十世纪初日本学者推出的"唐宋变革论"，于政治体制、阶级、社会经济、文化等诸方面，将宋代作为一个新阶段——"近世"——的开始。二十世纪后期美国学界渐兴的"宋元明变革"说，部分学者又将宋作为一个旧时期的顶峰。论及对近代中国有直接影响的重要转折，就不得不关注宋。这与陈寅恪所谓中国文化"造极于赵宋之世"相呼应，使宋代受到愈来愈多的关注。

工商经济与城市网络

传统的农业经济，也伴随着商品的流通，如粮食和纺织品、日用小商品等。宋代的人口增速高于土地垦辟速度，人均耕地面积便趋于下降。很大一部分农户，因拥有土地数远不敷赡足家计，故不得不兼营别业。在大部分地区，会形成一种兼营绢布、日用小商品，且在村落、附近集镇从事小规模商业活动的模式。而在自然环境特殊的地区，人们会共同投入以市场为目标的其他产业，譬如浙东及福建沿海，为全境耕地最紧张的地区，大量人口投入渔业、海外贸易。譬如在南方山

哥窑器物以纹片著名，纹片多为黑色，俗称"金丝铁线"。

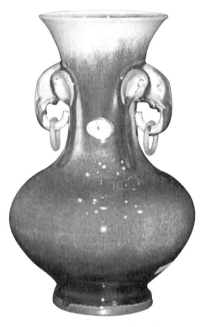

钧窑属北方青瓷系统，其独特之处是使用窑变色釉，烧出的釉色青中带红。

区，完全市场化的茶、竹、木、漆、纸等行业，成为当地的支柱产业。譬如在矿产富集地区，则大量劳动力会聚焦于金属、盐、陶瓷的生产。而当时商业化程度最高、流通规模大的产品，应属丝织品。宋代丝织品主要产区为京东、河北、四川、两浙，南、北、东、西兼有，分布比其他时代更广，其中浙西太湖流域的生产区，桑蚕业已实现充分的行业内分工，形成完整的产业链，其专业程度亦明显胜过前代。

从事工、商经济的人口，以农户兼营为主，他们季节性地进入某些手工行业，又占据了小商贩的很大比例，他们投入初级市场，在村落、附近集镇从事小规模兼营。但是某些地区性的手工业如陶瓷，以及长途贸易，必须有专业的工、商人口承担。耕地不足，不止于迫使农户兼营其他行业，更使大量人口从耕地上被挤出，成为专门的工、商户。宋代是十九世纪以前铜产量与铜钱铸造量最高的时代，又曾以年产铁十四万吨的水平在世界前现代国家中高居第一。这既要归功于冶炼技

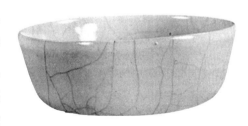

官窑为宋代五大名窑之一，包括北宋官窑和南宋官窑。

术的新发展，又与新的非农人口的大量产生密不可分。而更多的与土地相分离的人们，则投身商业，拥入城市，使宋代发育出繁盛的商业城市、发达的城镇体系、商品交易网络，也使宋代的城市化水平达到前朝后代均难望其项背的程度。

定窑在宋代主要烧制白瓷，也兼烧绿釉、黑釉、褐釉。首创覆烧法。

商路四通八达，在全国范围内形成网络。这个网络中，存在无数节点，这便是宋代的城镇体系，也就是商品交易场所。这些节点分为多个层级。顶点是开封府，集运河交汇处与首都于一体，天地之所钟，其地位无可替代。次一级是各大区域的中心城市，如大名府、杭州、扬州、成都府、广州。再次是各路会府与本路个别府、州，如京东东、西路，齐州、徐州、密州作为商业中心的地位即不在青州、兖州两个行政中心之下。再次为一般州城，再次为各县城。再往下是政府于要路所设镇、税场、税务。在官方严格管理之下的城镇，至这一级为止。最底层，则是乡村自发形成的草市镇。在宋代重要典籍《宋会要》之中，有一份北宋熙宁十年（1077）各路商税定额，以数字反映了全国范围内有一定规模的各个商业节点的重要性——"规模"的体现，是政府在该地设置抽税机构。

可以发现，我国古代出于行政的必要性而存在的京、州、县等各级地区行政中心，同时也因其位处本区要会之处，而同样是商路汇集、商旅麇集之处。譬如两浙路钱塘江流域，一级支流汇入干流处，

汝窑主要烧造宫廷用瓷

即是整个区域的中心；二级支流汇入一级支流处，则是一般府、州；三级支流汇入二级支流处，则设县。而商业网络，也最为借重水路交通，故而各个层次的商业中心与行政中心的等级高度契合。而在宋代的政区调整中，有时也会考虑商业的要素，使这一体系与商贸更为契合，这反映于宋代新进入行政区划体系的"镇"。置镇设官，一条重要标准即是税额。绍兴五年(1135)徽州乞升岩寺、新馆两处为镇，理由是"商旅聚会"，税额各达六千三百、两千一百余贯。有时甚至县的建置有所变动，也与其作为商路节点的地位有关。嘉祐元年(1056)，因冀州堂阳县人户稀少，而本县新河镇"交易所会"，故徙县至新河，而废堂阳县。一条新商路的繁盛，便会导致政区的升、降，行政中心的迁徙。

随着商业的全面兴盛，一些高层次的商业中心，因人口的大量聚集，更因寻找便利的交易空间的需要——譬如更靠近水路之处，而出现了新的城市景观。众所周知，在唐代以前，城市是有边界的，它就是城墙。城市的建成区，大抵要用城墙封闭起来。一旦由于商路的发达，自发形成城外的聚

北宋政和通宝

北宋元符通宝

居区，则尽量新建或扩建城墙，将它围进封闭空间。如唐代扬州城，本在远离长江的蜀冈之上，其后在城南长江岸，发展出一片繁盛的商业区，开放型的城市，已经初现雏形，但很快就向南修筑了罗城，将商业区括于其中。唐晋阳、苏州等城市也有类似的扩建。城墙的扩展，是城市扩张得以实现的最终步骤，只是稍有滞后而已。城墙有效地分隔了城市建成区及其周边地区。在这种情况下，城乡边界分明，即以城墙为界，可明辨城、乡的差异。但是入宋之后，先是在个别大都市如开封，而后在大区域的中心，城墙以外出现大片聚居区，生活着数以万计的城市居民，背向外城城墙，持续向外扩展。为了对城外明显区别于乡村的区域进行管理，政府也像在城内一样，设置"厢"这种城区内的建制。这样，城墙便不再是城、乡之分界。南宋临安城，"南、西、北三处各数十里，人烟生聚，市井坊陌，数日经行不尽"，甚至作为娱乐场的瓦子、勾栏，在城外也有分布。京师而外，如南宋的鄂州，濒江一带商业繁茂，形成城墙保护之外的大片商业区，居者数万家。城市人口聚居的建成区突破城墙的包围，从而形成开放型城市，

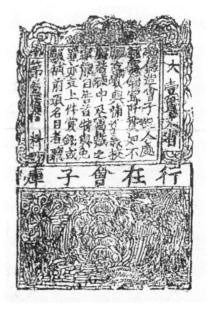

北宋交子印版拓片图　　　　　南宋会子印样

自宋而始，并影响了明清的城市景观——明、清部分城市，置"坊"管理城墙以内的人口。城墙以外，城市居民区不依地形的局限，见缝插针，适当外延，且依据水陆路交通的走向自由布局，政府则以"隅"作为管理单位。可以说，宋代因商业繁盛与城市规模的扩张而萌生的开放城市的景观与管理制度，为后世城市的发展提供了基石与样本。

城市生活——以开封为例

城市景观的变化，与城市内部的布局、城市居民的生活的变化同步发生。所有这一切，都受到商业经济的深刻影响。而这种影响，在作为当时最大商业都会的开封，得到最全面的反映。

宋的国家呈略似圆形的发散状，而开封几乎是正方的，不过它由内而外也有多个圈层，且和国家结构一样，空间上呈向外发散之状，尚无其他大都市可与比拟。外城套着内城，内城又套着皇城，开封在五代时形成这种格局，相当符合宋人对于国家的理解，以至于都城可与整个国家相联，以皇宫为中心，一路发散出去。

宋看重开封的交通优势，定都于此，使得宋比其他朝代更自然地把经济中心和政治中心叠在一起，丝毫没有勉强。而在北宋后期全国人口过亿之时，开封的地位，使聚集于此的人口越来越多。十二世纪初北宋末的开封，平民常住人口约一百余万，加上皇室、官僚、生员、官营工匠、禁军及其家属，再有数万流动人口，总人口数约一百五十万。受周围水道所限，城市扩建很难，出于不得已，政府只好任由大量城市居民聚居于外城以外，从而开创了一种新的城市格局。

宋张择端《清明上河图》(酒楼局部)

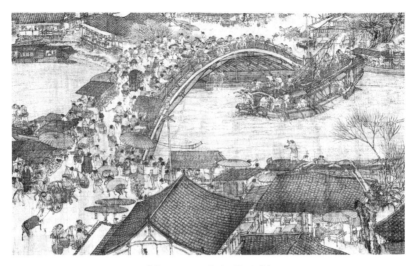

《清明上河图》(虹桥局部)

这个城市打开的不只是城墙，还有坊墙。坊是城市居民区，其中大约有数千至数万人口。唐以前的城市，坊是用四面墙封闭起来的空间，宛如城中之城，只有四面的坊门通向坊外的街道。入夜，坊门必须按时关闭，至天明开坊门，其间不得出入。此即"宵禁"。而宋代的坊，已完全把坊墙打开，所有民居，都可临街开门。这么破墙而出，改变非同小可。大街小巷从坊之间和坊内部穿过，理论上所有民居都有可能从事商业活动。在某些地段，一溜的大商店排开几里，雕薨画栋，装饰奢豪，一笔交易，动辄数万金。至于小店铺，更是举城皆是，任何需要都就近解决，所以，开封不再像唐长安那样，专设占地一二平方公里的市，因为凡有街，即有市。而被街巷划得支离破碎的"坊"，也仅仅成为一个人口统计和行政事务的单位，不成其为地理上独立的个体。

坊的破碎，使得宵禁不再可能。所以，宋代开封不再实行这一制度,而以合法面目出现的夜市,就成为开封商业的新特征。入夜以后的商业活动,反而更为活跃。有些店铺三更才歇业,至五更,便又有其他店铺开门营业。来休闲娱乐的,不限阶层、行业、性别。开封的商业不受时间、空间和阶层、性别等限制,是其他时代的城市很难比拟的。

因这种全方位的开放,政府要承担很大责任。新的城市格局给城市管理造成了极大困难。若是坊有四门,唐长安一百零八个坊,共四百多道门,一到晚上,守住坊间的大路、盯住坊门是很容易的。可是无数街巷从开封各坊之内穿过,这个城市交通网就相应复杂了。而夜间游荡和从事商务活动的数以万计的各色人等,比起空荡荡的入夜后的长安城,尤其显得难管。因此,开封的管理是对政府的严峻考验。如何解决这个难题,又要联系到其他制度。

在开封府衙之下,置多个"厢",作为治安管理的基层单位,管理城内、外各个区域。"厢"的管理者,是"都指挥使",这是一个准军事机构,军人在开封的职能,在都指挥使的统辖下,其多样性达到极致。

诸事之中,以治安为首。在开封城内,每条街巷,约三百米左右,有军巡铺屋一所,内有铺兵五人,工作重点是夜间的巡逻。全城合计,所需铺兵上万。这是开封府能在日夜数十万人的活动之下控制局面的基础。在宋时非常详尽的记载中,开封的治安事件很少,据当时人说,开封民风很好,但这么多军巡铺的存在,恐怕也起了相当大的震慑作用。

文献记载中,都城的最大社会问题是火灾。开封各个角角落落,都于高处用砖砌成望火楼,楼上日夜有人瞭望,楼下屯驻士兵百余人。一旦有火警,士兵就带上水桶、梯子等工具,立即赶去救火。还

刻有孝子故事的广元罗家桥杂剧伎乐石刻。据考，孝子故事为当时杂剧表演的重要内容。

要带上斧锯，因为一旦判断火势无法控制，就要上房拆屋，制造隔离带，同时，派骑兵层层上报。火情严重时，驻城部队可以倾巢出动。在城外，屋宇不像城内那么密集，望火的工作，一般从民间雇人担任，但仍归军方负责，若是火情严重，仍是有组织地带领士兵来救。整个北宋，开封每几年就会发生一次大火，烧毁房屋数十、数百、数千间不等。但是，开封的火警系统，实在是其他城市难以比拟的。其他城市的数据，就更骇人听闻了。南宋临安被火焚去上万户的有六次，1237年大火，烧掉三万家。1192年大火，临安城烧掉一半。1201年那次更严重，整整烧了四天，大火内外连绵十余里，官衙军营烧去大半，城内房屋九分之七被毁，官员们只好租船办公。相比之下，规模庞大的开封，算是受损很小的。最高纪录是北宋末重和元年（1118）一次火灾，烧去五千户。较大的火情，大部分时候，是从皇宫延烧出来，显然皇宫里灯烛较多，而管理又较难，专门负责瞭望和灭火的兵士，也不会在皇宫中屯驻，也就难怪容易发生大火了。

驻于开封城中的十余万兵士，并非全都饱食终日，无所事事。由于巨额税收主要用于养兵，政府认为，兵士应另有付出，各类社会管理和服务事项，应"不劳民力"。当然，其他城市不具备开封这样的条件，不可能都享受到这样的便利。这是首都的特殊性所在。

开封的产业，以商业、服务业为主。饮食业无疑是开封最发达的行业。开封人习惯于外出到饮食店消费，尤其是除夕，举家到饮食店开销。正是这种习惯支撑着这个产业的发达。一般饮食店价廉物美，适合大众消费，"煎鱼、鸭子、炒鸡兔、煎燠肉、梅汁、血羹、粉羹之类，每份不过十五钱"。又有七十二家"正店"，是获得官方许可的高档酒店。如"丰乐楼"，两幢大楼相对，各高五层，中有回廊相通，有如阿房宫一般。到了元宵节，屋顶每片瓦陇中，放莲花灯一盏，望之如广寒宫。西楼紧贴着皇城，第五层可俯瞰禁宫，是其特别的吸引力所在。

饮食业之外，最多的是药铺和瓦子勾栏，瓦子者，据说其名来自"聚则瓦合，散则瓦解"之意，指其易聚易散。开封瓦子不仅数量众多，且规模极大。城东南角是全城的艺术中心，瓦子密集，几平方公里之内，有五十几个，规模大的，可容纳数千之众。大的瓦子，有著名艺人常驻，又有从皇家艺术团体"教坊"退出的演技高超的乐人。其中上演的内容，名目众多，若杂剧、诸宫调、说诨话、叫果子、小说、说三分、五代史、杖头傀儡、悬丝傀儡、药发傀儡、筋骨上索、杂手伎、杖锡弄、皮影、弄虫蚁、舞旋、相扑。各种歌舞、杂技、说书、傀儡戏、武术表演，无不具备。后世民间艺术，在宋代大体都已有雏形。

宋苏汉臣《秋庭戏婴图》(局部)。画中所绘"推枣"游戏，表现了传统的谦让美德。

出于养生之需要，开封城内医馆极多。在传世的《清明上河图》中，城内东南角，医馆占据了很醒目的位置，医者赵太丞家门前，张着"五痨七伤"、"治酒所伤真方集香丸"的竖招。"杨家应诊"门前，候诊者三三两两。这一带既不是最繁华之处，也非医业集中的场所。开封医馆最多的，是在内城东北角的马行街。据《东京梦华录》记载，马行街上有口腔科、儿科、产科，其他诸处，又有伤科、洗面药铺等。后者应当不是一个专业的诊疗机构，而是专门制作护肤品的所在。

在时人的记载中，开封的产业之丰富，几乎达到这样的程度：任何需要，都有专业机构可提供服务，譬如操办婚事，办宴席则有专业店铺负责桌椅器皿一切摆设、茶酒菜肴一切吃食，连带发请帖安排座次，"歌说劝酒"的"白席人"也专门配备；可请专业人员租用"园馆亭榭寺院"作为婚宴场所；专有出租轿子的行业，提供与皇后专用同样造型的新娘轿子，租轿子兼配抬轿吹打、新娘礼服等一切配套的人与物。出生下葬，娶妇嫁女，所有重大场合都可享受专业服务。至于日常修鞋箍桶等事，自不在话下。用水则有专人从井中汲取，运至家中。《清明上河图》中，赵太丞家东面有大方井一口，覆以木框，旁有壮汉数名正在汲水及等候，或正是专门提供运水服务者。这种最发达的服务业，正是开封城市生活的最佳体现。这个城市，依赖政府、大商家、小商家、服务业的链条运转着的，皇家、官、兵连家属四五十万，大小商家、雇员及家属数十万，再带动数十万依靠服务业养活的人口。这种产业链，只要国家正常，就永远不会停。孟元老的《东京梦华录》所回忆的、张择端《清明上河图》所描绘的，正是这个国家最后的"正常"时期——北宋徽宗朝。经过百余年的积累，社会极臻繁庶,这在开封城得到最全面的体现。然而,在不久之后的1126年,所有繁华几乎在一刹那崩解,中国史上文明最昌盛的时期、最繁荣的城市,自此逝去。

海外贸易

宋与所有周边政权,都存在贸易关系,如宋辽之间置榷场,各售对方所需之物,每岁交易额数十万贯,与金、夏之间,亦置榷场互市。然而宋代与境外的经济交流,因西北疆域较之唐以前大幅退缩,传统的丝绸之路,已在其控制之外。另外,由于经济重心之南移——尤其向东南移动,对外贸易亦需随其腹地之迁移而转变方向、通道。故而宋代贸易最盛者,是东面海港的对外贸易。

贸易港口的分布,深刻揭示了宋初统一的重要性。几乎所有的港口都分布在五代时南方的割据政权。两浙以杭州、明州(今浙江宁波市)为最主要港口,其次为温州、秀州(今浙江嘉兴市)、江阴军。福建以泉州为主,其次则福州、漳州。两广则以广州为首要港口,以钦州、潮州、琼州(今海南海口南)为辅。这些港口在唐代已有相当好的基础,在十国时期,又于割据者手中续有发展,带来可观的收益。宋初统一之后所获得的这些优良港口,其各方面的条件是北方原有的以密州(今山东诸城市)、登州(今山东蓬莱市)为主的港口体系所不能比拟的。

入宋以后,东南诸港总体的成长趋势不变,但相互之间的地位却有起落。全国范围内,统一之初,全国最大的三个港口为杭州、明州、广州。其中广州贸易额最高,杭州因更接近核心地区,地位最为重要。逐渐地，泉州地位崛起，至南宋贸易额已超越广州，成为全国第一大港。两浙路诸港之间的地位发生了较大的变化，杭州的重要性不断下降，秀州华亭县的青龙港一度发展迅速，大有后来居上之势，但因航道的淤塞，来秀州的蕃舶，交易移往上海港，其连续的发展过程被打断，而明州港则保持良好的上升趋势，北宋后期，成为对日本、高丽贸易的唯一指定港口，南宋时已稳居两浙诸港之首。南宋后期，全国最重要的港口，已变成明州、泉州、广州，分居沿海诸港的北、中、南部，依托本路其他港口，形成更合理的布局，使海外贸易得以长久持续发展。

唐、宋政府一贯对海外贸易抱支持的态度，因其中有利可图。而相比之下，宋

花纹独特的青瓷 (南海一号博物馆)

斗笠碗 (南海一号博物馆)

菊花瓣型的斗笠碗，可能销往日本 (南海一号博物馆)

代对海外贸易的管理要严格得多。在蕃舶云集的最主要港口，从宋太宗朝始置"市舶司"，作为颁发贸易凭证和抽税的负责机构。在次一级港口，则驻有市舶司的派出机构市舶务。有了专门机构之后，政府对舶来品的管理，可以达到很细致的程度。按照货物的类型，有不同的抽税比例，少则十几分之一，多则十分之二甚至十分之四。对某些货物，实行政府专卖，比如犀象珠玉、牛皮筋角、高级香料，政府将其中部分变卖与商家，许其在境内贩售。经抽税及专卖，政府岁入可达数十万至百余万贯，收入最高时，达到全国岁入总数的百分之三。为保证海上贸易有序进行，并维持政府对贸易的控制，政府又于沿海设巡检司，以缉捕海盗、迎送商船、查禁走私。

海上贸易对民间的影响，可从两方面来看。从社会习俗看，舶来品中最主要的是香料，使宋人形成了使用香料的习惯，尤其在城市中，中产之家多用之，文人贵戚尤其有此嗜好。或祭奠礼佛，或和入食物，或用以清心养神，或用以熏染衣被。北宋时，政府一年从市舶务抽取三十万贯到七十万贯，大多是以香料为主的实物。依百分之十的税率，大约每年会有价值数百万贯的香料在市面流行。下等四贯一斤，上等的笃褥香，每两三十贯至八十贯之间，但上不设限。某海商携二钱龙涎香至开封，开价三十万贯卖与宫中。《清明上河图》中将一个香药铺置于最显眼之处，可清晰地看到"刘家上色沉檀拣香"的店招。而《东京梦华录》谈起马行街的香药铺席，就用"不欲遍记"一句带过，说明香药铺席实在太多，记不胜记。若从进口商品的角度来看，宋代的海外贸易，称之为"香料贸易"，并不为过。

若从产业角度来看，首先自然是港口附近大量人群从事海外贸易。正史中较少相关记载，但在宋人留下的文集与笔记小说中，颇

《清明上河图》(刘家上色沉檀拣香店局部)

多因海外贸易而致巨富的例子,甚至说"福建一路,多以海商为业"。
其次则是由泛海贸易直接促成造船业的发展。与唐代不同的是,由
中国诸港口经马六甲海峡至印度洋、红海的航道,至宋代已是中国
船只占据首要地位。这不仅反映中国商人的贸易热情,也取决于中
国造船和航海技术的发达。宋船甲板平整,底尖如刃,采用贯通首尾
的龙骨支撑整个船身,船只的吃水量和坚固程度远胜于波斯、阿拉伯
船。宋船又率先应用隔舱设计,极大提高了船只的抗沉性。宋船普
遍使用指南针,使其对航路的控制,远非它国船只可比。而其形制极
为庞大,普通船只载重上百吨,如在广州海域发现的南宋船只"南海
一号",排水量达六百吨,载重约八百吨,是当时世界上最先进的海
船。对海船的大量需求,推动了沿海造船业的发达。当时福州所造

船（"福船"），因使用木材坚致、船形庞大坚固，声誉卓著。再次，则是生产主要出口产品的行业——陶瓷业，在近海路空前发达。两广、福建、两浙宋代窑址数百，年产瓷器数亿件，有很大一部分供应出口。尤其是福建路，上百个窑址的出现，与泉州港的兴起同步，改变了一路的产业结构。

瓷器、丝织品、茶叶，构成了宋代主要的出口产品。这些货物——尤其是瓷器，在航路所及的各个地区，受到普遍欢迎。故而，不仅是东南亚地区，远至东非，都是宋代瓷器的市场。东非沿海肯尼亚、坦桑尼亚地区一直有宋瓷的大量发现，甚至在非洲内陆的津巴布韦，亦有出土。宋的产品，在西太平洋与印度洋海域拥有广阔市场。此外，宋的书籍在高丽和日本很受欢迎。更受欢迎的是铜钱。宋作为当时铸钱最多的国家，在国内形成一套非常成熟的货币体系，高丽、日本、交趾等国，因受本国铸币水平所限，希望获得大量宋钱，行用于国内。但钱的大量流出，致使宋本国的货币体系受到扰乱，市面流通铜钱减少，尤其在南宋，更会导致某些地区的市面只见纸币而缺乏铜钱，从而导致纸币贬值。因此，宋一直禁止铜钱流出，甚至立下法令，对私带铜钱出境者予以重罚，沿海的巡检司也以检查出海船只是否携带超额铜钱出境为重要职责。但显然收效有限。

至于进口货物，除香料以外，尚有药材、犀象、珠玉等，大多产于东南亚和西亚。除了某些战略物资如硫黄、牛皮筋角等，对于宋来说，并无国内缺乏的大宗必需物资若粮食、其他食品、纺织品等。也曾有人提出，通过海外贸易，宋所获的物资几乎无关国计民生者，市舶司或可取消，海外贸易或可不必鼓励。然而这不仅关涉到百万贯以上的收入，也会影响社会对进口香料和药物的消费依赖，故未被采纳。但这个提法，确实反映了海外贸易再难在宋的基础上继续发展的重要原因。国际分工基本未产生，海外亦难觅有大量商品化的基本物资的产地。作为供给方，中国能够提供的产品固有很大发展潜力，但作为接受方，能从海外得到的物资，种类并不多，长期入超，难以为继。宋之海外贸易固然达到前所未有的高度，但其所受当时世界环境的限制，终使其无法在经济总量中占更重要的地位。

社会救济

历代的社会救济一般停留在灾后赈济的水平上。至于成效，那就不可一概而论了，譬如未建立固定的储备制度和救济政策，哪里粮食刚好少储备了一些，一遇大灾，调剂不及，难免饿殍遍地。从隋代开始，国家强制各地建立义仓，平时除交税之外，尚需交粮到地方义仓，用于荒年自救，不至于紧急时调粮不及。宋于义仓之外，复于地方置常平仓，其救荒政策，除蠲免赋税，以及出常平仓米或济（免费发放）或粜（平价出售），在灾荒严重时，会集中国家与社会的所有力量，调拨一切可用的粮食，按灾情轻重分别予以适当处置。其所常用的手段包括：从本地其他粮仓紧急拨粮，从外地官仓紧急调粮，鼓励和组织外地客商运粮来售。同时，地方官会向大户劝募，请求他们捐赠或平价出售储积之粮，有时甚至是半强制地劝募。劝募是少有的考验长官"亲民"能力的时候，如朱熹所言，应将"积米谷钱物之家，敦请赴官，以礼劝谕，承认赈粜米谷数目"，或以进纳补官诱之。朱熹在南康军任官时，恰遇重灾，曾与同僚竭力劝募，成功地从三县二百余户富户处募到十余万石。不过，有时富户不听劝诱，也不可理喻，尽管事后可以将坐拥巨资而一毛不拔的富户"送五百里外州军编管"，却可能会错过时机，影响赈济效果。考虑到这一点，朱熹命属县官员"取会管下都分蓄积米谷上户"，并提供最详尽的资料，如富家有米可粜者几家，除其家自用外，有米几石可粜，以防富户托言家无

《货郎图》（南宋李嵩绘）画面上货郎不堪重负地弯着腰，欢呼雀跃的儿童奔走相告，一副货担就是一个小小的百货店。

《闸口盘车图》(宋) 再现了河旁闸口一个官营磨面作坊的忙碌场面。堂屋安放水磨,望亭置于两端,河上两艘蓬船,运粮引渡忙碌。图中劳动者忙着磨面、扬簸、挑水、赶车,官吏们则正在查点、饮酒等。

储积,拒绝承认出粜米数。有的知州会直接推出比较强硬的措施,如咸淳中(1265—1274)黄震知抚州,规定有粮不粜者籍没家产。迫于这种压力,富人多不敢抗拒。

获得粮食后,官民合作,在灾区设计完善的赈济点的分布格局。官方在人口最集中的县、(镇)市置粜场,而令富户以所应允之数,于乡村就近置场出粜,官方会派人监视,以防富户阳奉阴违。宋代州、县官员于赈济一事,大体比较尽责,所以南北宋安定时期,极少出现大批饿殍，这又是历代难以超越之处。

除相对完善的赈济事业之外，宋代较之其他时代更为突出之处在于，它有一个比较完整的对弱势群体进行日常救济的体系。各地往往有贫困家庭生子而不能举（无力抚养），故而弃于荒野的现象。比如北宋时，弃婴现象在福建特别严重。那么就在重灾区造"举子仓"，政府拨发与社会劝募并行，建立粮食储备。有子不能养的家庭，每月从"举子仓"中拨定额粮食以供抚养儿童，直至其成年。而在弃婴不太严重的地区，会建有"慈幼局"，弃婴被送入其中抚养。对于重病无法自理的，建立"安济坊"调理之。"老疾孤幼无依乞丐"者，被送入专门的"居养院"或"福田院"收养。未置专门机构之处，则对贫乏无以自存或老幼疾病者定期发给米豆。

安济坊与居养院常委托坊隅监管，募人照料，但常常又与寺院合作。譬如苏轼知杭州时，经办病坊一所，命僧人主之，允诺三年之内治愈百人，则与"紫衣"一件。着紫衣为德高望重的僧人的特权，有紫衣者，可赐"师号"，即给予"某某法师"之荣称。对一般僧人又可给度牒，即颁给僧人的执业许可。僧人行善，为其职业上的成就，同时又获得朝廷颁给的荣誉及实际的利益。有时为简化程序，便直接将安济坊置于僧寺，官方定期颁给一枚度牒。

对于死后家中无力埋葬或无人认领的，官方出地建公营墓地，称"漏泽园"。漏泽园有定制，人给地九尺，官给棺椁，以其身份及葬日镌于碑上。二十世纪八十、九十年代，洛阳文物工作队、三门峡市文物工作队先后在宋陕州故城（今三门峡市西北）附近清理出北宋陕州漏泽园墓葬八百余座，每座占地约六平方米，这是迄今所见的规模最大的漏泽园。而史籍记载中，开封、洛阳等大城市，其漏泽园占地更为广袤。可能后世受救济的人，有比宋代更多的，但社会救济体系大约没有比宋代更完善的。

其他救济政策，惠及各个层面的贫民。如官营房产置"楼店务"管理，其中客舍租金并不高，按月计每间五贯而已。租住的除了外地寄居者，即本地贫民。贫民无积蓄，一日不作，则一日不得食，若遇大寒或大雨不止，便无力支付房租，则政府或会下令免去若干日房租。又，政府在各大城市经营的平价药房，称"惠民药局"，目标是惠及中下阶层，所以药价是私人药铺的三分之一左右（但公认的是，药品质量较差）。若遇疾疫流行的非常时期，惠民局负责向民众发放药剂，控制疫情，人口极为集中的开封即受惠于此，很少看到传染病的大规模流行。若惠民局或民间所存药品不敷使用，甚至临时从军用药品库调拨。有这种观念并且能持之以恒地付诸实施，对于平民的健康与平均寿命的提高，有显著的作用。以北宋为例，短短一百六七十年，人口从三千五百万增长到一亿四千万，年增长千分之八点五，这一纪录，直至清末再没能超过。很难想象，这仅仅是靠粮食产量提升而促进的生育率提高的结果，肯定还需要伴随死亡率的降低、平均寿命的增长，尤其是避免欧洲那样全面流行的瘟疫才可达成。宋政府对于医药事业的重视，与人口的快速增长有直接关系。

宋代的文化 11

　　文化所涵括的内容极广。宋代对后世的影响最为深刻的，首推经学，次为史学。但其实在后人可以想到的大部分文化形态，都在宋代获得巨大发展。文学如词，艺术如绘画、书法，其他如书籍的出版和传播，话本和戏曲等大众艺术，算术天文历法等科学技术，及如金石、医学、武术，都处于历史的巅峰。

　　由五代入宋之初，文化的各个层面，并无很好的基础。我国的文化，固然在唐代达到前所未有的高度，但安史之乱是个转折，它打断了正常的发展过程，黄巢之乱是个更大的转折，由此而致的长年战乱与萧条，更是使中原文化大踏步后退。宋起先所继承的后周疆土，是一片朴实无文的景象，更好地保存了文化孑遗的，是割据政权里的南唐与后蜀。

　　在这样的基础上，宋代的文化能全面达到新的高度，得益于这个时代多方面的特殊之处：国家长期稳定，文化遂有连续发展的环境；与科举制紧密相联的文官政治，吸引人们竞相习文，这对于某些文化形态如经学、史学、诗赋，是首要的推动力；开放的社会使得人们能在不同阶层之间通畅地流动，各阶层人士的才能得以最大程度地展现,开放的心态亦使各阶层普遍欣赏某些大众化的文化形态,词曲便是最好的例子。

两宋在国内政治上是一个阶层冲突较少、凝聚力较强的和煦的时代,而在文化上,也显示了多彩、包容、雅致之性格。政权固然消亡了,但文化的特性,不致全被抹去,从而为后世留下丰硕的成果。

理学

理学在宋代得以发展,正与宋代的政治和社会形势相适应。宋代重内治愈于前朝,寻求一种秩序——政治秩序与社会秩序——成为时代的需要。进而,自然地演进到思考世界的秩序,探寻决定万事万物的最高存在和运行规律,即"理"或"道"。理学的发达,其必要性是宋代士大夫在学理上的创造,与皇朝在政治上的需要相契合。而其可能性,则是开国之后内政稳定逾五十年,在科举制的促动下,文化渐兴,凤学之士传播学术、交游、相互激扬的条件也已成熟。而无论招徒传授,还是个人精研学术,从思想根源上寻找秩序与规律,都受到政府一定程度的支持——譬如真宗朝对应天府书院的资助与褒扬,仁宗朝湖州州学的兴起并成为典范——或至少是放任,这正是理学在北宋中期初露峥嵘,以及它一开始便与政府有密切关系的缘由。

理学事实上是以儒家经典为基础,对经典进行重新阐释而构造出一套解释世界运行规范的学术。后世的所谓经典,至汉以前便已存在,但不断地再解释过程,实际上便是一种对规范的重构过程,儒士们力求将散见于经典中的要义与规范抽取出来,形成一套理论体系，用以规范甚至统一道德观直至世界观。在多个理学流派的形成过程中，都存在对此前历代积累的各种学术思想的融合。其中固然以儒学为主，但或多或少也吸纳了佛、道思想。

宋代理学的源流被追溯到"宋初三先生"，即主要活动于宋仁宗朝的胡瑗、孙复、石介。胡瑗主治《易》《书》《春秋》。孙复主治《春秋》。石介辟佛、道，为儒家"道统"追本溯源，又言必称"道"，自他而始，学者强调"道"作为学术中最根本、最重要的概念。三人同为注疏转向义理、经学转向理学的开辟者，且在仁宗朝中期先后在地方办书院、兴州学，又被引至国子监教授生徒，使其学术能够广布于首都与地方，且引导了学术方向的转变。"三先生"开创性的活动，为仁宗末年起理学多个支脉的出现与初步成熟奠定了基石。

世界的根本是什么？主要活动于仁宗后期的周敦颐，开始给出解释。在他看来，它就是"太极"，由太极而生阴阳，而至五行，而出万事，世界蕴育于太极之中。而同时代的邵雍，则由太极演为六十四卦，以此来演绎宇宙的构造，且以"人"作为"宇宙"的映像，正如宇宙之万事万物归于太极，万事万物也同样在"圣人"之一心。《易》学之所以成为理学发皇之处，正因其关于宇宙之本源可与"太极"对应起来，至于如何由这个本源发展出世界来，那便是各人解释的高妙之处了。

同样以《易》学为宗的张载，则主张万物由"气"而生，"气"变幻无方，聚而生万物，散而为太虚。而曾受教于张载的程颢、程颐兄弟，则有不同见解。二程认为，只一个"天理"是万物之核心，有"理"始有"气"。通过"定性"进行自我涵养，去除人欲，"天理"即映照于人心。而人世间之纲常伦理，也正是"天理"在世间的映照。

数传之后，至南宋孝宗朝，理学终于由二程一脉传至朱熹而臻于大成。朱熹之成就，首先在于梳理了"理"与万物之关系。他认为"理"、"道"或者"太极"，作为宇宙之本源，是不变的核心，但它以不同的法则映照于万物，即所谓"理一分殊"。其次在于"天地之性"与"气质之性"于人身之对立并存，"天地之性"是"理"之所存，是要"格物致知"、要修心养性去追求的"至善"，"气质之性"是因变动的"气"存于人身，不同人其"气"不同，皆出于爱生而产生，有善有恶，可谓人之本性，即"人欲"之所在。因人之生存而必有"气质之性"，但反映至"理"的"天地之性"，才应是人所不懈追求的。两者俱存，方是真正的"人"。其三在于"王霸义利"之辨。夏商周三代君主，以天理为心，此为王道；后世之君主，则私欲存乎心，因私欲而追求功业，此为霸道。由"理"至"天地之性"再至"王道"、"义"，分别是天、人、社会的最高标准和终极目标所在。

自孔孟创造经典之后，程朱一脉，可说是重构了经典。至朱熹，对经典的阐发已形成完整的体系。但从理学发轫直至朱熹去世，宋代的学术史发展从来都不是这一脉独大。朱熹蜚声海内之时，也是陆九渊名满天下之际。陆的学说主"心"："吾心便是宇宙"、"心即理"，这较之程朱要"格物致知"、"即物穷理"，通过对"物"的观察思考来接近"理"，要简易，也要随意，几同洪州禅师马祖道一之"即心即佛"。朱陆二人在信州鹅湖寺激辩一番，各执一词，互不相下，只好交由后世论说。然而朱子的理学究有清晰的理路，不比陆子的心学，人"心"各异，道、理便相去甚远，朱学终被定为官学，陆子一脉便相应沉寂。但朱、陆毕竟都是有"理"可循，而有些兴盛一时的学脉，在程朱看来，便是无"理"之甚了。北宋二程在河南授徒之际，王安石父子著《三经新义》，一度成为科举考试之标准，而使其"荆公新学"占据主流地位，非程学可比。"荆公新学"也讲求"道统"，然而其"道"则调和儒、释、道各门，声称"道一"，但既调和，则未免驳杂，既驳杂，则利于解释者取其所需。南宋人对"荆公新学"之攻击，便集中在其"穿凿附会"，专为其新法而设。也正因新法的没落，"荆公新学"也随之迅速没落，到了南宋初，"新学"便受重挫，一蹶不振。

这种学说为体、事业为用的意图，在与朱熹差相同时的浙东"事功学派"中，有更显著的体现。金华吕祖谦固然与朱熹有许多

程颢像　　　　　　　　　　　　　程颐像

陆九渊像 　　　　　　　　　吕祖谦像

共同语言，但亦主"致用"，永康陈亮、永嘉叶适更是力主"事功"、
"功利"，欲以事业为理与道的体现。其说以为，若无事功，则道义
焉附？在朱熹看来，这便是将"利"置于本位而"义"却居于次要
地位，是本末倒置。故而他对陆学尚能部分接受，因为陆学还以
"理"为中心，是"要去做个人"的模样，而对陈亮、叶适等人的学
说，却是极力反对的。他自来强调，"气质之性"与"天地之性"缺
一不可，若缺其一，则"做人不得"，重功利而轻道义，此即将自身
完全托给"气质之性"，"天地之性"则被隐没，那便不是真正意义
上的"人"。

　　事功学派之存在，尽有其合理性，南宋之初"恢复"之说甚盛，
事功之学，便是与此相呼应，欲于恢复一事着手，建立功业。当韩侂
胄对理学家实行"党禁"之时，倒是事功学人的好时光，叶适便曾积

极参与。但开禧北伐失败，韩侂胄被诛，叶適也受到牵累。理学在史弥远主政时期复振，声势愈趋浩大，而事功学派则失去了与之争胜之能力。

宋代的学术与政治，从未摆脱相互的影响。理学与事功学派兴衰之错落是一例，"荆公新学"之起落又是一例。而理学家也绝非不顾政治与社会的实际，空言"道"、"理"。早在张载以"为天地立心，为生民立命，为往圣继绝学，为万世开太平"自命之时，便决定了理学的现实性。在朱子的时代，虽然他认为学术是科举以外的一片天地，但绝不排斥科举；他耻言"利"，但赞成将所悟之"道"付诸实施——理学家所求的"道"，最终也就是"治道"，是以"道"来治天下。否则便无法理解理宗朝何以由官方来确定朱子之学的独尊地位。

史学

论史学之发达，历代无有愈于宋者，唯于世道人心之影响，不及理学，但与理学一样，史学在宋代耗尽创造力，臻于成熟，至后世则"过熟"而乏新意，唯见衰退。

史学在宋代的成熟完善，既体现于官方史学，亦由私人之修史成就得以展现。官方史学之完善，首先表现于其修史过程之完善。在太宗朝以后，逐渐按史书体裁形成严密的程序：起居注、时政记、日历、实录、会要、国史。先根据当时记载，修时政记和起居注。时政记为皇帝与大臣议论政事的内容，多由宰相编撰，因为参与议论最多的就是宰相，宋代时政记今日难得一见，仅李纲留有《建炎时

《新五代史》书影

政记》。起居注由起居院修撰，记皇帝日常之言行。此二者，须当场或事后不久即行记录整理。根据时政记和起居注，在事后由日历所修日历，如太宗时，臣僚上奏说太祖朝日历不备，遂诏史馆编修日历。此后，日历与时政记、起居注修撰的时间相差不是太远。之后再由实录院据日历修实录，实录为一朝一修。宋之日历大多不传，实录也只剩钱若水所修《太宗实录》中的二十卷。实录之后是会要，自仁宗以后，每过一至三朝必修一次会要，后一部会要所记述内容的起始时间，接续前一部之末，最后由理宗朝的史学家李心传统本朝此前所有会要为一，修成《国朝会要总类》，所记载内容至宁宗朝末年止。这部书仅有部分存世，是清人徐松由《永乐大典》中辑出，重新编类为《宋会要辑稿》。以实录为基础，加上朝中要人或社会名流的家传、行状等，由国史院修成国史。宋之国史，正是元代修宋史的主要依据。程序越往后，修出来的东西越精致，但原始资料当然会去掉不少，且因编文的关系，会要引用材料的出

处、原貌渐不可见。另一方面，精产品实录、会要编成，粗产品日
历、起居注一般就不再受注意，不会流传民间，原始资料就更容易
湮没。总赵宋一朝，官方所修，有实录三千余卷，日历四千余卷，会
要二千四百余卷，纪传体的国史一千余卷，合计过万卷，但存留下
来的不到十分之一。反倒是私家所修史书，成为今日所见的最重
要资料的来源。

　　所谓私家修史，也未必尽是不与官方接触而闭门造车者，最优秀
的作品，多有官方材料为依据，甚至得到皇帝之鼓励，不过不是在官
方的修史机构内进行。北宋欧阳修纂《新五代史》，即属私修。既有
《旧五代史》，欧阳公重著之举，正欲另有发明，故欧阳《史》之风格特
出，多寓褒贬于其中。对于这种"春秋笔法"，后人评价不一，新《史》
因简而误者不少，这一点多为后人所诟病。然而其寓义理于史传的

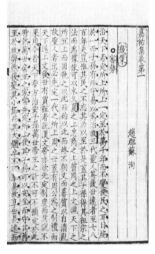

苏洵《嘉祐集》(宋蜀刻小字
本) 书影

《资治通鉴考异》书影

李焘撰《续资治通鉴长编》书影

南宋袁枢编著《通鉴纪事本末》书影

做法,却多为后来史家承袭。

宋代修史之巅峰,是《资治通鉴》。起自三家分晋,至宋取代后周,首尾一千三百六十二年,是前所未有的巨著。司马光纂此书始于英宗朝,神宗始行变法,打发他到洛阳继续编纂,且为其配备助手,俨然一个微型的史馆。前后以十九年之功而告成,神宗亲定名、撰序以褒之。此书的编纂过程体现了司马光一贯的严谨作风。先将史料按年月日集为《丛目》,而后取舍成文,注明史

《通鉴纲目》书影

郑樵像

料出处，成《长编》，复润色而定稿。至于辨析史料、决定取舍之过程，则编集为《通鉴考异》。其内容之谨密可靠，于诸史中称首。司马光也于其中表达了许多观点，但直接以臣子恭呈皇帝御览的语气"臣光曰"引出的评论，其数甚少，更主要的手法是如何突出他所认为最重要的、最能借古喻今的史实，以及如何在叙述过程中以微妙的手法点明他所要表达的观点。在尊重史实的基础上达到"微言大义"的目标，是史学家的最高境界。

《资治通鉴》对后世史学的影响至深。南宋李焘依其体例，自高宗至孝宗朝耗时三十年，作《续资治通鉴长编》，该书接续《资治通鉴》，述太祖至钦宗九朝之史，原书共九百八十卷正文，加上《举要》和《目录》，共一零六三卷。李焘作《长编》，仍贯彻司马光的原则，即"宁失之繁，无失之略"，选择和裁剪史料得当，叙事虽详却不芜累，是亦大家方得为之。另有南宋后期史家李心传所作南宋高宗朝编年体史书《建炎以来系年要录》，堪与李焘之著作媲美。此书共二百卷，成于宁宗嘉定中。以会要、实录、日历为主，参以野史、杂记，引用书籍多达五百五十种，内容极为丰富宏博。李心传亦因此史才远播，被选入史馆纂实录。

《资治通鉴》发挥其影响的另一途径，是后人根据该书缩编、改写，以利传播。因《资治通鉴》篇幅过巨，不仅通读费时，抑且购买收藏不易。南宋人袁枢有感于此，以事类为目，共择取二百三十九条事类，改作为《通鉴纪事本末》，此即"纪事本末"体之先驱。影响更大的缩改之作《通鉴纲目》，出于大儒朱熹之手。对于理学家而言，缩编或非最为必要之举，但通过改变体例，更直接地表明观点、宣扬道统，才最合乎其经、史合一之追求。此书随着朱学的兴

《文献通考》书影

盛，也愈来愈受后世尊奉，至乾隆为作"御批"而达到荣耀的顶峰。

由《资治通鉴》而衍生的纲目体、纪事本末体，固然是宋代史学盛事之一，但仅从史学史的角度来说，未必超过《资治通鉴》这样一部空前绝后的编年体优秀史著本身的价值。以它为首的几部大型编年体史书、官方修史机构的作品，以及仿唐代杜佑《通典》体裁而作的南宋人郑樵的作品《通志》、宋末马端临的《文献通考》，共同将宋代史学推向难以逾越的高度。

宋词

作为一个大时代的文人共同铸就的文学产品，中国史上最值称道的，莫过于唐诗与宋词。与理学、史学不同的是，诗、词篇幅精悍，

题材不受限制,易于创作、模仿,且与音乐直接关联,更能为各阶层所接受。有更多的受众,也有更多的作者,故而更能体现一个时代的文化风貌。

词之体裁,起于晚唐而兴于宋。词之兴盛,或谓唐人已将诗这一体裁做到极致,宋人无以超越,便另辟蹊径。文学家综合考量唐诗宋诗,自可得出宋不如唐的结论,然而具体到某个宋代诗人,未必以为自己无法超越前人。宋人喜作词,更重要的原因,或是词富有歌唱性,具有诗所难以比拟的表达力,适于各种场合的传唱。

宋词之初兴在仁宗朝,晏殊、晏幾道父子称重一时,其词婉丽,仍祖后蜀、南唐之风。欧阳修亦是当时名家,其词清丽,颇不同于其文风之平畅、意态之高亢。这"婉约"的风格至柳永而达到第一个高峰。柳词奇丽而多用俗语,摹写繁华场景、都市情态,适见其不羁之性格。"凡有井水饮处,即能歌柳词",是柳词风传于市井之写照,但同时,柳词也上达天听,颇为仁宗所喜好。直至柳永大言"我不求人富贵,人须求我文章",仁宗反击:你不求富贵,难道富贵便来求你?柳永便与富贵无缘,以"白衣卿相"为名,终身填词,于繁华市井中度过余生。

词风至苏轼而别出一途。苏词虽亦有温情之一面,然多为豪迈奇瑰之作,与晏殊以下一味婉娈香艳,迥

黄庭坚像

然不同。自此，词作为最宜抒情之体裁，遂有舒放英雄气概之可能。然所谓"豪放"派者，在北宋未有堪与东坡比肩者，若黄庭坚、晁补之之词，虽有东坡遗风，雅正平达则略逊。而同在苏门的秦观，则以淡雅见长，甚少东坡之气概。

词至周邦彦而备极华美。邦彦生长于繁华绮丽的杭州，又深通乐理，其词风工巧精雅，且擅度曲配词，精于格律为词家冠，就技巧而言，实已臻巅峰。然盛妆之下，却乏真性情，炫才之成分更多于抒情。盛世而将转衰，尤多华而不实的趋时应景之作。

两宋之际，词风一变。处此剧变时代的李清照，其词风的转变，堪称典型。李清照前期之词，尽为闺阁之作，典丽故擅一时之胜场，然风格亦未必可算突出。至南渡而后，孑然飘零，遂一转而至凄怆。南宋之词，大体多苍凉之感。

绍兴间词人张孝祥，著名词作壮直朴拙，用语不以雅而以气胜。其家国情怀、忠愤之气，作为南宋词的时代特色，亦见于多数词人的作品。如陆游之词，即以沉郁雄劲见长。然最特出者莫如辛弃疾。弃疾在北方时已有盛名，由北投南，文名仍著称当世，但与陆游不同，他是词重于诗，传下名作，以词为主。其词之慷慨雄浑，上接苏轼，而奇崛则过之。辛词之中不仅有剑拔弩张的锐气，亦多

李清照雕像

雅趣,笔力深厚,遂致无物不可入词。辛、陆二人,可谓词如其人,亦如其境遇。辛弃疾怀抱报效故国之情来投,然其恢复之理想,始终无由实现,只能在内地平寇,晚年与韩侂胄接近,希望获得报效之门径,不料未出师而身先死,且留下晚节之疵,其志不获伸,然其报国之心、豪迈之气,始终不替。陆游也念念不忘恢复,然一介书生,又终身未致显达,于恢复之业,更是无缘,晚岁与韩侂胄相酬酢,正因在侂胄身上,难得地能看到恢复的希望。

稍后的姜夔,为南宋婉约派词人之称首者。他与周邦彦一样精通音律,也同样讲究雅致圆润,但却有周邦彦笔下所乏的苍凉之意,更有一种所谓"清空"之气息,既不同于豪放派之"粗",又有别于此前婉约派之"浓",这一风格对晚宋词人很有影响。然而其"清空"却不免留下做作的痕迹。过于注重审美而难掩气质之纤弱,此亦是他与周邦彦等工于雕琢、精于技法的词家的通病。

陆游像　　　　　　　　张孝祥像

科技

宋人的创造力，也表现在今人所称"科学"和"技术"的各个方面。在英国汉学家李约瑟 (Joseph Needham) 提出的"四大发明"中，宋人虽未有创始之功，然而印刷术、指南针、火药之广泛应用，却是在宋代方得以实现。

文字的成熟，是人类文明传播的第一重事，而印刷术的推广，则可紧列其后。人类经验若非通过大量复制的书籍来传播，则文明的广布，究为遥不可及之事。在唐代，雕版印刷术发明，但当时仅限于印行有限的佛经，这一技术远未称得上"通行"。晚唐五代，雕版印刷术首先在蜀地获得发展，宋初开宝年间印行《大藏经》，须往成都刻印。但是印刷术很快通过三种渠道扩散开来。一是官方刻印，以国子监为首，地方各级如路一级的转运司、提刑司、提举司，府州军，皆通过公使库 (办公经费贮藏地) 刊刻书籍。其次是民间书坊刻印，迅速形成庞大的产业，并于两浙、四川、福建三个区域出现密集的印刷基地。再次是私家刻印，官绅之家，往往会选珍本孤本，募工开雕。三个渠道中，坊刻的社会影响最大，印行书籍充分流通于民间，极大促进了文化的普及。而

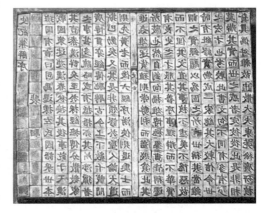

毕昇活字印刷术

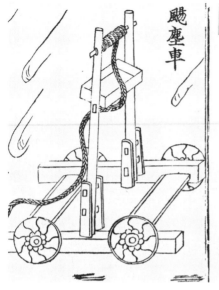

《武经总要》中的宋代战车（飓尘车）

在浙、蜀、建三个系列的刻本中，浙本最上，纸墨上佳，雕工精细；蜀本次之；建本最下，然建本印量又最大，取其价廉而多销，于文化之传向中下阶层，亦另有一功。

北宋仁宗朝，毕昇发明活字印刷，约自北宋后期始，活字印刷已实际应用。活字较之雕版，最大的好处是节省工本，不必如雕版技术之下，每印一版，便须刻一板，若如《资治通鉴》一类巨著付印，其雕版便汗牛充栋，至于印行《大藏经》，用版及人工更是骇人的数字。然而雕版却何以仍在此后占据

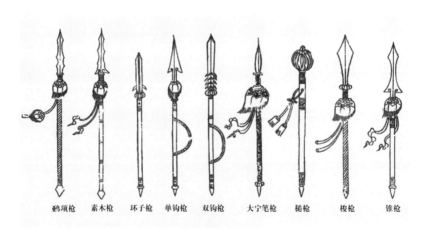

鸦项枪　素木枪　环子枪　单钩枪　双钩枪　大宁笔枪　槌枪　梭枪　锥枪

《武经总要》枪九色图

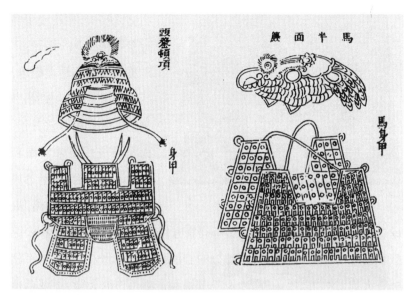

《武经总要》中的
宋代甲胄图解

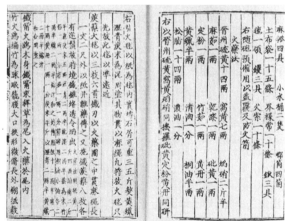

《武经总要》中记录
的三个火药配方

主流？此因泥活字、木活字不易保存，且字体又不如雕版美观、多样。

宋代指南针的几种应用技术，在沈括的《梦溪笔谈》中有载。其应运于航海业也正是始于宋代，用浮针之法，即以磁针浮于水上指示方向。有此利器，船只便不致在昏冥之中迷失航向。将这小小的发

司南模型

明付诸实用,便改变了当时世界航海业的格局。

火药发明是在晚唐,然而应用于战争,则始于宋初。宋太祖开宝五年,火箭被应用于宋对南唐的战争。此后,逐渐形成了系列火器,如火鹞、火球、火药箭、火蒺藜。仁宗庆历年间官方修定的兵书《武经总要》,记载了当时火器的种类与其中部分的制法。至迟在北宋末年,宋军已拥有火炮,这种以铁为外壳,利用其炸裂产生杀伤的火器,已现后世热兵器之雏形。但应是制作较难,仅见于个别大城市的防御战中,北宋末守卫开封的宋军用过,金末守卫开封的金军也用过。同样在宋代,现代单兵武器的前身有突火枪、飞火枪,其威力未可小视,然发射填药很不便利,在实战中用途有限。这些原始火器在明代前期又曾获得进一步的发展,但自明代中期以后,则渐落后于西欧,以至明末,与西方技术的差距已遥不可追了。

另如医学,在宋代的发展也足可称道。特别值得一提的有以下几点:一是政府对医药业的重视程度为其他时代所不可及。皇帝常有公布太医局验方之举。又编集医方,太宗时修成《太平圣惠方》,徽宗朝又集太医局之力,修成《圣济总录》,集方二万,此为前世未有的盛举。二是专科门类基本发展齐备。三是解剖开始起步,并初次绘制了人体解剖图。四是法医学有了长足发展,南宋后期由宋慈所著的《洗冤集录》,为世界第一部法医学专著。可以说,中医的体系在宋代已基本建立。

　　在天文、历法、算术、光学、化学诸方向，宋代亦各有突破之处。

　　以今人的学科分类法检视，在小农时代的中国，当然不可能存在作为体系的"科学"，但科学的某些专门方向，以及某些技术，凡我国古代曾有发皇者，大多在宋代达到顶峰。与文化的其他诸种类型一样，宋人在科技方面的突出成就，同样应归功于国家的长期稳定，以及这个时代的宽容。个人的文化活动，很少受到限制，故得以各展所长，积锱铢成巨万，为后人留下丰厚的遗产。

附
录

附录一　宋大事记

建隆元年(960)正月,赵匡胤发动陈桥兵变,迫后周恭帝让位。遂即位于开封府(庙号太祖),国号宋,建元建隆。

建隆二年(961),以"杯酒释兵权"的方式,罢去禁军宿将之兵权,强化对中央军的控制。

建隆三年(962),宋平湖北、荆南,得两湖之地。

乾德三年(965),宋灭后蜀。

开宝四年(971),宋灭南汉。

开宝八年(975),宋灭南唐。

开宝九年(976)十一月,太祖暴崩,其弟光义继位(庙号太宗)。

太平兴国三年(978),吴越、漳泉献地。

太平兴国四年(979),宋灭北汉,但同年太宗亲征幽云,败于辽军。

太平兴国七年(982),唐末起割据夏州的党项李氏献地与宋,太宗命其首领李继捧举族内迁。继捧族弟继迁遂叛。

雍熙三年(986),宋第二次伐幽云,又败,自此绝北伐之念。

至道三年(997)三月,太宗崩,其子恒继位(庙号真宗)。

咸平五年(1002),李继迁攻陷灵州,遂得割据灵、夏二节镇之地,并继续向西发展。

景德元年(1004),辽军南侵,真宗亲征,至澶州遇辽军,签订"澶渊之盟",宋辽进入百年和平期。

景德四年(1007),宋封李继迁子德明为定难军节度使、西平王,默认其割据。

大中祥符元年(1008),真宗"发现"天书,遂封禅于泰山,自此开始四处祭祀,构造神明体系。

乾兴元年(1022)二月,真宗崩,其子祯继位(庙号仁宗)。

宝元元年(1038),李德明子元昊称帝,宋夏关系破裂。

康定元年至庆历二年(1040—1042),宋夏战争,处于守势的宋方三次遭遇大败。

庆历二年(1042),辽向宋要求归还关南十县,宋最终以新增银、绢共二十万的代价,使辽答应不再对关南之地提出要求,且劝服西夏向宋称臣。

庆历三年(1043),范仲淹主持推行新政,以官僚体系的改革为主要内容,次年,新政失败。

庆历四年(1044),辽兴宗亲征西夏,败于李元昊。

庆历八年(1048),李元昊卒,辽兴宗于次年再征西夏,又败。

皇祐三年(1052),广南西路广源州蛮侬智高反宋,攻占邕州,又沿西江东进,攻打广州不克。次年,狄青大破智高军,平服叛乱。

嘉祐八年(1063)三月,仁宗崩,其养子曙继位(庙号英宗)。

治平四年(1067)正月,英宗崩,其子顼继位(庙号神宗)。

熙宁二年(1069),王安石任参知政事,始行变法。

熙宁八年(1075),交趾侵入广南西路。次年,宋将郭逵大败交趾军于富良江畔,宋军损折亦重,遂罢兵。

熙宁九年(1076),王安石第二次罢相,新法继续推行。

元丰四年(1081),宋发动灵夏之役,深入西夏,但大败而归。次年,宋于宋夏边境要地筑永乐城,西夏举国来攻,永乐城陷,宋丧师七万。

元丰八年(1085)三月,神宗崩,其子煦继位(庙号哲宗)。神宗母高氏,旋即起用司马光等旧党,尽逐新党、废新法。

绍圣元年(1094),高氏薨,哲宗亲政,尽斥旧党,复行新法,并向西夏用兵,占领部分边地。

元符三年(1100)正月,哲宗崩,弟端王佶继位(庙号徽宗),试图调和新旧两党。

崇宁元年(1102),徽宗复用新党,行新法,并继续对西夏用兵,占夺边地,取得对西夏的明显优势。

崇宁三年(1104),废除科举取士,改行学校递升、太学释褐来命官。

政和四年(1114),女真酋长完颜阿骨打起兵反辽。

政和七年(1117),完颜阿骨打称帝,国号金。徽宗主动遣使与金联络,相约灭辽而分其地,宋希望取得辽之汉地。

宣和三年(1121),复科举。方腊起事于两浙路睦州青溪。

宣和四年(1122),童贯平方腊,率军北上伐燕京,败归。同年再伐燕京,兵败溃归。遂乞金出师取幽州,次年,宋由金手中购得燕京及所属六州。

宣和七年(1125),金军侵宋。十二月,徽宗禅位(庙号钦宗),尊徽宗为教主道君太上皇帝。太上皇南逃。次年初,宋被迫缔结城下之盟,金军从开封北撤,但仍围攻太原。

靖康元年(1126),金军攻克太原,并再次南下,围攻开封。

靖康二年(1127)二月,钦宗与太上皇至金军,为所劫持。三月,金人立张邦昌为帝,国号楚。四月,金人胁钦宗、太上皇及宗室、后宫、百官北归。五月,康王赵构称帝于应天府(庙号高宗)。

建炎三年(1129),高宗从行之将领发动"苗刘兵变",旋即被张浚等平定。张浚西行经营川陕。金军追击高宗,直至海上,遂退归,高宗得以在东南立足。

建炎四年(1130),金立刘豫为帝,国号齐。张浚与金军战于陕西富平,败。宋迅速失去陕西绝大部分地区。次年,吴玠于川陕交界处和尚原大胜金兵,阻住了金军入川企图。自此,进入宋与金、伪齐对峙时期。

绍兴六年(1136),张浚罢刘光世兵权,刘光世部将郦琼率军数万投伪齐。金废伪齐。

绍兴八年(1138),金同意将河南、陕西之地还宋。

绍兴十年(1140),金叛盟,重夺河南、陕西地。

绍兴十一年(1141),高宗收诸大将兵权,并杀岳飞。

绍兴十二年(1142),宋金达成和议,以淮河为界。

绍兴二十五年(1155),权相秦桧死。

绍兴三十一年(1161),金主完颜亮叛盟南侵,被阻于长江之北,为叛军所杀。金军复北返。

绍兴三十二年(1162)六月,高宗禅位于养子昚(庙号孝宗),自称太上皇,退居德寿宫。

隆兴元年(1163),宋军北伐,败还。次年再次与金签订和议。

淳熙十四年(1187),高宗崩。

淳熙十六年(1189)二月,孝宗禅位,太子惇继位(庙号光宗),尊孝宗为"至尊寿圣皇帝",改德寿宫为重华宫使居之。

绍熙五年(1194),孝宗崩。七月,大臣赵汝愚等在高宗皇后吴氏支持下,迫光宗退位,立其子扩为帝(庙号宁宗)。次年,韩侂胄逐去赵汝愚,掌控朝政。

庆元四年(1198),韩侂胄以理学为"伪学",禁其传播。

庆元六年(1200),光宗崩。

开禧二年(1206),韩侂胄发动北伐,大败于金军。同年,四川宋将吴曦叛附金人,次年为属下所杀。

开禧三年(1207),史弥远与杨皇后、太子合谋诛韩侂胄。史弥远专权开始。

嘉定四年(1211),蒙古侵金,长期的金蒙战争开始。

嘉定七年(1214),金由中都大兴府迁都汴京开封府。

嘉定十至十五年(1217—1222),金连年侵宋,宋金和约不复存在。宋开始招徕山东的反金武装,集中于楚州,称"忠义军",作为抗金之重要力量。

嘉定十七年(1224)闰八月,宁宗崩,侄昀继位(庙号理宗)。宁宗养子济王竑则被封为济王,安置于湖州。同年,忠义军将领彭义斌北伐。

宝庆元年(1225),湖州土豪潘甫等推戴济王为帝,此事变被迅速平定。史弥远遣人逼死济王。彭义斌败死于真定府。

宝庆三年(1227),蒙古灭西夏。

绍定三年(1230),李全南攻。

绍定四年(1231),蒙军三路攻入金河南,次年正月,歼金军主力于三峰山,遂围攻汴京。金哀宗自汴京逃出,奔向蔡州。李全被宋军击杀于扬州城外。其妻杨妙真、子李璮在蒙古庇护下割据山东。

端平元年(1234),宋、蒙联军攻陷蔡州,金亡。同年,宋军出师北伐,于汴京、洛阳为蒙军所败。宋蒙战争全面爆发。自此,蒙军多次侵入宋境,尤其是四川,大部为蒙军所残毁。

淳祐三年(1243),余玠于四川推行山城防御体系。

宝祐二年(1254),蒙古灭大理,向四川西南推进。

宝祐六年(1258),蒙古蒙哥汗亲征,分三道攻宋。

开庆元年(1259),蒙哥死于四川合州城下。忽必烈率军围鄂州,贾似道率军救鄂。蒙军无功北返。

景定二年(1261),宋将刘整降蒙,向忽必烈提出中路突破之策,并助蒙古训练水军。

景定三年(1262),李璮叛蒙,败死。宋出师应援未成。

景定五年(1264)十月,理宗崩,侄禥继位(庙号度宗)。

咸淳三年(1267),蒙军开始围攻襄阳。

咸淳九年(1273),蒙军攻破襄阳。

咸淳十年(1274)七月,蒙军由襄阳南下,大举攻宋。度宗崩,子㬎继位。

德祐元年(1275),贾似道率军与蒙军战于池州江面丁家洲,大败。似道以谪死。

德祐元年(1276)二月,元军至临安城下,临安降,宋亡。陈宜中、张世杰等奉度宗庶子昰、昺南逃。五月,于福州立昰为帝。

祥兴元年(1278)四月,昰殂,群臣立昺为帝。

祥兴二年(1279)二月,宋残部与元军战于广东厓山,败,陆秀夫负帝昺赴海死。

附录二 宋世系表

庙 号	姓 名	谥 号	在 位 时 间
北宋 (960—1127年)			
太祖	赵匡胤	启运立极英武睿文神德圣功至明大孝皇帝	960—976
太宗	赵光义	至仁应道神功圣德文武睿烈大明广孝皇帝	976—997
真宗	赵恒	应符稽古神功让德文明武定章圣元孝皇帝	997—1022
仁宗	赵祯	体天法道极功全德神文圣武睿哲明孝皇帝	1022—1063
英宗	赵曙	体乾应历隆功盛德宪文肃武睿圣宣孝皇帝	1063—1067
神宗	赵顼	绍天法古运德建功英文烈武钦仁圣孝皇帝	1067—1085
哲宗	赵煦	宪元继道显德定功钦文睿武齐圣昭孝皇帝	1085—1100
徽宗	赵佶	体神合道骏烈逊功圣文仁德宪慈显孝皇帝	1100—1126
钦宗	赵桓	恭文顺德仁孝皇帝	1126—1127

庙 号	姓 名	谥 号	在 位 时 间
南宋 (1127—1279年)			
高宗	赵构	受命中兴全功至德圣神武文昭仁宪孝皇帝	1127—1162
孝宗	赵昚	绍统同道冠德昭功哲文神武明圣成孝皇帝	1162—1189

南宋 (1127—1279 年)			
庙 号	姓 名	谥 号	在 位 时 间
光宗	赵 惇	循道宪仁明功茂德温 文顺武圣哲慈孝皇帝	1189—1194
宁宗	赵 扩	法天备道纯德茂功仁 文哲武圣睿恭孝皇帝	1194—1224
理宗	赵 昀	建道备德大功复兴烈 文仁武圣明安孝皇帝	1224—1264
度宗	赵 禥	端文明武景孝皇帝	1264—1274
	赵 㬎	孝恭懿圣皇帝	1274—1276
端宗	赵 昰	裕文昭武愍孝皇帝	1276—1278
	赵 昺		1278—1279

附录三　主要参考书目

（据著作出版年份、书名首字拼音排序）

［日］白鸟库吉监修：《满洲历史地理》第2卷，丸善株式会社1940年版。

［日］津田左右吉：《津田左右吉全集》，岩波书店1964年版。

王德毅：《宋代灾荒的救济政策》，台湾商务印书馆1970年版。

［日］曾我部静雄：《宋代政经史の研究》，吉川弘文馆1971年版。

聂崇岐：《宋史丛考》，中华书局1980年版。

邓之诚：《东京梦华录注》，中华书局1982年版。

王曾瑜：《宋朝兵制初探》，中华书局1983年版。

朱瑞熙：《宋代社会史论》，中州书画社1983年版。

［日］三上次男著，金启孮译：《金代女真研究》，黑龙江人民出版社1984年版。

张博泉：《金史简编》，辽宁人民出版社1984年版。

梁庚尧：《南宋的农村经济》，联经出版事业股份有限公司1984年版。

［日］梅原郁：《宋代官僚制度研究》，同朋舍1985年版。

谭其骧：《长水集》，人民出版社1987年版。

漆侠：《宋代经济史》，上海人民出版社1987年版。

李天鸣：《宋元战争史》，食货出版社1988年版。

陈植锷：《北宋文化史述论》，中国社会科学出版社1992年版。

吕思勉：《吕著中国通史》，华东师范大学出版社1992年版。

周宝珠：《宋代东京研究》，河南大学出版社1992年版。

邓小南：《宋代文官选任制度诸层面》，河北教育出版社1993年版。

钱穆：《国史大纲》，商务印书馆1994年版。

汪圣铎：《两宋财政史》，中华书局1995年版。

［日］寺地遵著，刘静贞、李今芸译：《南宋初期政治史研究》，稻禾出版社1995年版。

［宋］孟元老撰，［日］入矢义高、梅原郁译注：《东京梦华录——宋代の都市と生活》，平凡社1996年版。

王曾瑜：《金朝军制》，河北大学出版社1996年版。

朱瑞熙：《中国政治制度通史》第六卷（宋代），人民出版社1996年版。

邓广铭：《邓广铭治史丛稿》，北京大学出版社1997年版。

周振鹤：《地方行政制度志》，上海人民出版社1998年版。

程妮娜：《金代政治制度研究》，吉林大学出版社1999年版。

刘浦江：《辽金史论》，辽宁大学出版社1999年版。

吴松弟：《中国人口史》第三卷《宋辽金元时期》，复旦大学出版社2000年版。

包伟民：《宋代地方财政史研究》，上海古籍出版社2001年版。

［日］斯波义信著，方健、何忠礼译：《宋代江南经济史研究》，江苏人民出版社2001年版。

黄宽重：《南宋地方武力——地方军与民间自卫武力的探讨》，东大图书公司2002年版。

［美］刘子健著，赵冬梅译：《中国转向内在——两宋之际的文化内向》，江苏人民出版社2002年版。

曾瑞龙：《经略幽燕：宋辽战争军事灾难的战略分析》，香港中文大学出版社2003年版。

黄纯艳:《宋代海外贸易》,社会科学文献出版社2003年版。

陈振:《中国断代史系列·宋史》,上海人民出版社2003年版。

邓广铭:《邓广铭全集》,河北教育出版社2005年版。

包伟民、吴铮强:《宋朝简史》,福建人民出版社2006年版。

曾瑞龙:《拓边西北:北宋中后期对夏战争研究》,香港中华书局2006年版。

邓小南:《祖宗之法——北宋前期政治述略》,三联书店2006年版。

何忠礼:《宋代政治史》,浙江大学出版社2007年版。

虞云国:《细说宋朝》,上海人民出版社2007年版。

吴铮强:《科举理学化——均田制崩溃以来的君民整合》,上海辞书出版社2008年版。

刘浦江:《松漠之间:辽金契丹女真史研究》,中华书局2008年版。

陶晋生:《宋辽关系史研究》,中华书局2008年版。

梁启超:《王安石传》,东方出版社2009年版。

[日]桑原陟藏著,陈裕菁译订:《蒲寿庚考》,中华书局2009年版。

虞云国:《宋代台谏制度研究》(增订本),上海书店出版社2009年版。

杨果:《宋辽金史论稿》,商务印书馆2010年版。

陈世松:《宋元战争史》,内蒙古人民出版社2010年版。

傅乐成主编、王明荪著:《中国通史·宋辽金元史》,九州出版社2010年版。

虞云国:《两宋历史文化丛稿》,上海人民出版社2011年版。

顾宏义:《宋初政治研究——以皇位授受为中心》,华东师范大学出版社2011年版。

顾宏义:《天平——十三世纪宋蒙（元）和战实录》,上海书店出版社2012年版。

顾宏义:《天裂——十二世纪宋金和战实录》,上海书店出版社2012年版。

顾宏义:《天倾——十至十一世纪宋夏和战实录》,上海书店出版社2012年版。

顾宏义:《天衡——十世纪后期宋辽和战实录》,上海书店出版社2012年版。

包伟民编:《武义南宋徐谓礼文书》,中华书局2012年版。

余蔚:《中国行政区划通史·辽金卷》,复旦大学出版社2012年版。

黄宽重:《政策·对策——宋代政治史探索》,联经出版事业股份有限公司2012年版。

黄纯艳:《宋代财政史》,云南大学出版社2013年版。

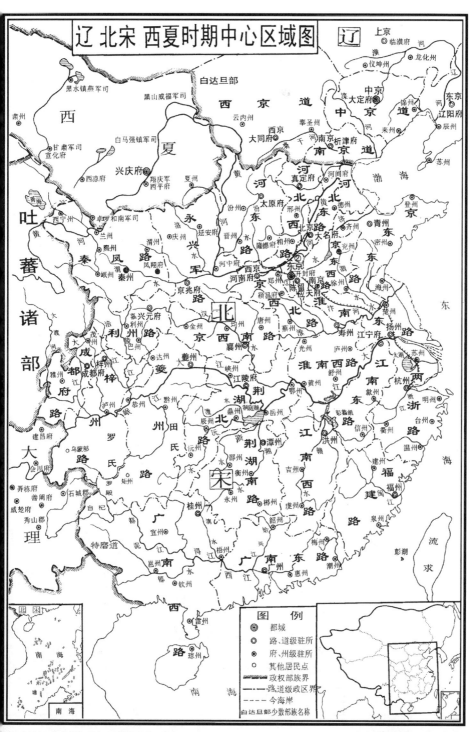

辽 北宋 西夏时期中心区域图

辽

上京
○临潢府

龙化州

仪坤州

中京
大定府 ○

中京道
东京
辽阳府

锦州

来州 辰州

苏州

黑水镇燕军司

西
夏
黑山威福军司

白达旦部

西京道

云内州

西京
大同府

奉圣州

南京析津府

南京道

易州

河
真定府

来州

河间府

河北

河东

登州

渤海

京

黑水镇燕军司

甘肃军司
宣化府

白马强镇军司

兴庆府

翔庆军
西平府

夏州

黄

河

太原府

邢州

隆德府 相州

大名府

河
北
路

东
路

齐州

青州

东
路

莱州

西凉府

西宁州

卓啰和南军司

兰州

熙州

黄

河

延安府

晋州

河中府

西京
河南府

东京
开封
南京郑州

陈州

颖昌府

天府

徐州

南

淮

楚州

扬州

吐
蕃
诸
部

秦州

凤翔府

泾州

庆州

渭州

兴
军

凤
路

京兆路

永
兴
路

京

西
路

汝州

北
京
西
南
路

唐州

蔡州

光州

庐州

寿州

江宁府

两
浙
路

苏州

杭州

大
理

成都
成都府

梓
州

雅州

嘉兴元府

利州

茂州

利
州
路

金州

达州

洋州

巴州

襄州

江陵府

湖
北
路

荆

鼎州

岳州

江
南
路

信州

洪州

江
南
东
路

明州

台州

温州

福州

建

国

泉州

海

罗
氏

田
氏

罗
殿

建昌府

会川府

弄栋府

普闸府

威楚府

秀山郡

石城郡

自杞

乌蒙部

特磨道

南

州

泸州

黔州

辰州

沅州

邵州

潭州

湖
南
路

衡州

邵州

永州

郴州

桂州

宜州

郴州

虔州

吉州

江
南
西
路

赣

江

广
南
东
路

梅州

潮州

惠州

彭湖

流
求

西
江

邕州

钦州

梧州

南
路

西
江

雷州

琼州

南

南海

图　例

◎　都城

◎　路、道级驻所

○　府、州级驻所

○　其他居民点

　　政权部族界

　　路道级政区界

　　今海岸

白达旦部 少数部族名称

辽天庆元年、北宋政和元年、西夏贞观十一年（1111）　　　　　　　　　据《中国历史地图集》绘

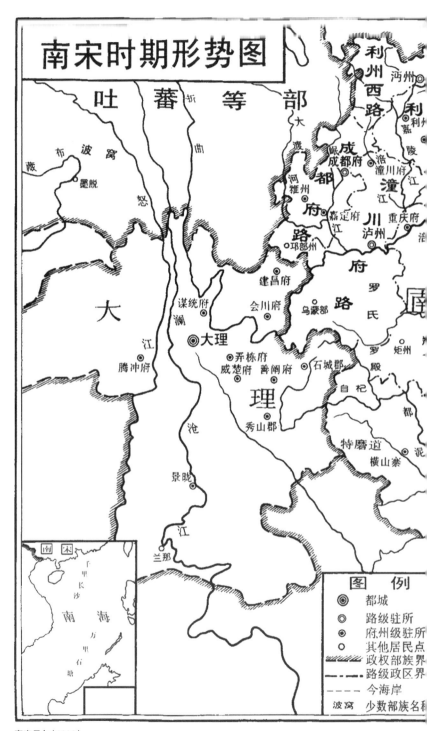

南宋时期形势图

吐蕃等部

利州西路

折曲

利州

泗州

薇
布
波窝
墨脱

怒

大渡河

成都府
候州
潼川府

成都府路

雅州

泸江

潼川府路

重庆府

嘉定府

泸州

泸

府

路

罗氏

邛部州

建昌府

大
江

谋统府

会川府

乌蒙部

澜

大理

矩州

罗殿

腾冲府

乔栋府

威楚府 善阐府

石城郡

白杞

都

理

秀山郡

沧

特磨道

横山寨

泥

景眩

江

兰那

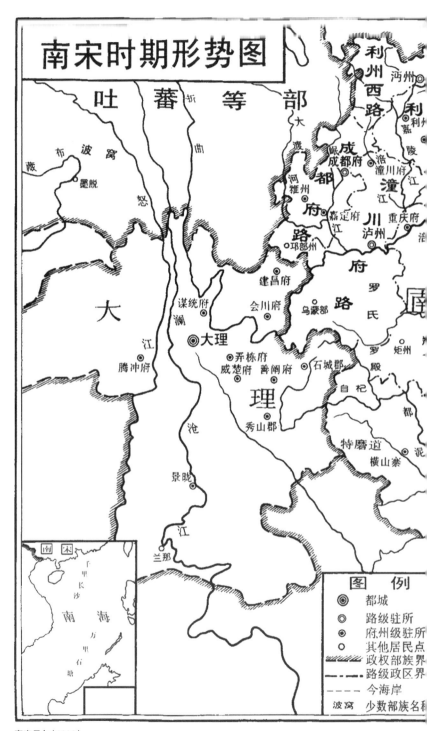

南宋

千里长沙

南海

万里石塘

图例

◎ 都城
◎ 路级驻所
◎ 府州级驻所
○ 其他居民点
〰〰 政权部族界
－·－ 路级政区界
－－－ 今海岸
波窝 少数部族名称

嘉定元年（1208）

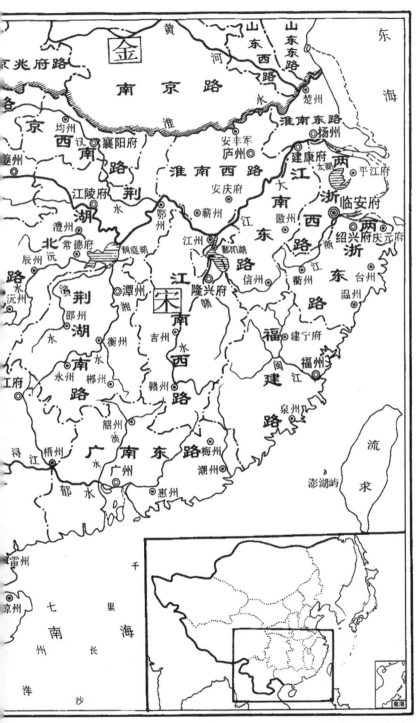

据《中国历史地图集》绘

结束语

过去数十年间关于宋代国家的"八字经"——"积贫积弱"、"冗官冗兵"现在正经受越来越多的反思：它是否有足够的概括力？所反映的是否是宋代最主要的特点？

似乎预料到后人可能有怎样的评价，淳熙三年(1176)，宋孝宗与宰相龚茂良有这样一段对话：

> 孝宗："本朝文物家法远过汉唐，独用兵差为不及。"
>
> 龚茂良："国家自艺祖开基，首以文德化天下，列圣相承，深仁厚泽，有以固结天下之心，盖治体似成周。虽似弱之，然国祚绵远，亦由于此。汉唐之乱，或以母后专制，或以权臣擅命，或以诸侯强大，藩镇跋扈。本朝皆无此等。"

这段自辩之词，至少说明宋代有两个强项：以科举制为基石的文治；以权力制衡为基石的政治结构。它们共同营造了宋代稳定的政治环境，间接推动了社会经济和都市的繁荣、文化事业与社会救济之发达。如此优裕和文质彬彬的生活，和勇悍的民风难以并存。内敛的政治作风与对外的不屈不挠的对抗，也是相冲突的。"用兵差为不及"，与"文物家法远过汉唐"，正是一体之两面。对于生活在分裂动荡、受尽屈辱之年代的史学家来说，首先从武力作考察甚至据以作主要的评价，几乎是一种本能的反应。像陈寅恪这样中肯的学者毕竟是少数。我们对前辈，要予以同情之理解。而作为有幸能看到世界的多个侧面的现代人，我们却不应容许自己继续以偏执的目光去评价史事。

或许未必能找到几个精简的词对宋代作一准确概括。但我们应该警惕：越是简练有力、口号式的词，越易失真，也越易潜移默化地向我们灌输一些未必正确的理念。对这个时代作一个全面的了解——这正是作者希望以尽量短的篇幅来尽力提供的——才是评价的基础。当然最理想的状况是暂不作评价，而是饶有趣味地去了解更多。

在传统史学的眼里，宋王朝总体上是一个软弱的王朝，因为它自始至终都只是"三国鼎立"中的一只脚，始终没有完成一统天下。然而，如果我们摒弃以汉族为中心的观念去看待中国历史，如实地把辽、金、西夏真正看成是中国的"自家人"，就不会感到宋的所谓"妥协"和"软弱"了。自家兄弟之间"阋于墙"，这种现象世界上哪一个多民族的国家都有。"打断了骨头连着筋"，你踢我一脚，我打你一拳，有什么好多追究的呢？在民族大家庭历史纠葛的旧账上，也是宜粗不宜细。多发掘形成民族统一体过程中的正能量，那才是历史学家应做的事。

《诗·小雅·常棣》中有这样一句话："兄弟阋于墙，外御其侮。"意思是说，兄弟之间在家里争吵，但对外来的入侵和侮辱却还是共同抗御的。宋、辽、金、西夏之间的种种争斗和战争，说到底无非是"兄弟阋墙"，有时"兄肥"，有时"弟瘦"，有时"兄胜"，有时"弟败"，都无伤大雅。从唐末的中央政权失控，到元王朝的重新统一，其间大约有近四百年的时间，这长长的一个历史时期，或以南北对峙的形式，或以三国鼎立的方式，分裂着，矛盾重重，战云密布。要在其中把每件事分出个是是非非来，难！这期间一面是战乱和苦难，一面又是融会和交往，曲曲折折地走向更高层次的统一。

阴山山脉之北，大兴安岭以西，阿尔泰山以东，北与西伯利亚相接的广袤土地，地理学上称作蒙古高原，这里的民族被称为蒙古族。这里自古以来便是中国历史上北方游牧民族活动的广阔舞台。这些民族有着自己独特的发展史，又与中原王朝保持着密切的关系，构成了中国历史发展中生动异彩的篇章。

崛起于公元十三世纪的蒙古族，在被后人称为"一代天骄"的成吉思汗和他的子孙们的征战下，先是联合宋王朝灭金，然后灭西夏，然后再挥师南下，灭掉了宋王朝，建立起了疆域辽阔的元帝国。

下面要与大家细讲的便是百年元代史。

图书在版编目（CIP）数据

士大夫的理想时代：宋 / 余蔚著 . -- 上海：上海
人民出版社，2018
（细讲中国历史丛书 / 李学勤，郭志坤主编）
ISBN 978-7-208-15090-4

Ⅰ . ①士… Ⅱ . ①余… Ⅲ . ①中国历史 – 宋代 – 通俗
读物 Ⅳ . ① K244.09

中国版本图书馆 CIP 数据核字（2018）第 068989 号

总　策　划	郭志坤	
策　　　划	上海文柏文化传播有限公司	
出 版 统 筹	孙　瑜	
责 任 编 辑	张钰翰	
装 帧 设 计	范昊如　夏　雪　等	
地 图 绘 制	陈伟庆	
地 图 审 图 号	GS（2014）1228 号	

细讲中国历史丛书
李学勤　郭志坤主编

士大夫的理想时代——宋
余　蔚　著

出　　　版　上海人民出版社
　　　　　　（200001　上海福建中路 193 号）
发　　　行　上海人民出版社发行中心
印　　　刷　江苏苏中印刷有限公司
开　　　本　890×1240　1/32
印　　　张　11
插　　　页　5
字　　　数　239,000
版　　　次　2018 年 6 月第 1 版
印　　　次　2019 年 1 月第 2 次印刷
ISBN 978-7-208-15090-4/K · 2728
定　　　价　68.00 元